I0467565

Reglamento de Gestión e Inspección Tributaria aprobado por Real Decreto 1065/2007, de 27 de julio

Con referencias a la Ley 58/2003, de 17 de diciembre General Tributaria

Actualizado a 2017

DIEGO LEITRADO

ISBN-10: 1530264014
ISBN-13: 978-1530264018

DEDICATORIA

Dedicado a todas las personas que realizan el esfuerzo de estudiar una oposición.

Utilidad y propósito del libro

Creado para ser una herramienta útil en el estudio la Ley General Tributaria y los reglamentos de Recaudación y de Aplicación de los Tributos e Inspección. También para todo el que necesite una referencia cruzada completa entre la Ley y dichos reglamentos.

Las anotaciones encerradas entre los símbolos ◀ ▶ nos referencian los artículos y párrafos de la Ley General Tributaria correspondientes.

De esta forma tenemos la correspondencia entre el Reglamento y la Ley.

Contiene el Reglamento General de las actuaciones y los procedimientos de gestión e inspección tributaria y de desarrollo de las normas comunes de los procedimientos de aplicación de los tributos aprobado por Real Decreto 1065/2007, de 27 de julio actualizado. Formateado para ocupar el mínimo espacio pero con una letra lo suficientemente grande para que se pueda leer sin problemas por cualquier persona. El tamaño de encuadernación es lo suficientemente pequeño para llevarlo encima pero lo suficientemente grande como para leerlo con comodidad.

Abreviaturas utilizadas:

LGT Ley 58/2003, de 17 de diciembre General Tributaria.

Ejemplos de anotaciones:

"
CAPÍTULO I.

Las obligaciones censales

◀ *LGT D.A. 5ª* ▶ "

Referencia a la Disposición Adicional 5ª de la Ley General Tributaria sobre las obligaciones censales.

"Artículo 66. Iniciación del procedimiento para la contestación de las consultas tributarias escritas.

1. Las consultas se formularán por el obligado tributario mediante escrito dirigido al órgano competente para su contestación, que deberá contener como mínimo:

◀ *LGT 88.2.2º Párrafo* ▶ "

Referencia al párrafo 2º del apartado 2 del artículo 88 de la LGT que dice: "La consulta se formulará mediante escrito dirigido al órgano competente para su contestación, con el contenido que se establezca reglamentariamente".

"Artículo 118. Declaraciones complementarias y sustitutivas.

◀ *LGT 122.3* ▶ "

Se hace referencia al apartado 3 del artículo 122 de la Ley General Tributaria.

Índice Articular

- Artículo 32. Personas o entidades excluidas de la obligación de presentar declaración anual de operaciones con terceras personas.
- Artículo 33. Contenido de la declaración anual de operaciones con terceras personas.
- Artículo 34. Cumplimentación de la declaración anual de operaciones con terceras personas.
- Artículo 35. Criterios de imputación temporal.

Subsección 2.ª Obligación de informar sobre operaciones incluidas en los libros registro

- Artículo 36. Obligación de informar sobre operaciones incluidas en los libros registro.

Subsección 3.ª Obligación de informar sobre cuentas, operaciones y activos financieros

- Artículo 37. Obligación de informar acerca de cuentas en entidades de crédito.
- Artículo 37 bis. Obligación de informar acerca de cuentas financieras en el ámbito de la asistencia mutua.
- Artículo 38. Obligación de informar acerca de préstamos y créditos, y de movimientos de efectivo.
- Artículo 38 bis. Obligación de informar acerca de los cobros efectuados mediante tarjetas de crédito o débito.
- Artículo 39. Obligación de informar acerca de valores, seguros y rentas.
- Artículo 40. Obligación de informar sobre los titulares de cuentas u otras operaciones que no hayan facilitado el número de identificación fiscal.
- Artículo 41. Obligación de informar acerca del libramiento de cheques por parte de las entidades de crédito.
- Artículo 42. Obligación de informar sobre determinadas operaciones con activos financieros.
- Artículo 42 bis. Obligación de informar acerca de cuentas en entidades financieras situadas en el extranjero.
- Artículo 42 ter. Obligación de información sobre valores, derechos, seguros y rentas depositados, gestionados u obtenidas en el extranjero.

Subsección 4.ª Obligaciones de información respecto de determinadas operaciones con Deuda Pública del Estado, participaciones preferentes y otros instrumentos de deuda.

- Artículo 43. Obligación de información.
- Artículo 44. Régimen de información respecto de determinadas operaciones con Deuda Pública del Estado, participaciones preferentes y otros instrumentos de deuda.

Subsección 5.ª Obligaciones de información respecto de determinadas rentas obtenidas por personas físicas residentes en otros Estados miembros de la Unión Europea

- Artículo 45. Ámbito de aplicación.
- Artículo 46. Rentas sujetas a suministro de información.
- Artículo 47. Obligados a suministrar información.
- Artículo 48. Información que se debe suministrar.
- Artículo 49. Identificación y residencia de los perceptores de rentas personas físicas residentes en otros Estados miembros de la Unión Europea.

Subsección 6.ª Otras obligaciones de información

- Artículo 50. Obligación de informar sobre la constitución, establecimiento, modificación o extinción de entidades.
- Artículo 51. Obligación de informar sobre personas o entidades que no han comunicado su número de identificación fiscal o que no han identificado los medios de pago empleados al otorgar escrituras o documentos donde consten los actos o contratos intervenidos por los notarios.
- Artículo 52. Obligación de informar sobre las subvenciones o indemnizaciones derivadas del ejercicio de actividades agrícolas, ganaderas o forestales.
- Artículo 53. Obligación de informar acerca de las aportaciones a sistemas de previsión social.
- Artículo 54. Obligación de informar sobre operaciones financieras relacionadas con bienes inmuebles.
- Artículo 54 bis. *Obligación de informar sobre bienes inmuebles y derechos sobre bienes inmuebles situados en el extranjero.*

Sección 3.ª Requerimientos individualizados para la obtención de información

- Artículo 55. Disposiciones generales.
- Artículo 56. Requerimientos a determinadas autoridades sometidas al deber de informar y colaborar.

CAPÍTULO III. Normas comunes sobre actuaciones y procedimientos tributarios

Sección 1.ª Especialidades de los procedimientos administrativos en materia tributaria

Subsección 1.ª Iniciación de las actuaciones y procedimientos tributarios

Subsección 2.ª Tramitación de las actuaciones y procedimientos tributarios

Subsección 3.ª Documentación de las actuaciones y procedimientos tributarios

Subsección 4.ª Terminación de las actuaciones y procedimientos tributarios

Sección 2.ª Intervención de los obligados en las actuaciones y procedimientos tributarios

Subsección 1.ª Personas con las que deben entenderse las actuaciones administrativas

Subsección 2.ª La representación en los procedimientos tributarios

Sección 3.ª El domicilio fiscal

Sección 4.ª Las notificaciones en materia tributaria

- Artículo 115 bis. Notificaciones en dirección electrónica.
- Artículo 115 ter. Notificaciones voluntarias en sede electrónica.

TÍTULO IV. Actuaciones y procedimientos de gestión tributaria

CAPÍTULO I. Disposiciones generales

- Artículo 116. Atribución de funciones de gestión tributaria a los órganos administrativos.
- Artículo 117. Presentación de declaraciones, autoliquidaciones, comunicaciones de datos y solicitudes de devolución.
- Artículo 118. Declaraciones complementarias y sustitutivas.
- Artículo 119. Autoliquidaciones complementarias.
- Artículo 120. Comunicaciones de datos complementarias y sustitutivas.
- Artículo 121. Solicitudes de devolución complementarias y sustitutivas.

CAPÍTULO II. Procedimientos de gestión tributaria

Sección 1.ª Procedimiento de devolución iniciado mediante autoliquidación, solicitud o comunicación de datos

- Artículo 122. Devoluciones derivadas de la normativa de cada tributo.
- Artículo 123. Iniciación del procedimiento de devolución.
- Artículo 124. Tramitación del procedimiento de devolución.
- Artículo 125. Terminación del procedimiento de devolución.

Sección 2.ª Procedimiento para la rectificación de autoliquidaciones, declaraciones, comunicaciones de datos o solicitudes de devolución

Subsección 1.ª Procedimiento para la rectificación de autoliquidaciones

- Artículo 126. Iniciación del procedimiento de rectificación de autoliquidaciones.
- Artículo 127. Tramitación del procedimiento de rectificación de autoliquidaciones.

- Artículo 139. Deudas y créditos objeto de anotación en el sistema de cuenta corriente en materia tributaria.

Subsección 2.ª Procedimiento para la inclusión en el sistema de cuenta corriente en materia tributaria

- Artículo 140. Procedimiento para la inclusión en el sistema de cuenta corriente en materia tributaria.

Subsección 3.ª Efectos y finalización del sistema de cuenta corriente tributaria

- Artículo 141. Efectos sobre los créditos y débitos tributarios.
- Artículo 142. Determinación del saldo de la cuenta corriente y exigibilidad del mismo.
- Artículo 143. Finalización del sistema de cuenta corriente en materia tributaria.

Sección 7.ª Actuaciones y procedimientos de comprobación de obligaciones formales

Subsección 1.ª Actuaciones y procedimientos de comprobación censal

- Artículo 144. Actuaciones de comprobación censal.
- Artículo 145. Procedimiento de rectificación censal.
- Artículo 146. Rectificación de oficio de la situación censal.
- Artículo 147. Revocación del número de identificación fiscal.

Subsección 2.ª Actuaciones de comprobación del domicilio fiscal

- Artículo 148. Comprobación del domicilio fiscal.
- Artículo 149. Iniciación y tramitación del procedimiento de comprobación del domicilio fiscal.
- Artículo 150. Terminación del procedimiento de comprobación del domicilio fiscal.
- Artículo 151. Efectos de la comprobación del domicilio fiscal.
- Artículo 152. Especialidades del procedimiento de comprobación del domicilio fiscal iniciado a solicitud de una comunidad autónoma.

Subsección 3.ª Actuaciones de control de presentación de declaraciones

- Artículo 153. Control de presentación de declaraciones, autoliquidaciones y comunicaciones de datos.

Subsección 4.ª Actuaciones de control de otras obligaciones formales

- Artículo 154. Control de otras obligaciones formales.

Sección 8.ª Procedimiento de verificación de datos

- Artículo 155. Iniciación y tramitación del procedimiento de verificación de datos.
- Artículo 156. Terminación del procedimiento de verificación de datos.

Sección 9.ª Procedimiento de comprobación de valores

Subsección 1.ª La comprobación de valores

- Artículo 157. Comprobación de valores.
- Artículo 158. Medios de comprobación de valores.
- Artículo 159. Actuaciones de comprobación de valores.

Subsección 2.ª Procedimiento de comprobación de valores

- Artículo 160. Procedimiento para la comprobación de valores.

Subsección 3.ª Tasación pericial contradictoria

- Artículo 161. Iniciación y tramitación del procedimiento de tasación pericial contradictoria.
- Artículo 162. Terminación del procedimiento de tasación pericial contradictoria.

Sección 10.ª Procedimiento de comprobación limitada

- Artículo 163. Iniciación del procedimiento de comprobación limitada.

- Disposición adicional primera. Normas de organización específica.
- Disposición adicional segunda. Órganos competentes de las comunidades autónomas, de las ciudades de Ceuta y Melilla o de las entidades locales.
- Disposición adicional tercera. Órganos competentes en el ámbito de la Dirección General del Catastro.
- Disposición adicional cuarta. Aplicación de las normas sobre declaraciones censales en los Territorios Históricos del País Vasco y en la Comunidad Foral de Navarra.
- Disposición adicional quinta. Obligaciones censales relativas al Impuesto sobre las Ventas Minoristas de Determinados Hidrocarburos.
- Disposición adicional sexta. Declaración anual de operaciones con terceras personas realizadas en Canarias, Ceuta y Melilla.
- Disposición adicional séptima. Declaración de operaciones con terceras personas de la Administración del Estado.
- Disposición adicional octava. Devolución de ingresos indebidos de derecho público.
- Disposición adicional novena. Convenios de colaboración suscritos con anterioridad a la entrada en vigor de este reglamento.
- Disposición adicional décima. Aplicación del procedimiento de identificación y residencia de los residentes en la Unión Europea.
- Disposición adicional undécima. Definición de empresario o profesional.
- Disposición adicional duodécima. Contestación a consultas tributarias relativas al Impuesto General Indirecto Canario y al Arbitrio sobre Importaciones y Entregas de Mercancías en las Islas Canarias.
- Disposición adicional decimotercera. Composición del activo en determinadas instituciones.
- Disposición adicional decimocuarta. Facultades de los órganos de recaudación.
- Disposición adicional decimoquinta. Estandarización de los formatos de los ficheros a aportar a la Administración tributaria en el curso de los procedimientos de aplicación de los tributos.
- Disposición adicional decimosexta. Habilitaciones sobre el procedimiento de pago de rendimientos de Deuda Pública del Estado.

[Disposiciones transitorias]

- Disposición transitoria primera. Procedimiento para hacer efectiva la obligación de informar respecto de los valores a que se refiere la disposición transitoria segunda de la Ley 19/2003, de 4 de julio.
- Disposición transitoria segunda. Tratamiento de determinados instrumentos de renta fija a los efectos de las obligaciones de información respecto de personas físicas residentes en otros Estados miembros de la Unión Europea.
- Disposición transitoria tercera. Obligaciones de información de carácter general.
- Disposición transitoria cuarta. Declaración de las actividades económicas desarrolladas de acuerdo con la codificación prevista en la CNAE-2009.

[Disposiciones finales]

- Disposición final única. Habilitación normativa.

Anexo al Reglamento al General de las actuaciones y los procedimientos de gestión e inspección tributaria y de desarrollo de las normas comunes de los procedimientos de aplicación de los tributos, aprobado por Real Decreto 1065/2007

REGLAMENTO GENERAL DE LAS ACTUACIONES Y LOS PROCEDIMIENTOS DE GESTIÓN E INSPECCIÓN TRIBUTARIA Y DE DESARROLLO DE LAS NORMAS COMUNES DE LOS PROCEDIMIENTOS DE APLICACIÓN DE LOS TRIBUTOS

TÍTULO I

Disposiciones generales

Artículo 1. Ámbito de aplicación.

1. Este reglamento regula la aplicación de los tributos en desarrollo de la Ley 58/2003, de 17 de diciembre, General Tributaria.

Este reglamento será de aplicación a la gestión recaudatoria en lo no previsto en el Reglamento General de Recaudación, aprobado por el Real Decreto 939/2005, de 29 de julio.

Lo dispuesto en este reglamento se entenderá sin perjuicio de lo previsto en la normativa propia de cada tributo.

2. Este reglamento será de aplicación en los términos previstos en el artículo 1 de la Ley 58/2003, de 17 de diciembre, General Tributaria.

3. Este reglamento se aplicará al procedimiento sancionador en materia tributaria en lo no previsto por sus normas específicas de desarrollo y por las normas reguladoras del procedimiento sancionador en materia administrativa.

TÍTULO II

Las obligaciones tributarias formales

◀ *LGT 29* ▶

CAPÍTULO I

Las obligaciones censales

◀ *LGT D.A. 5ª* ▶

Sección 1.ª Los censos tributarios

Artículo 2. Censos de la Administración tributaria.

1. Cada Administración tributaria podrá disponer de sus propios

censos tributarios a efectos de la aplicación de sus tributos propios y cedidos.

2. Cualquier censo tributario incluirá necesariamente los siguientes datos:

a) Nombre y apellidos o razón social o denominación completa, así como el anagrama, si lo tuviera.

b) Numero de identificación fiscal.

c) Domicilio fiscal.

d) En su caso, domicilio en el extranjero.

3. Las Administraciones tributarias de las comunidades autónomas y ciudades con estatuto de autonomía comunicarán con periodicidad mensual a la Agencia Estatal de Administración Tributaria la información censal de que dispongan a efectos de consolidar esta.

La Agencia Estatal de Administración Tributaria comunicará con periodicidad mensual a las Administraciones tributarias de las comunidades autónomas y ciudades con estatuto de autonomía la variación de los datos a que se refiere el apartado anterior que se encuentren incluidos en el Censo de Obligados Tributarios regulado en el artículo 4.

4. La Agencia Estatal de Administración Tributaria podrá suscribir convenios de colaboración con las entidades locales para el intercambio de información censal.

5. Las personas o entidades incluidas en los censos tributarios tendrán derecho a conocer sus datos censales y podrán solicitar, a tal efecto, que se les expida el correspondiente certificado. Sin perjuicio de lo anterior, será aplicable a los referidos datos lo establecido en el artículo 95 de la Ley 58/2003, de 17 de diciembre, General Tributaria.

Los obligados tributarios tendrán derecho a la rectificación o cancelación de sus datos personales cuando resulten inexactos o incompletos de acuerdo con lo previsto en la legislación en materia de protección de datos de carácter personal.

Sección 2.ª Los censos tributarios en el ámbito de competencias del Estado

Subsección 1.ª Contenido de los censos tributarios en el ámbito de competencias del Estado

Artículo 3. Formación de los censos tributarios en el ámbito de competencias del Estado.

1. El Censo de Obligados Tributarios estará formado por la totalidad de las personas o entidades que deban tener un número de identificación fiscal para sus relaciones de naturaleza o con trascendencia tributaria de acuerdo con lo establecido en el artículo 18 de este reglamento.

2. El Censo de Empresarios, Profesionales y Retenedores estará formado por las personas o entidades que desarrollen o vayan a desarrollar en territorio español alguna de las actividades u operaciones que se mencionan a continuación:

a) Actividades empresariales o profesionales. Se entenderá por tales aquellas cuya realización confiera la condición de empresario o profesional, incluidas las agrícolas, forestales, ganaderas o pesqueras.

No se incluirán en el Censo de Empresarios, Profesionales y Retenedores quienes efectúen exclusivamente arrendamientos de inmuebles exentos del Impuesto sobre el Valor Añadido, conforme al artículo 20.uno.23.º de la Ley 37/1992, de 28 de diciembre, del Impuesto sobre el Valor Añadido, siempre que su realización no constituya el desarrollo de una actividad empresarial de acuerdo con lo dispuesto en la normativa reguladora del Impuesto sobre la Renta de las Personas Físicas. Tampoco se incluirán en este censo quienes efectúen entregas a título ocasional de medios de transporte nuevos exentas del Impuesto sobre el Valor Añadido en virtud de lo dispuesto en el artículo 25.uno y dos de su ley reguladora, y adquisiciones intracomunitarias de bienes exentas en virtud de lo dispuesto en el artículo 26.tres de la misma ley.

b) Abono de rentas sujetas a retención o ingreso a cuenta.

c) Adquisiciones intracomunitarias de bienes sujetas al Impuesto sobre el Valor Añadido efectuadas por quienes no actúen como empresarios o profesionales.

También se integrarán en este censo las personas o entidades no residentes en España de acuerdo con lo dispuesto en el artículo 6 del texto refundido de la Ley del Impuesto sobre la Renta de no Residentes, aprobado por Real Decreto Legislativo 5/2004, de 5 de marzo, que operen en territorio español mediante establecimiento permanente o satisfagan en dicho territorio rentas sujetas a retención o ingreso a cuenta, y las entidades a las que se refiere el párrafo c) del artículo 5 de la citada ley.

De igual forma, las personas o entidades no establecidas en el territorio de aplicación del Impuesto sobre el Valor Añadido quedarán integradas en este censo cuando sean sujetos pasivos de dicho impuesto.

Asimismo, formarán parte de este censo las personas o entidades que no cumplan ninguno de los requisitos previstos en este apartado pero sean socios, herederos, comuneros o partícipes de entidades en régimen de atribución de rentas que desarrollen actividades empresariales o profesionales y tengan obligaciones tributarias derivadas de su condición de miembros de tales entidades.

El Censo de Empresarios, Profesionales y Retenedores formará parte del Censo de Obligados Tributarios.

3. El Registro de operadores intracomunitarios estará formado por las personas o entidades que tengan asignado el número de identificación fiscal regulado a efectos del Impuesto sobre el Valor Añadido en el artículo 25 de este reglamento y que se encuentren en alguno de los siguientes supuestos:

a) Las personas o entidades que vayan a efectuar entregas o adquisiciones intracomunitarias de bienes sujetas a dicho tributo.

b) Las personas o entidades a las que se refiere el artículo 14 de la Ley 37/1992, de 28 de diciembre, del Impuesto sobre el Valor Añadido, cuando vayan a realizar adquisiciones intracomunitarias de bienes sujetas a dicho impuesto. En tal caso, la inclusión en este registro determinará la asignación a la persona o entidad solicitante del número de identificación fiscal regulado en el artículo 25 de este reglamento.

La circunstancia de que las personas o entidades a que se refiere el artículo 14 de la Ley 37/1992, de 28 de diciembre, del Impuesto sobre el Valor Añadido, dejen de estar incluidas en el Registro de operadores intracomunitarios, por producirse el supuesto de que las adquisiciones intracomunitarias de bienes que realicen resulten no sujetas al impuesto en atención a lo establecido en dicho precepto, determinará la revocación automática del número de identificación fiscal específico regulado en el artículo 25 de este reglamento.

c) Los empresarios o profesionales que sean destinatarios de servicios prestados por empresarios o profesionales no establecidos en el territorio de aplicación del Impuesto sobre el Valor Añadido respecto de los cuales sean sujetos pasivos.

d) Los empresarios o profesionales que presten servicios que, conforme a las reglas de localización, se entiendan realizados en el territorio de otro Estado miembro cuando el sujeto pasivo sea el destinatario de los mismos.

Este registro formará parte del Censo de Empresarios, Profesionales y Retenedores.

4. El Registro de exportadores y otros operadores económicos en régimen comercial estará integrado por los empresarios o profesionales que tengan derecho al procedimiento de devolución que se regula en el artículo 30 del Reglamento del Impuesto sobre el Valor Añadido, aprobado por el Real Decreto 1624/1992, de 29 de

diciembre.

Este registro formará parte del Censo de Empresarios, Profesionales y Retenedores.

5. El Registro de grandes empresas estará formado por aquellos obligados tributarios cuyo volumen de operaciones supere la cifra de 6.010.121,04 euros durante el año natural inmediato anterior, calculado conforme a lo dispuesto en el artículo 121 de la Ley 37/1992, de 28 de diciembre, del Impuesto sobre el Valor Añadido, incluso cuando desarrollen su actividad fuera del territorio de aplicación de este impuesto.

Este registro formará parte del Censo de Empresarios, Profesionales y Retenedores.

6. El Registro territorial de los impuestos especiales de fabricación estará integrado por las personas y establecimientos a que se refiere el artículo 40 del Reglamento de los Impuestos Especiales, aprobado por el Real Decreto 1165/1995, de 7 de julio, y se regirá por lo establecido en dicho Reglamento de los Impuestos Especiales y, en lo no previsto en el mismo, por las disposiciones de este reglamento relativas a las obligaciones de carácter censal.

Artículo 4. Contenido del Censo de Obligados Tributarios.

1. Los datos que se incluirán en el Censo de Obligados Tributarios serán para las personas físicas los siguientes:

a) Nombre y apellidos, sexo, fecha de nacimiento, lugar de nacimiento, estado civil y fecha del estado civil.

b) Número de identificación fiscal español.

c) Número de identificación fiscal de otros países, en su caso, para los residentes.

d) Código de identificación fiscal del Estado de residencia, en su caso, para no residentes.

e) Número de pasaporte, en su caso.

f) Condición de residente o no residente en territorio español.

g) Domicilio fiscal en España y la referencia catastral del inmueble, salvo que no esté obligado a ello de acuerdo con la normativa que le sea de aplicación.

h) En su caso, domicilio en el extranjero.

i) Nombre y apellidos o razón social o denominación completa y número de identificación fiscal de los representantes legales para las personas que carezcan de capacidad de obrar en el orden tributario.

2. Los datos que se incluirán en el Censo de Obligados Tributarios serán para las personas jurídicas y demás entidades los siguientes:

a) Razón social o denominación completa, así como el anagrama, si lo tuviera.

b) Número de identificación fiscal español.

c) Número de identificación fiscal de otros países, en su caso, para los residentes.

d) Código de identificación fiscal del Estado de residencia, en su caso, para no residentes.

e) Condición de persona jurídica o entidad residentes o no residentes en territorio español.

f) Constitución en España o en el extranjero. En este último caso incluirá el país de constitución.

g) Fecha de constitución y, en su caso, fecha del acuerdo de voluntades a que se refiere el artículo 24.2 y fecha de inscripción en el registro público correspondiente.

h) Capital social de constitución.

i) Domicilio fiscal en España y la referencia catastral del inmueble, salvo que no esté obligado a ello de acuerdo con la normativa que le sea de aplicación.

j) En su caso, domicilio en el extranjero.

k) Nombre y apellidos o razón social o denominación completa y número de identificación fiscal de los representantes legales.

l) La declaración de que la entidad se constituye con la finalidad específica de la posterior transmisión a terceros de sus participaciones, acciones y demás títulos representativos de los fondos propios, y de que no realizará actividad económica hasta dicha transmisión.

Hasta ese momento estas entidades no formarán parte de los registros a que se refieren los apartados 3, 4, 5 y 6 del artículo 3.

Artículo 5. Contenido del Censo de Empresarios, Profesionales y Retenedores.

En el Censo de Empresarios, Profesionales y Retenedores, además de los datos mencionados en el artículo 4 de este reglamento, para cada persona o entidad constará la siguiente información:

a) Las declaraciones o autoliquidaciones que deba presentar periódicamente por razón de sus actividades empresariales o profesionales, o por satisfacer rentas sujetas a retención o ingreso a cuenta, en los términos previstos en la orden a que se refiere el artículo 13 de este reglamento.

b) Su situación tributaria en relación con los siguientes extremos:

1.º La condición de entidad total o parcialmente exenta a efectos del Impuesto sobre Sociedades, de acuerdo con el artículo 9 del texto refundido de la Ley del Impuesto sobre Sociedades, aprobado por Real Decreto Legislativo 4/2004, de 5 de marzo.

2.º La opción o la renuncia al régimen fiscal especial previsto en el título II de la Ley 49/2002, de 23 de diciembre, de régimen fiscal de las entidades sin fines lucrativos y de los incentivos fiscales al mecenazgo.

3.º El método de determinación del rendimiento neto de las actividades económicas que desarrolle y, en su caso, la modalidad aplicada en el Impuesto sobre la Renta de las Personas Físicas.

4.º La inclusión, renuncia, revocación de la renuncia o exclusión del método de estimación objetiva o de la modalidad simplificada del régimen de estimación directa en el Impuesto sobre la Renta de las Personas Físicas.

5.º La sujeción del obligado tributario al régimen general o a algún régimen especial en el Impuesto sobre el Valor Añadido.

6.º La inclusión, renuncia, revocación de la renuncia o exclusión del régimen simplificado, del régimen especial de la agricultura, ganadería y pesca y del régimen especial del criterio de caja del Impuesto sobre el Valor Añadido.

7.º La inclusión o baja en el Registro de operadores intracomunitarios.

8.º La inclusión o baja en el Registro de exportadores y otros operadores económicos en régimen comercial a que se refiere el artículo 30 del Reglamento del Impuesto sobre el Valor Añadido, aprobado por el Real Decreto 1624/1992, de 29 de diciembre.

9.º La inclusión o baja en el Registro de grandes empresas.

10.º La clasificación de las actividades económicas desarrolladas de acuerdo con la codificación prevista en el Real Decreto 475/2007, de 13 de abril, por el que se aprueba la Clasificación Nacional de Actividades Económicas 2009 (CNAE-2009).

11.º La relación, en su caso, de los establecimientos o locales en los que desarrolle sus actividades económicas, con identificación de la comunidad autónoma, provincia, municipio, dirección completa y la referencia catastral de cada uno de ellos.

c) El número de teléfono y, en su caso, la dirección de correo electrónico y el nombre de dominio o dirección de Internet, mediante el cual desarrolle, total o parcialmente, sus actividades.

Artículo 6. Información censal complementaria respecto de las personas físicas residentes en España incluidas en el Censo de Empresarios, Profesionales y Retenedores.

Respecto de las personas físicas residentes en España, constarán en el Censo de Empresarios, Profesionales y Retenedores, además de su domicilio fiscal, el lugar donde tengan efectivamente centralizada la gestión administrativa y la dirección de sus negocios en territorio español, cuando sea distinto del domicilio fiscal.

Artículo 7. Información censal complementaria respecto de las entidades residentes o constituidas en España incluidas en el Censo de Empresarios, Profesionales y Retenedores.

Respecto de las entidades residentes o constituidas en España, constarán en el Censo de Empresarios, Profesionales y Retenedores los siguientes datos adicionales:

a) El domicilio social, cuando exista y sea distinto al domicilio fiscal, y la referencia catastral del inmueble.

b) La fecha de cierre del ejercicio económico.

c) La forma jurídica o clase de entidad de que se trate.

d) El nombre y apellidos o razón social o denominación completa, número de identificación fiscal y domicilio fiscal de cada uno de los socios, miembros o partícipes fundadores o que promuevan su constitución. También se harán constar esos mismos datos, excepto para las entidades que tengan la condición de comunidades de propietarios constituidas en régimen de propiedad horizontal, para cada uno de los miembros o partícipes que formen parte, en cada momento, de las entidades a que se refiere el artículo 35.4 de la Ley 58/2003, de 17 de diciembre, General Tributaria, con indicación de su cuota de participación y de atribución en caso de que dichas cuotas no coincidan. En el caso de que los socios, miembros o partícipes no sean residentes en España, se deberá hacer constar su residencia fiscal y la identificación de su representante fiscal en España si lo hubiera.

Artículo 8. Información censal complementaria respecto de las personas o entidades no residentes o no establecidas, así como de las no constituidas en España, incluidas en el Censo de Empresarios, Profesionales y Retenedores.

1. En el caso de personas o entidades no residentes o no establecidas, así como en el de las no constituidas en España, que hayan de formar parte del Censo de Empresarios, Profesionales y Retenedores constarán en dicho censo los siguientes datos complementarios:

a) El Estado o territorio de residencia.

b) La nacionalidad y la forma jurídica o clase de entidad sin personalidad jurídica de que se trate, de acuerdo con su derecho nacional.

c) En su caso, nombre y apellidos o razón social o denominación completa, con el anagrama, si lo hubiera, número de identificación fiscal, domicilio fiscal y nacionalidad de su representante en España.

2. Cuando una persona o entidad no residente opere en territorio español por medio de uno o varios establecimientos permanentes que realicen actividades claramente diferentes y cuya gestión se lleve de modo separado, de acuerdo con lo dispuesto en el artículo 17 del texto refundido de la Ley del Impuesto sobre la Renta de no Residentes, aprobado por Real Decreto Legislativo 5/2004, de 5 de marzo, cada establecimiento deberá inscribirse individualmente en el Censo de Empresarios, Profesionales y Retenedores, con los mismos datos y en las mismas condiciones que las personas o entidades residentes y, además, cada uno de ellos deberá identificar la persona o entidad no residente de la que dependan y comunicar los datos relativos a aquella relacionados en el apartado anterior.

Cada establecimiento permanente se identificará con una denominación específica que, en cualquier caso, comprenderá una referencia a la persona o entidad no residente de la que dependa y un número de identificación fiscal propio e independiente del asignado, en su caso, a esta última y la referencia catastral del inmueble donde esté situado el establecimiento permanente.

Asimismo, deberá especificarse la forma de determinación de la base imponible del establecimiento permanente que se constituye en España, de acuerdo con lo dispuesto en el artículo 18 del texto refundido de la Ley del Impuesto sobre la Renta de no Residentes, aprobado por Real Decreto Legislativo 5/2004, de 5 de marzo.

3. En el caso de que una persona o entidad no residente opere en territorio español por sí misma y por medio de uno o varios establecimientos permanentes, la inclusión en el Censo de Empresarios, Profesionales y Retenedores deberá realizarse tanto por la persona o entidad no residente como por sus establecimientos permanentes.

En todas estas inclusiones, además de los datos exigidos con carácter general en este reglamento, se comunicarán los relacionados en el apartado 1 de este artículo referentes a la persona o entidad no residente.

Asimismo, cada establecimiento permanente se identificará e indicará la clase de establecimiento que constituya de acuerdo con lo dispuesto en el apartado anterior y la referencia catastral del inmueble.

4. En el caso de entidades en régimen de atribución de rentas

con presencia en territorio español, de acuerdo con lo dispuesto en el artículo 38.2 del texto refundido de la Ley del Impuesto sobre la Renta de no Residentes, aprobado por Real Decreto Legislativo 5/2004, de 5 de marzo, en el Censo de Empresarios, Profesionales y Retenedores deberán constar el nombre y apellidos o razón social o denominación completa, número de identificación fiscal, domicilio fiscal y nacionalidad de cada uno de los miembros o partícipes de aquella, con indicación de su cuota de participación y de atribución.

Subsección 2.ª Las declaraciones censales en el ámbito de competencias del Estado

Artículo 9. Declaración de alta en el Censo de Empresarios, Profesionales y Retenedores.

1. Quienes hayan de formar parte del Censo de Empresarios, Profesionales y Retenedores deberán presentar una declaración de alta en dicho censo.

2. La declaración de alta deberá incluir los datos recogidos en los artículos 4 a 8 de este reglamento, ambos inclusive.

3. Asimismo, esta declaración servirá para los siguientes fines:

a) Solicitar la asignación del número de identificación fiscal provisional o definitivo, con independencia de que la persona jurídica o entidad solicitante no esté obligada, por aplicación de lo dispuesto en el apartado 1 anterior, a la presentación de la declaración censal de alta en el Censo de Empresarios, Profesionales y Retenedores. La asignación del número de identificación fiscal, a solicitud del interesado o de oficio, determinará la inclusión automática en el Censo de Obligados Tributarios de la persona o entidad de que se trate.

b) Comunicar el régimen general o especial aplicable en el Impuesto sobre el Valor Añadido.

c) Renunciar al método de estimación objetiva y a la modalidad simplificada del método de estimación directa en el Impuesto sobre la Renta de las Personas Físicas o a los regímenes especiales simplificado, y de la agricultura, ganadería y pesca del Impuesto sobre el Valor Añadido.

d) Indicar, a efectos del Impuesto sobre el Valor Añadido, si el inicio de la realización habitual de las entregas de bienes o prestaciones de servicios que constituyen el objeto de la actividad será posterior al comienzo de la adquisición o importación de bienes o servicios destinados al desarrollo de la actividad empresarial o profesional.

e) Proponer a la Agencia Estatal de Administración Tributaria el porcentaje provisional de deducción a que se refiere el artículo

111.dos de la Ley 37/1992, de 28 de diciembre, del Impuesto sobre el Valor Añadido.

f) Optar por la determinación de la base imponible mediante el margen de beneficio global en el régimen especial de los bienes usados, objetos de arte, antigüedades y objetos de colección a que se refiere el apartado dos del artículo 137 de la Ley 37/1992, de 28 de diciembre, del Impuesto sobre el Valor Añadido.

g) Solicitar la inclusión en el Registro de operadores intracomunitarios.

h) Optar por la no sujeción al Impuesto sobre el Valor Añadido de las entregas de bienes a que se refiere el artículo 68.cuatro de la ley de dicho impuesto.

i) Comunicar la sujeción al Impuesto sobre el Valor Añadido de las entregas de bienes a que se refieren el artículo 68. tres y cinco de la ley de dicho impuesto, siempre que el declarante no se encuentre ya registrado en el censo.

j) Optar por la aplicación de la regla de prorrata especial en el Impuesto sobre el Valor Añadido, prevista en el artículo 103.dos.1.º de la Ley 37/1992, de 28 de diciembre, del Impuesto sobre el Valor Añadido.

k) Optar por la determinación del pago fraccionado del Impuesto sobre Sociedades, de acuerdo con la modalidad prevista en el artículo 45.3 del texto refundido de la Ley del Impuesto sobre Sociedades, aprobado por Real Decreto Legislativo 4/2004, de 5 de marzo.

l) Comunicar el periodo de liquidación de las autoliquidaciones de retenciones e ingresos a cuenta del Impuesto sobre la Renta de las Personas Físicas, del Impuesto sobre la Renta de no Residentes y del Impuesto sobre Sociedades, en atención a la cuantía de su último presupuesto aprobado cuando se trate de retenedores u obligados a ingresar a cuenta que tengan la consideración de Administraciones públicas, incluida la Seguridad Social.

m) Optar por la aplicación del régimen general previsto para los establecimientos permanentes, en los términos del artículo 18.5.b) del texto refundido de la Ley del Impuesto sobre la Renta de no Residentes, aprobado por Real Decreto Legislativo 5/2004, de 5 de marzo, para aquellos establecimientos permanentes cuya actividad en territorio español consista en obras de construcción, instalación o montaje cuya duración exceda de seis meses, actividades o explotaciones económicas de temporada o estacionales, o actividades de exploración de recursos naturales.

n) Optar por el régimen fiscal especial previsto en el título II de la Ley 49/2002, de 23 de diciembre, de régimen fiscal de las entidades sin fines lucrativos y de los incentivos fiscales al mecenazgo.

ñ) Comunicar aquellos otros hechos y circunstancias de carácter censal previstos en la normativa tributaria o que determine el Ministro de Economía y Hacienda.

o) Comunicar la condición de empresario o profesional revendedor de los bienes a que se refiere el artículo 84.Uno.2.°g) de la Ley 37/1992, de 28 de diciembre, del Impuesto sobre el Valor Añadido.

p) Optar por la aplicación del diferimiento del ingreso de las cuotas de Impuesto sobre el Valor Añadido en las operaciones de importación liquidadas por la Aduana, a que se refiere el artículo 167.Dos de la Ley 37/1992, de 28 de diciembre, del Impuesto sobre el Valor Añadido

q) Optar por la llevanza de los libros registro del Impuesto sobre el Valor Añadido a través de la Sede electrónica de la Agencia Estatal de Administración Tributaria de acuerdo con lo previsto en el artículo 62.6 del Reglamento del Impuesto sobre el Valor Añadido.

r) Comunicar la opción por el cumplimiento de la obligación de expedir factura por los destinatarios de las operaciones o por terceros, en los términos del artículo 5.1 del Reglamento por el que se aprueban las obligaciones de facturación, aprobado por el Real Decreto 1619/2012, de 30 de noviembre, en el caso de las personas y entidades a que se refiere el artículo 62.6 del Reglamento del Impuesto sobre el Valor Añadido.

4. Esta declaración deberá presentarse, según los casos, con anterioridad al inicio de las correspondientes actividades, a la realización de las operaciones, al nacimiento de la obligación de retener o ingresar a cuenta sobre las rentas que se satisfagan, abonen o adeuden o a la concurrencia de las circunstancias previstas en este artículo.

A efectos de lo dispuesto en este reglamento, se entenderá producido el comienzo de una actividad empresarial o profesional desde el momento que se realicen cualesquiera entregas, prestaciones o adquisiciones de bienes o servicios, se efectúen cobros o pagos o se contrate personal laboral, con la finalidad de intervenir en la producción o distribución de bienes o servicios.

Artículo 10. Declaración de modificación en el Censo de Empresarios, Profesionales y Retenedores.

1. Cuando se modifique cualquiera de los datos recogidos en la declaración de alta o en cualquier otra declaración de modificación posterior, el obligado tributario deberá comunicar a la Administración tributaria, mediante la correspondiente declaración,

dicha modificación.

2. Esta declaración, en particular, servirá para:

a) Comunicar el cambio de domicilio fiscal, de acuerdo con lo previsto en el artículo 48.3 de la Ley 58/2003, de 17 de diciembre, General Tributaria, por las personas jurídicas y demás entidades, así como por las personas físicas incluidas en el Censo de Empresarios, Profesionales y Retenedores.

b) Comunicar la variación de cualquiera de los datos y situaciones tributarias recogidas en los artículos 4 a 9 de este reglamento, ambos inclusive.

c) Comunicar el inicio de la realización habitual de las entregas de bienes o prestaciones de servicios correspondientes a actividades empresariales o profesionales, cuando la declaración de alta se hubiese formulado indicando que el inicio de la realización de dichas entregas de bienes o prestaciones de servicios se produciría con posterioridad al comienzo de la adquisición o importación de bienes o servicios destinados a la actividad.

Asimismo, la declaración de modificación servirá para comunicar el comienzo de la realización habitual de las entregas de bienes o prestaciones de servicios correspondientes a una nueva actividad constitutiva de un sector diferenciado a efectos del Impuesto sobre el Valor Añadido, cuando se haya presentado previamente una declaración censal mediante la que se comunique que el inicio de la realización de las entregas de bienes y prestaciones de servicios en desarrollo de dicha nueva actividad se produciría con posterioridad al comienzo de la adquisición o importación de bienes o servicios destinados a aquella.

d) Optar por la determinación de la base imponible mediante el margen de beneficio global en el régimen especial de los bienes usados, objetos de arte, antigüedades y objetos de colección a que se refiere el apartado dos del artículo 137 de la Ley 37/1992, de 28 de diciembre, del Impuesto sobre el Valor Añadido.

e) Solicitar la inclusión en el Registro de operadores intracomunitarios cuando se vayan a producir, una vez presentada la declaración censal de alta, las circunstancias que lo requieran previstas en el artículo 3.3 de este reglamento.

Los sujetos pasivos del Impuesto sobre el Valor Añadido que cesen en el desarrollo de las actividades sujetas al mismo sin que ello determine su baja en el Censo de Empresarios, Profesionales y Retenedores, y las personas o entidades que durante los 12 meses anteriores no hayan realizado entregas o adquisiciones intracomunitarias de bienes sujetas al Impuesto sobre el Valor Añadido o no hayan prestado o sido destinatarios de las prestaciones de servicios a que se refieren los párrafos c) y d) del artículo 3.3 de este reglamento, deberán presentar, asimismo, una declaración censal de modificación solicitando la baja en el Registro de operadores intracomunitarios.

f) Optar por la no sujeción al Impuesto sobre el Valor Añadido de las entregas de bienes a que se refiere el artículo 68.cuatro de la Ley 37/1992, de 28 de diciembre, del Impuesto sobre el Valor Añadido.

g) Comunicar la sujeción al Impuesto sobre el Valor Añadido de las entregas a que se refieren el artículo 68.tres y cinco de la Ley 37/1992, de 28 de diciembre, del Impuesto sobre el Valor Añadido.

h) Revocar las opciones o modificar las solicitudes a que se refieren los párrafos d), e), f) p) y q) de este apartado y los párrafos f), h), q) y r) del artículo 9.3 de este Reglamento, así como la comunicación de los cambios de las situaciones a que se refieren el párrafo g) de este apartado y los párrafos i) y o) del artículo 9.3 de este Reglamento.

i) (Suprimida)

j) En el caso de aquellos que, teniendo ya la condición de empresarios o profesionales por venir realizando actividades de tal naturaleza, inicien una nueva actividad empresarial o profesional constituya o no, a efectos del Impuesto sobre el Valor Añadido, un sector diferenciado respecto de las actividades que venían desarrollando con anterioridad, y se encuentren en cualesquiera de las circunstancias que se indican a continuación, para comunicar a la Administración su concurrencia:

1.º Que ejercen la opción por la regla de prorrata especial prevista en el artículo 103.dos.1.º de la Ley 37/1992, de 28 de diciembre, del Impuesto sobre el Valor Añadido.

2.º Que en los casos de inicio de actividad que constituya un sector diferenciado, el comienzo de la realización habitual de las entregas de bienes o prestaciones de servicios correspondientes a la nueva actividad se producirá con posterioridad al comienzo de la adquisición o importación de bienes o servicios destinados a su desarrollo y resulte aplicable el régimen de deducción previsto en los artículos 111, 112 y 113 de la Ley 37/1992, de 28 de diciembre, del Impuesto sobre el Valor Añadido. En este caso, la declaración contendrá también la propuesta del porcentaje provisional de deducción a que se refiere el citado artículo 111.dos de dicha ley.

k) Solicitar la inclusión en el Registro de exportadores y otros operadores económicos en régimen comercial, así como la baja en dicho registro, de acuerdo con el artículo 30 del Reglamento del Impuesto sobre el Valor Añadido, aprobado por el Real Decreto

1624/1992, de 29 de diciembre.

l) Comunicar a la Administración tributaria el cambio de periodo de liquidación en el Impuesto sobre el Valor Añadido y a efectos de las autoliquidaciones de retenciones e ingresos a cuenta del Impuesto sobre la Renta de las Personas Físicas, Impuesto sobre la Renta de no Residentes y del Impuesto sobre Sociedades por estar incluidos en el Registro de grandes empresas regulado en el artículo 3 de este reglamento, o en atención a la cuantía de su último presupuesto aprobado cuando se trate de retenedores u obligados a ingresar a cuenta que tengan la consideración de Administraciones públicas, incluida la Seguridad Social.

m) Optar o renunciar a la opción para determinar el pago fraccionado del Impuesto sobre Sociedades, de acuerdo con la modalidad prevista en el artículo 45.3 del texto refundido de la Ley del Impuesto sobre Sociedades, aprobado por Real Decreto Legislativo 4/2004, de 5 de marzo.

n) Renunciar a la aplicación del régimen de consolidación fiscal en el caso de los grupos fiscales que hayan ejercitado esta opción.

ñ) Optar o renunciar al régimen fiscal especial previsto en el título II de la Ley 49/2002, de 23 de diciembre, de régimen fiscal de las entidades sin fines lucrativos y de los incentivos fiscales al mecenazgo.

o) Solicitar la rectificación de datos personales a que se refiere el artículo 2.5 de este reglamento.

p) Optar por la llevanza de los libros registro del Impuesto sobre el Valor Añadido a través de la Sede electrónica de la Agencia Estatal de Administración Tributaria de acuerdo con lo previsto en el artículo 62.6 del Reglamento del Impuesto sobre el Valor Añadido.

q) Comunicar la opción del cumplimiento de la obligación de expedir factura por los destinatarios de las operaciones o por terceros, en los términos del artículo 5.1 del Reglamento por el que se regulan las obligaciones de facturación, aprobado por el Real Decreto 1619/2012, de 30 de noviembre, en el caso de las personas y entidades a que se refiere el artículo 62.6 del Reglamento del Impuesto sobre el Valor Añadido.

r) Comunicar otros hechos y circunstancias de carácter censal previstos en las normas tributarias o que determine el Ministro de Hacienda y Función Pública.

3. Esta declaración no será necesaria cuando la modificación de uno de los datos que figuren en el censo se haya producido por iniciativa de un órgano de la Agencia Estatal de Administración Tributaria.

4. La declaración deberá presentarse en el plazo de un mes desde

que se hayan producido los hechos que determinan su presentación, salvo en los casos que se indican a continuación:

a) En los supuestos en que la normativa propia de cada tributo o la del régimen fiscal aplicable establezca plazos específicos, la declaración se presentará de conformidad con estos.

b) Las declaraciones a que se refiere el apartado 2.j).1.º de este artículo, deberán presentarse con anterioridad al momento en que se inicie la nueva actividad empresarial que vaya a constituir, a efectos del Impuesto sobre el Valor Añadido, un sector diferenciado de actividad respecto de las que se venían desarrollando con anterioridad.

c) La comunicación prevista en el apartado 2.l) de este artículo se formulará en el plazo general y, en cualquier caso, antes del vencimiento del plazo para la presentación de la primera declaración periódica afectada por la variación puesta en conocimiento de la Administración tributaria o que hubiese debido presentarse de no haberse producido dicha variación.

d) La solicitud a que se refiere el primer párrafo del apartado 2.e) de este artículo deberá presentarse con anterioridad al momento en el que se produzcan las circunstancias previstas en el artículo 3.3 de este reglamento.

e) Cuando el Ministro de Economía y Hacienda establezca un plazo especial atendiendo a las circunstancias que concurran en cada caso.

Artículo 11. Declaración de baja en el Censo de Empresarios, Profesionales y Retenedores.

1. Quienes cesen en el desarrollo de todo tipo de actividades empresariales o profesionales o, no teniendo la condición de empresarios o profesionales, dejen de satisfacer rendimientos sujetos a retención o ingreso a cuenta deberán presentar la correspondiente declaración mediante la que comuniquen a la Administración tributaria tal circunstancia a efectos de su baja en el Censo de Empresarios, Profesionales y Retenedores.

Asimismo, las personas jurídicas que no desarrollen actividades empresariales o profesionales deberán presentar esta declaración a efectos de su baja en el Registro de operadores intracomunitarios cuando sus adquisiciones intracomunitarias de bienes deban resultar no sujetas de acuerdo con el artículo 14 de la Ley 37/1992, de 28 de diciembre, del Impuesto sobre el Valor Añadido.

2. La declaración de baja deberá presentarse en el plazo de un mes desde que se cumplan las condiciones previstas en el apartado 1 de este artículo, sin perjuicio de que la persona o entidad afectada

deba presentar las declaraciones y cumplir las obligaciones tributarias que le incumban y sin que a estos efectos deba darse de alta en el censo.

3. Cuando una sociedad o entidad se disuelva, la declaración de baja deberá ser presentada en el plazo de un mes desde que se haya realizado, en su caso, la cancelación efectiva de los correspondientes asientos en el Registro Mercantil.

Si no constaran dichos asientos, la Administración tributaria pondrá en conocimiento del Registro Mercantil la solicitud de baja para que este extienda una nota marginal en la hoja registral de la entidad. En lo sucesivo, el Registro comunicará a la Administración tributaria cualquier acto relativo a dicha entidad que se presente a inscripción.

Igualmente, cuando le constaran a la Administración tributaria datos suficientes sobre el cese de la actividad de una entidad, lo pondrá en conocimiento del Registro Mercantil, para que este, de oficio, proceda a extender una nota marginal con los mismos efectos que los previstos en el párrafo anterior.

4. En el caso de fallecimiento del obligado tributario, los herederos deberán presentar la declaración de baja correspondiente en el plazo de seis meses desde el fallecimiento. Igualmente quedarán obligados a comunicar en el mismo plazo la modificación de la titularidad de cuantos derechos y obligaciones con trascendencia tributaria permanecieran vigentes con terceros y a presentar, en su caso, la declaración o declaraciones de alta que sean procedentes.

Artículo 12. Especialidades en el alta y modificaciones en el Censo de Obligados Tributarios de las entidades a las que se asigne un número de identificación fiscal.

1. La asignación a una entidad del número de identificación fiscal provisional previsto en el artículo 24 determinará su alta en el Censo de Obligados Tributarios y, siempre que se produzcan las circunstancias previstas en el artículo 3.2, su alta en el Censo de Empresarios, Profesionales y Retenedores.

2. Las variaciones posteriores al alta censal, incluidas las relativas al inicio de la actividad, domicilio, nombre y apellidos o razón social o denominación completa y número de identificación fiscal de los socios o personas o entidades que la integren, se comunicarán mediante la declaración de modificación regulada en el artículo 10. No será necesario comunicar las variaciones relativas a los socios, miembros o partícipes de las entidades una vez que se inscriban en el registro correspondiente y obtengan el número de identificación fiscal definitivo.

No obstante, las entidades sin personalidad jurídica deberán comunicar las variaciones relativas a sus socios, comuneros o partícipes, aunque hayan obtenido un número de identificación fiscal definitivo, salvo que tengan la condición de comunidades de propietarios constituidas en régimen de propiedad horizontal y estén incluidas en el Censo de Empresarios, Profesionales y Retenedores.

Igualmente, las entidades a las que se refiere el artículo 4.2.l) deberán comunicar en el plazo de un mes desde la fecha de formalización de su transmisión las modificaciones que se hayan producido respecto de los datos consignados en las declaraciones anteriores, incluidos los relativos a los socios, miembros o partícipes.

3. Las personas jurídicas y demás entidades deberán presentar copia de las escrituras o documentos que modifiquen los anteriormente vigentes, en el plazo de un mes desde la inscripción en el registro correspondiente o desde su otorgamiento si dicha inscripción no fuera necesaria, cuando las variaciones introducidas impliquen la presentación de una declaración censal de modificación.

Artículo 13. Modelo de declaración, plazo y lugar de presentación.

Las declaraciones censales de alta, modificación y baja, previstas en los artículos 9, 10 y 11, se presentarán en el lugar, forma y plazos que establezca el Ministro de Economía y Hacienda, salvo que el plazo esté establecido en este reglamento.

Artículo 14. Exclusión de otras declaraciones censales.

1. La presentación de las declaraciones a que se refiere esta subsección producirá los efectos propios de la presentación de las declaraciones relativas al comienzo, modificación o cese en el ejercicio de las actividades económicas sujetas al Impuesto sobre el Valor Añadido.

2. La presentación de estas declaraciones censales sustituye a la presentación del parte de alta en el índice de entidades a efectos del Impuesto sobre Sociedades.

3. De igual forma, en relación con los sujetos pasivos que resulten exentos del Impuesto sobre Actividades Económicas, la presentación de las declaraciones censales reguladas en esta subsección sustituye a la presentación de las declaraciones específicas del Impuesto sobre Actividades Económicas.

4. La presentación de la solicitud de baja en el Censo de Empresarios, Profesionales y Retenedores, para los obligados tributarios incluidos en el registro territorial de los impuestos especiales de fabricación a que se refiere el artículo 40 del

Reglamento de los Impuestos Especiales, aprobado por el Real Decreto 1165/1995, de 7 de julio, producirá los efectos propios de la solicitud de baja en el citado registro respecto de los establecimientos o actividades de que sean titulares dichos obligados tributarios.

Artículo 15. Sustitución de la declaración de alta por el Documento Único Electrónico.

Las declaraciones censales de alta previstas en el artículo 9 que deban realizar las personas o entidades para el inicio de su actividad económica, podrán realizarse mediante el Documento Único Electrónico (DUE), contemplado en la disposición adicional octava de la Ley 2/1995, de 23 de marzo, de sociedades de responsabilidad limitada, en aquellos casos en que la normativa autorice su uso, sin perjuicio de la presentación posterior de las declaraciones de modificación y baja que correspondan, en la medida en que varíe o deba ampliarse la información y circunstancias reflejadas en dicho Documento Único Electrónico.

Subsección 3.ª Actuaciones de gestión censal en el ámbito de competencias del Estado

Artículo 16. Gestión de las declaraciones censales.

1. Corresponde a la Agencia Estatal de Administración Tributaria la formación y el mantenimiento de los censos y registros definidos en el artículo 3. A tal efecto, podrá realizar las altas, bajas y modificaciones correspondientes de acuerdo con lo dispuesto en los artículos 144 a 146, ambos inclusive.

2. Para facilitar la gestión de los censos regulados en esta sección, la Administración pública competente para asignar el número que constituya el número de identificación fiscal comunicará con periodicidad, al menos, trimestral a la Agencia Estatal de Administración Tributaria el nombre y apellidos, sexo, fecha y lugar de nacimiento, número de identificación fiscal y, en su caso, domicilio en España de las personas a las que asigne dicho número y el número de pasaporte.

CAPÍTULO II

Obligaciones relativas al domicilio fiscal

Artículo 17. Obligación de comunicar el cambio de domicilio fiscal.

1. Las personas físicas que deban estar en el Censo de

Empresarios, Profesionales y Retenedores, así como las personas jurídicas y demás entidades deberán cumplir la obligación de comunicar el cambio de domicilio fiscal, establecida en el artículo 48.3 de la Ley 58/2003, de 17 de diciembre, General Tributaria, en el plazo de un mes a partir del momento en que produzca dicho cambio.

En el ámbito de competencias del Estado dicha comunicación deberá efectuarse mediante la presentación de la declaración censal de modificación regulada en el artículo 10 de este reglamento.

2. Tratándose de personas físicas que no deban figurar en el Censo de Empresarios, Profesionales y Retenedores, la comunicación del cambio de domicilio se deberá efectuar en el plazo de tres meses desde que se produzca mediante el modelo de declaración que se apruebe, salvo lo dispuesto en el párrafo siguiente.

En el ámbito de competencias del Estado, la comunicación del cambio de domicilio deberá efectuarse de acuerdo con lo previsto en el párrafo anterior. No obstante, si con anterioridad al vencimiento de dicho plazo finalizase el de presentación de la autoliquidación o comunicación de datos correspondiente a la imposición personal que el obligado tributario tuviera que presentar después del cambio de domicilio, la comunicación deberá efectuarse en el correspondiente modelo de autoliquidación o comunicación de datos, salvo que se hubiese efectuado con anterioridad.

3. La comunicación del nuevo domicilio fiscal surtirá plenos efectos desde su presentación respecto a la Administración tributaria a la que se le hubiese comunicado, sin perjuicio de lo dispuesto en el artículo 59 de este reglamento a efectos de la atribución de competencias entre órganos de la Administración tributaria.

4. La comunicación del cambio del domicilio fiscal a la Administración tributaria del Estado producirá efectos respecto de las Administraciones tributarias de las comunidades autónomas y ciudades con estatuto de autonomía sólo desde el momento en que estas últimas tengan conocimiento del mismo, a cuyo efecto aquella deberá efectuar la correspondiente comunicación según lo dispuesto en el artículo 2.3 de este reglamento.

CAPÍTULO III

Obligaciones relativas al número de identificación fiscal

◀ *LGT D.A.6ª Número de identificación fiscal* ▶

Sección 1.ª Normas generales

Artículo 18. Obligación de disponer de un número de identificación fiscal y forma de acreditación.

1. Las personas físicas y jurídicas, así como los obligados tributarios a que se refiere el artículo 35.4 de la Ley 58/2003, de 17 de diciembre, General Tributaria, tendrán un número de identificación fiscal para sus relaciones de naturaleza o con trascendencia tributaria.

2. El número de identificación fiscal podrá acreditarse por su titular mediante la exhibición del documento expedido para su constancia por la Administración tributaria, del documento nacional de identidad o del documento oficial en que se asigne el número personal de identificación de extranjero.

3. El cumplimiento de lo dispuesto en los apartados anteriores no exime de la obligación de disponer de otros códigos o claves de identificación adicionales según lo que establezca la normativa propia de cada tributo.

Sección 2.ª Asignación del número de identificación fiscal a las personas físicas

Artículo 19. El número de identificación fiscal de las personas físicas de nacionalidad española.

1. Para las personas físicas de nacionalidad española, el número de identificación fiscal será el número de su documento nacional de identidad seguido del correspondiente código o carácter de verificación, constituido por una letra mayúscula que habrá de constar en el propio documento nacional de identidad, de acuerdo con sus disposiciones reguladoras.

2. Los españoles que realicen o participen en operaciones de naturaleza o con trascendencia tributaria y no estén obligados a obtener el documento nacional de identidad por residir en el extranjero o por ser menores de 14 años, deberán obtener un número de identificación fiscal propio. Para ello, podrán solicitar el documento nacional de identidad con carácter voluntario o solicitar de la Administración tributaria la asignación de un número de identificación fiscal. Este último estará integrado por nueve caracteres con la siguiente composición: una letra inicial destinada a indicar la naturaleza de este número, que será la L para los españoles residentes en el extranjero y la K para los españoles que, residiendo en España, sean menores de 14 años; siete caracteres alfanuméricos y un carácter de verificación alfabético.

En el caso de que no lo soliciten, la Administración tributaria podrá proceder de oficio a darles de alta en el Censo de Obligados

45

Tributarios y a asignarles el número de identificación fiscal que corresponda.

3. Para la identificación de los menores de 14 años en sus relaciones de naturaleza o con trascendencia tributaria habrán de figurar tanto los datos de la persona menor de 14 años, incluido su número de identificación fiscal, como los de su representante legal.

Artículo 20. El número de identificación fiscal de las personas físicas de nacionalidad extranjera.

1. Para las personas físicas que carezcan de la nacionalidad española, el número de identificación fiscal será el número de identidad de extranjero que se les asigne o se les facilite de acuerdo con la Ley Orgánica 4/2000, de 11 de enero, sobre derechos y libertades de los extranjeros en España y su integración social, y su normativa de desarrollo.

2. Las personas físicas que carezcan de la nacionalidad española y no dispongan del número de identidad de extranjero, bien de forma transitoria por estar obligados a tenerlo o bien de forma definitiva al no estar obligados a ello, deberán solicitar a la Administración tributaria la asignación de un número de identificación fiscal cuando vayan a realizar operaciones de naturaleza o con trascendencia tributaria. Dicho número estará integrado por nueve caracteres con la siguiente composición: una letra inicial, que será la M, destinada a indicar la naturaleza de este número, siete caracteres alfanuméricos y un carácter de verificación alfabético.

En el caso de que no lo soliciten, la Administración tributaria podrá proceder de oficio a darles de alta en el Censo de Obligados Tributarios y a asignarles el número de identificación fiscal que corresponda.

Artículo 21. Normas sobre la asignación del número de identificación fiscal a personas físicas nacionales y extranjeras por la Administración tributaria.

1. El número de identificación fiscal asignado directamente por la Administración tributaria de acuerdo con los artículos 19 y 20 tendrá validez en tanto su titular no obtenga el documento nacional de identidad o su número de identidad de extranjero.

Quienes disponiendo de número de identificación fiscal obtengan posteriormente el documento nacional de identidad o un número de identidad de extranjero deberán comunicar en un plazo de dos meses esta circunstancia a la Administración tributaria y a las demás personas o entidades ante las que deba constar su nuevo número de identificación fiscal. El anterior número de identificación fiscal surtirá efectos hasta la fecha de comunicación del nuevo.

2. Cuando se trate de personas físicas que no tengan nacionalidad española, el órgano de la Agencia Estatal de Administración Tributaria que se determine en sus normas de organización específica, podrá recibir y trasladar directamente al Ministerio del Interior la solicitud de asignación de un número de identidad de extranjero.

3. Cuando se detecte que una persona física dispone simultáneamente de un número de identificación fiscal asignado por la Administración tributaria y de un documento nacional de identidad o un número de identidad de extranjero, prevalecerá este último. La Administración tributaria deberá notificar al interesado la pérdida de validez del número de identificación fiscal previamente asignado de acuerdo con lo dispuesto en el apartado 1 de este artículo, y pondrá en su conocimiento la obligación de comunicar su número válido a todas las personas o entidades a las que deba constar dicho número por razón de sus operaciones.

Sección 3.ª Asignación del número de identificación fiscal a las personas jurídicas y entidades sin personalidad jurídica

Artículo 22. El número de identificación fiscal de las personas jurídicas y entidades sin personalidad jurídica.

1. La Administración Tributaria asignará a las personas jurídicas y entidades sin personalidad jurídica un número de identificación fiscal que las identifique, y que será invariable cualesquiera que sean las modificaciones que experimenten aquellas, salvo que cambie su forma jurídica o nacionalidad.

En los términos que establezca el Ministro de Economía y Hacienda, la composición del número de identificación fiscal de las personas jurídicas y entidades sin personalidad jurídica incluirá:

a) Información sobre la forma jurídica, si se trata de una entidad española, o, en su caso, el carácter de entidad extranjera o de establecimiento permanente de una entidad no residente en España.

b) Un número aleatorio.

c) Un carácter de control.

2. Cuando una persona jurídica o entidad no residente opere en territorio español mediante establecimientos permanentes que realicen actividades claramente diferenciadas y cuya gestión se lleve de modo separado, cada establecimiento permanente deberá solicitar un número de identificación fiscal distinto del asignado, en su caso, a la persona o entidad no residente.

3. Las distintas Administraciones públicas y los organismos o entidades con personalidad jurídica propia dependientes de cualquiera de aquellas, podrán disponer de un número de identificación fiscal para cada uno de los sectores de su actividad empresarial o profesional, así como para cada uno de sus departamentos, consejerías, dependencias u órganos superiores, con capacidad gestora propia.

4. Asimismo, podrán disponer de número de identificación fiscal cuando así lo soliciten:

a) Los centros docentes de titularidad pública.

b) Los centros sanitarios o asistenciales de titularidad pública.

c) Los órganos de gobierno y los centros sanitarios o asistenciales de la Cruz Roja Española.

d) Los registros públicos.

e) Los juzgados, tribunales y salas de los tribunales de justicia.

f) Los boletines oficiales cuando no tenga personalidad jurídica propia.

5. Las entidades eclesiásticas que tengan personalidad jurídica propia tendrán un número de identificación fiscal aunque estén integradas, a efectos del Impuesto sobre Sociedades, en un sujeto pasivo cuyo ámbito sea una diócesis o una provincia religiosa.

Artículo 23. Solicitud del número de identificación fiscal de las personas jurídicas y entidades sin personalidad jurídica.

1. Las personas jurídicas o entidades sin personalidad jurídica que vayan a ser titulares de relaciones de naturaleza o con trascendencia tributaria deberán solicitar la asignación de un número de identificación fiscal.

En el caso de que no lo soliciten, la Administración tributaria podrá proceder de oficio a darles de alta en el Censo de Obligados Tributarios y a asignarles el número de identificación fiscal que corresponda.

2. Cuando se trate de personas jurídicas o entidades sin personalidad jurídica que vayan a realizar actividades empresariales o profesionales, deberán solicitar su número de identificación fiscal antes de la realización de cualquier entrega, prestación o adquisición de bienes o servicios, de la percepción de cobros o del abono de pagos, o de la contratación de personal laboral, efectuados para el desarrollo de su actividad. En todo caso, la solicitud se formulará dentro del mes siguiente a la fecha de su constitución o de su establecimiento en territorio español.

3. La solicitud se efectuará mediante la presentación de la

oportuna declaración censal de alta regulada en el artículo 9, en la que se harán constar las circunstancias previstas en sus apartados 2 y 3 en la medida en que se produzcan o sean conocidas en el momento de la presentación de la declaración.

4. La solicitud de asignación del número de identificación fiscal en los supuestos recogidos en el artículo 22.3 y 4 deberá dirigirse al órgano de la Agencia Estatal de Administración Tributaria que se determine en sus normas de organización específica, por la entidad con personalidad jurídica propia interesada o por un departamento ministerial o consejería de una comunidad autónoma. En el escrito de solicitud se indicarán los sectores, órganos o centros para los que se solicita un número de identificación fiscal propio y las razones que motivan la petición.

Estimada la petición, el órgano competente de la Agencia Estatal de Administración Tributaria procederá a asignar el número de identificación fiscal.

Artículo 24. Asignación del número de identificación fiscal de las personas jurídicas y entidades sin personalidad.

1. La Agencia Estatal de Administración Tributaria asignará el número de identificación fiscal en el plazo de 10 días.

La Administración tributaria podrá comprobar la veracidad de los datos comunicados por los interesados en sus solicitudes de número de identificación fiscal provisional o definitivo de acuerdo con lo previsto en el artículo 144.1 y 2. Cuando de la comprobación resultara que los datos no son veraces, la Administración tributaria, previa audiencia a los interesados por un plazo de 10 días, contados a partir del día siguiente al de la notificación de la apertura de dicho plazo, podrá denegar la asignación de dicho número.

2. El número de identificación fiscal de las personas jurídicas y entidades sin personalidad tendrá carácter provisional mientras la entidad interesada no haya aportado copia de la escritura pública o documento fehaciente de su constitución y de los estatutos sociales o documento equivalente, así como certificación de su inscripción, cuando proceda, en un registro público.

El número de identificación fiscal, provisional o definitivo, no se asignará a las personas jurídicas o entidades que no aporten, al menos, un documento debidamente firmado en el que los otorgantes manifiesten su acuerdo de voluntades para la constitución de la persona jurídica o entidad u otro documento que acredite situaciones de cotitularidad.

El firmante de la declaración censal de solicitud deberá acreditar que actúa en representación de la persona jurídica, entidad sin personalidad o colectivo que se compromete a su creación.

3. Cuando se asigne un número de identificación fiscal provisional, la entidad quedará obligada a la aportación de la documentación pendiente necesaria para la asignación del número de identificación fiscal definitivo en el plazo de un mes desde la inscripción en el registro correspondiente o desde el otorgamiento de las escrituras públicas o documento fehaciente de su constitución y de los estatutos sociales o documentos equivalentes de su constitución, cuando no fuera necesaria la inscripción de los mismos en el registro correspondiente.

Transcurrido el plazo al que se refiere el párrafo anterior sin que se haya aportado la documentación pendiente, la Administración tributaria podrá requerir su aportación otorgando un plazo máximo de 10 días, contados a partir del día siguiente al de la notificación del requerimiento, para su presentación o para que se justifiquen los motivos que la imposibiliten, con indicación en tal caso por el interesado del plazo necesario para su aportación definitiva.

La falta de atención en tiempo y forma del requerimiento para la aportación de la documentación pendiente podrá determinar, previa audiencia del interesado, la revocación del número de identificación asignado, en los términos a que se refiere el artículo 147.

4. Para solicitar el número de identificación fiscal definitivo se deberá presentar la declaración censal de modificación, en la que se harán constar, en su caso, todas las modificaciones que se hayan producido respecto de los datos consignados en la declaración presentada para solicitar el número de identificación fiscal provisional que todavía no hayan sido comunicados a la Administración en anteriores declaraciones censales de modificación, y a la que se acompañará la documentación pendiente.

Cumplida esta obligación, se asignará el número de identificación fiscal definitivo.

5. La Administración tributaria podrá exigir una traducción al castellano o a otra lengua oficial en España de la documentación aportada para la asignación del número de identificación fiscal cuando aquella esté redactada en lengua no oficial.

6. La Agencia Estatal de Administración Tributaria podrá suscribir convenios con los organismos, instituciones o personas que intervienen en el proceso de creación de entidades para facilitar la comunicación del número de identificación fiscal, provisional o definitivo, asignado. Cuando en virtud de lo dispuesto en un convenio, la Agencia Estatal de Administración Tributaria tenga conocimiento por medio de organismos, instituciones o personas de la información necesaria para asignar a una entidad el número de

identificación fiscal, podrá exonerar a la entidad de presentar una declaración censal para solicitar la asignación de dicho número, sin perjuicio de la obligación que incumbe a la entidad de comunicar las modificaciones que se hayan producido respecto de la información que haya hecho constar en las declaraciones censales que haya presentado con anterioridad.

Sección 4.ª Especialidades del número de identificación fiscal de los empresarios o profesionales a efectos del Impuesto sobre el Valor Añadido

Artículo 25. Especialidades del número de identificación fiscal de los empresarios o profesionales a efectos del Impuesto sobre el Valor Añadido.

1. A efectos del Impuesto sobre el Valor Añadido, para las personas o entidades que realicen operaciones intracomunitarias a las que se refiere el apartado 2, el número de identificación será el definido de acuerdo con lo establecido en este reglamento, al que se antepondrá el prefijo ES, conforme al estándar internacional código ISO-3166 alfa 2.

Dicho número se asignará cuando se solicite por el interesado la inclusión en el Registro de operadores intracomunitarios, en la forma prevista para la declaración de alta o modificación de datos censales. La Agencia Estatal de Administración Tributaria podrá denegar la asignación de este número en los supuestos comprendidos en los artículo 24.1 y 146.1.b) de este reglamento. Si la Agencia Estatal de Administración Tributaria no hubiera resuelto en un plazo de tres meses, podrá considerarse denegada la asignación del número solicitado.

2. El número de identificación fiscal definido en el apartado anterior se asignará a las siguientes personas o entidades:

a) Los empresarios o profesionales que realicen entregas de bienes o adquisiciones intracomunitarias de bienes sujetas al citado impuesto, incluso si los bienes objeto de dichas adquisiciones intracomunitarias se utilizan en la realización de actividades empresariales o profesionales en el extranjero.

b) Los empresarios o profesionales que sean destinatarios de servicios prestados por empresarios o profesionales no establecidos en el territorio de aplicación del Impuesto sobre el Valor Añadido respecto de los cuales sean sujetos pasivos.

c) Los empresarios o profesionales que presten servicios que, conforme a las reglas de localización, se entiendan realizados en el territorio de otro Estado miembro cuando el sujeto pasivo sea el destinatario de los mismos

d) Las personas jurídicas que no actúen como empresarios o profesionales, cuando las adquisiciones intracomunitarias de bienes que efectúen estén sujetas al Impuesto sobre el Valor Añadido, de acuerdo con lo dispuesto en los artículos 13.1.º y 14 de la Ley reguladora del mismo.

3. No obstante lo dispuesto en el apartado 2 anterior, no se asignará el número de identificación específico a efectos del Impuesto sobre el Valor Añadido, a las siguientes personas o entidades:

a) Los sujetos pasivos que realicen exclusivamente operaciones que no atribuyan el derecho a la deducción total o parcial del impuesto o que realicen exclusivamente actividades a las que sea aplicable el régimen especial de la agricultura, ganadería y pesca o las personas jurídicas que no actúen como empresarios o profesionales, cuando las adquisiciones intracomunitarias de bienes efectuadas por dichas personas no estén sujetas al Impuesto sobre el Valor Añadido en virtud de lo dispuesto en el artículo 14 de la ley de dicho impuesto.

b) Las indicadas en la letra anterior y las que no actúen como empresarios o profesionales, cuando realicen adquisiciones intracomunitarias de medios de transporte nuevos.

c) Las comprendidas en el artículo 5.uno.e) de la Ley 37/1992, de 28 de diciembre, del Impuesto sobre el Valor Añadido.

d) Los empresarios o profesionales no establecidos en el territorio de aplicación del Impuesto sobre el Valor Añadido, que realicen en dicho territorio exclusivamente operaciones por las cuales no sean sujetos pasivos, de acuerdo con lo dispuesto en el artículo 84.uno, números 2.º, 3.º y 4.º de la ley reguladora de dicho impuesto.

e) Los empresarios o profesionales no establecidos en el territorio de aplicación del Impuesto sobre el Valor Añadido que realicen en el mismo exclusivamente las adquisiciones intracomunitarias de bienes y entregas subsiguientes a las que se refiere el artículo 26.tres de la ley de dicho impuesto.

4. Las personas o entidades que entreguen bienes o efectúen prestaciones de servicios que se localicen en otros Estados miembros podrán solicitar a la Administración tributaria la confirmación del número de identificación fiscal atribuido por cualquier Estado miembro de la Comunidad Europea a los destinatarios de dichas operaciones.

5. Los empresarios o profesionales que realicen entregas de bienes con destino a otros Estados miembros o que efectúen prestaciones de servicios que se localicen en otros Estados miembros, podrán solicitar a la Agencia Estatal de Administración Tributaria la

confirmación del número de identificación fiscal atribuido por cualquiera de dichos Estados a los destinatarios de las citadas operaciones.

Sección 5.ª Utilización del número de identificación fiscal

Artículo 26. Utilización del número de identificación fiscal ante la Administración tributaria.

1. De acuerdo con lo previsto en la disposición adicional sexta de la Ley 58/2003, de 17 de diciembre, General Tributaria, los obligados tributarios deberán incluir su número de identificación fiscal en todas las autoliquidaciones, declaraciones, comunicaciones o escritos que presenten ante la Administración tributaria. En caso de no disponer de dicho número deberán solicitar su asignación de acuerdo con lo previsto en los artículos 19, 20 y 23 de este reglamento.

La Administración tributaria podrá admitir la presentación de autoliquidaciones, declaraciones, comunicaciones o escritos en los que no conste el número de identificación fiscal.

Cuando el obligado tributario carezca de número de identificación fiscal, la tramitación quedará condicionada a la aportación del correspondiente número. Transcurridos 10 días desde la presentación sin que se haya acreditado la solicitud del número de identificación fiscal se podrá tener por no presentada la autoliquidación, declaración, comunicación o escrito, previa resolución administrativa que así lo declare.

2. Los obligados tributarios deberán incluir el número de identificación fiscal de las personas o entidades con las que realicen operaciones de naturaleza o con trascendencia tributaria en las autoliquidaciones, declaraciones, comunicaciones o escritos que presenten ante la Administración tributaria de acuerdo con lo dispuesto en este reglamento o en otras disposiciones.

A efectos de lo dispuesto en este apartado, los obligados tributarios podrán exigir de las personas o entidades con las que realicen operaciones de naturaleza o con trascendencia tributaria que les comuniquen su número de identificación fiscal. Dichas personas o entidades deberán facilitarlo y, en su caso, acreditarlo, de acuerdo con lo dispuesto en el artículo 18 de este reglamento.

Artículo 27. Utilización del número de identificación fiscal en operaciones con trascendencia tributaria.

1. De acuerdo con lo previsto en la disposición adicional sexta de la Ley 58/2003, de 17 de diciembre, General Tributaria, los obligados tributarios deberán incluir su número de identificación fiscal en todos

los documentos de naturaleza o con trascendencia tributaria que expidan como consecuencia del desarrollo de su actividad, y deberán comunicarlo a otros obligados de acuerdo con lo previsto en este reglamento o en otras disposiciones. En caso de no disponer de dicho número deberán solicitar su asignación de acuerdo con lo dispuesto en los artículos 19, 20 y 23 de este reglamento.

Asimismo, los obligados tributarios deberán incluir en dichos documentos el número de identificación fiscal de las personas o entidades con las que realicen operaciones de naturaleza o con trascendencia tributaria, de acuerdo con lo dispuesto en este reglamento o en otras disposiciones.

2. En particular, deberá incluirse o comunicarse el número de identificación fiscal en las siguientes operaciones con trascendencia tributaria:

a) Cuando se perciban o paguen rendimientos del trabajo, satisfechos desde establecimientos radicados en España, o del capital mobiliario, abonados en territorio español o procedentes de bienes o valores situados o anotados en dicho territorio. En estos casos, se deberá comunicar el número de identificación fiscal al pagador o perceptor de los referidos rendimientos.

Se entenderán, en particular, situados o anotados en territorio español aquellos valores o activos financieros cuyo depósito, gestión, administración o registro contable se hallen encomendados a una persona o entidad o a un establecimiento de la misma radicados en España.

b) Cuando se pretenda adquirir o transmitir valores representados por medio de títulos o anotaciones en cuenta y situados en España. En estos casos, las personas o entidades que pretendan la adquisición o transmisión deberán comunicar, al tiempo de dar la orden correspondiente, su número de identificación fiscal a la entidad emisora o intermediarios financieros respectivos, que no atenderán aquella hasta el cumplimiento de esta obligación, de acuerdo con el artículo 109 de la Ley 24/1988, de 28 de julio, del Mercado de Valores.

Así mismo, el número de identificación fiscal del adquirente deberá figurar en las certificaciones acreditativas de la adquisición de activos financieros con rendimiento implícito.

Lo dispuesto en este apartado no será de aplicación a las adquisiciones o transmisiones de valores que se realicen a través de las cuentas a las que se refiere el artículo 28.7 de este Reglamento.

c) Cuando se formalicen actos o contratos ante notario que tengan por objeto la declaración, constitución, adquisición, transmisión, modificación o extinción del dominio y los demás derechos reales sobre bienes inmuebles o cualquier otro acto o contrato con trascendencia tributaria. En estos casos, se deberá incluir en las escrituras o documentos el número de identificación fiscal de las personas o entidades que comparezcan y los de las personas en cuya representación actúen.

Cuando se incumpla esta obligación los notarios deberán presentar a la Administración tributaria la declaración informativa regulada en el artículo 51.

d) Cuando se contrate cualquier operación de seguro o financiera con entidades aseguradoras españolas o que operen en España en régimen de derecho de establecimiento o mediante sucursal o en régimen de libre prestación de servicios. En estos casos, las personas o entidades que figuren como asegurados o perciban las correspondientes indemnizaciones o prestaciones deberán comunicar su número de identificación fiscal a la entidad aseguradora con quien operen. Dicho número deberá figurar en la póliza o documento que sirva para recoger estas operaciones.

Se exceptúan los contratos de seguro en el ramo de accidentes con una duración temporal no superior a tres meses.

La Agencia Estatal de Administración Tributaria podrá exceptuar otras operaciones con entidades aseguradoras de este deber de identificación, cuando constituyan contratos de seguro ajenos al ramo de vida y con duración temporal.

e) Cuando se realicen contribuciones o aportaciones a planes de pensiones o se perciban las correspondientes prestaciones. En estos casos, se deberá comunicar el número de identificación fiscal a las entidades gestoras de los fondos de pensiones a los que dichos planes se hallen adscritos o al representante de los fondos de pensiones domiciliados en otro Estado miembro de la Unión Europea que desarrollen en España planes de pensiones de empleo sujetos a la legislación española y deberá figurar aquel en los documentos en los que se formalicen las obligaciones de contribuir y el reconocimiento de prestaciones.

f) Cuando se realicen operaciones de suscripción, adquisición, reembolso o transmisión de acciones o participaciones de instituciones de inversión colectiva españolas o que se comercialicen en España conforme a la Ley 35/2003, de 4 de noviembre, de Instituciones de Inversión Colectiva. En estos casos, las personas o entidades que realicen estas operaciones deberán comunicar su número de identificación fiscal a las entidades gestoras españolas o que operen en España mediante sucursal o en régimen de libre prestación de servicios, o en su defecto, a las sociedades de inversión o entidades comercializadoras. El número de identificación fiscal deberá figurar en los documentos relativos a dichas operaciones.

Lo dispuesto en este apartado no será de aplicación a las operaciones que se realicen a través de las cuentas a las que se refiere el artículo 28.7 de este Reglamento.

3. A efectos de lo dispuesto en este artículo, los obligados tributarios podrán exigir de las personas o entidades con las que realicen operaciones de naturaleza o con trascendencia tributaria que les comuniquen su número de identificación fiscal. Dichas personas o entidades deberán facilitarlo y, en su caso, acreditarlo, de acuerdo con lo dispuesto en el artículo 18.

Artículo 28. Utilización del número de identificación fiscal en las operaciones con entidades de crédito.

1. Las personas o entidades que realicen operaciones con entidades de crédito españolas o que operen en España mediante sucursal o en régimen de libre prestación de servicios, deberán comunicarles su número de identificación fiscal de acuerdo con lo previsto en la disposición adicional sexta de la Ley 58/2003, de 17 de diciembre, General Tributaria, y en este artículo.

2. No será necesario comunicar el número de identificación fiscal a las entidades de crédito en las operaciones de cambio de moneda y compra de cheques de viaje por importe inferior a 3.000 euros, por quien acredite su condición de no residente en el momento de la realización de la operación.

3. Podrá constituirse un depósito o abrirse una cuenta en una entidad de crédito sin acreditar el número de identificación fiscal en el momento de la constitución. La comunicación del número de identificación fiscal deberá efectuarse en el plazo de 15 días, sin que pueda realizarse ningún movimiento hasta que se aporte.

La entidad de crédito podrá iniciar los cargos o abonos en las cuentas o depósitos afectados o cancelarlos desde el momento en que todos los titulares de aquellos faciliten su número de identificación fiscal.

En los supuestos previstos en el artículo 40 de este reglamento, las entidades de crédito deberán comunicar a la Administración tributaria la información a que se refiere dicho artículo.

4. A efectos de lo previsto en el apartado 3 de la disposición adicional sexta de la Ley 58/2003, de 17 de diciembre, General Tributaria, las entidades de crédito deberán dejar constancia de los datos a que se refiere dicho apartado en las matrices o duplicados de los cheques librados y en el reverso de los cheques abonados. En su defecto, deberán dejar constancia en los registros auxiliares, contables o de cualquier otro tipo, utilizados para controlar estas operaciones

de forma que se permita su posterior comprobación.

Asimismo, las entidades de crédito deberán comunicar a la Administración tributaria la información a que se refiere el artículo 41 de este reglamento.

5. En las cuentas o depósitos a nombre de menores de edad o incapacitados, así como en los cheques en los que los tomadores o tenedores sean menores de edad o incapacitados, se consignará su número de identificación fiscal, así como el de las personas que tengan su representación legal.

6. En las cuentas o depósitos a nombre de varios titulares, autorizados o beneficiarios deberá constar el número de identificación fiscal de todos ellos.

7. Quedan exceptuadas del régimen de identificación previsto en este artículo las cuentas en euros y en divisas, sean cuentas de activo, de pasivo o de valores, a nombre de personas físicas o entidades que hayan acreditado la condición de no residentes en España. Esta excepción no se aplicará a las cuentas cuyos rendimientos se satisfagan a un establecimiento de su titular situado en España.

8. Cuando los tomadores o tenedores de los cheques, en los supuestos previstos en el apartado 3 de la disposición adicional sexta de la Ley 58/2003, de 17 de diciembre, General Tributaria, sean personas físicas o entidades que declaren ser no residentes en España, el número de identificación fiscal podrá sustituirse por el número de pasaporte o número de identidad válido en su país de origen.

9. La condición de no residente, a los exclusivos efectos previstos en los supuestos a que se refieren los apartados 2, 7 y 8 anteriores, podrá acreditarse ante la entidad que corresponda a través de un certificado de residencia fiscal expedido por las autoridades fiscales del país de residencia o bien mediante una declaración de residencia fiscal ajustada al modelo y condiciones que apruebe el Ministro de Economía y Hacienda.

CAPÍTULO IV

Obligaciones relativas a los libros registros fiscales

Artículo 29. Obligación de llevar y conservar los libros registro de carácter fiscal.

1. Cuando la normativa propia de cada tributo lo prevea, los obligados tributarios deberán llevar y conservar de forma correcta los libros registro que se establezcan. Los libros registro deberán conservarse en el domicilio fiscal del obligado tributario, salvo lo dispuesto en la normativa de cada tributo.

2. Las operaciones que hayan de ser objeto de anotación registral deberán asentarse en los correspondientes registros en el plazo de tres meses a partir del momento de realización de la operación o de la recepción del documento justificativo o, en todo caso, antes de que finalice el plazo establecido para presentar la correspondiente declaración, autoliquidación o comunicación, salvo lo dispuesto en la normativa propia de cada tributo.

3. Los libros o registros contables, incluidos los de carácter informático o electrónico que, en cumplimiento de sus obligaciones contables, deban llevar los obligados tributarios, podrán ser utilizados como libros registro de carácter fiscal, siempre que se ajusten a los requisitos que se establecen en este reglamento y en la normativa específica de los distintos tributos.

A estos efectos, el libro diario simplificado que lleven los sujetos incluidos en el ámbito de aplicación del régimen simplificado de contabilidad, se considerará como libro registro de carácter fiscal de acuerdo con lo previsto en la disposición adicional tercera del Real Decreto 296/2004, de 20 de febrero, por el que se aprueba el régimen simplificado de la contabilidad, en aquellos casos en que sustituya a los libros registros exigidos por la normativa tributaria.

4. El Ministro de Economía y Hacienda podrá disponer adaptaciones o modificaciones de las obligaciones registrales de determinados sectores empresariales o profesionales.

CAPÍTULO V

Obligaciones de información

◀ *LGT 93* ▶

Sección 1.ª Disposiciones generales

Artículo 30. Obligaciones de información.

1. El cumplimiento de las obligaciones de información establecidas en los artículos 93 y 94 de la Ley 58/2003, de 17 de diciembre, General Tributaria, se realizará conforme lo dispuesto en la normativa que las establezca y en este capítulo.

2. Los obligados tributarios que realicen actividades económicas, así como aquellos que satisfagan rentas o rendimientos sujetos a retención o ingreso a cuenta, intermedien o intervengan en operaciones económicas, profesionales o financieras, deberán suministrar información de carácter general en los términos que se establezca en la normativa específica, en la normativa sobre asistencia

mutua y en este capítulo.

En el ámbito de competencias del Estado, el Ministro de Hacienda y Administraciones Públicas aprobará los modelos de declaración que, a tal efecto, deberán de presentarse, el lugar y plazo de presentación y los supuestos y condiciones en que la obligación deberá cumplirse mediante soporte directamente legible por ordenador o por medios telemáticos.

3. El cumplimiento de la obligación de información también podrá consistir en la contestación a requerimientos individualizados relativos a datos, informes, antecedentes y justificantes con trascendencia tributaria relacionados con el cumplimiento de sus propias obligaciones tributarias o deducidos de sus relaciones económicas, profesionales o financieras con otras personas, aunque no existiera obligación de haberlos suministrado con carácter general a la Administración tributaria mediante las correspondientes declaraciones. En estos casos, la información requerida deberá aportarse por los obligados tributarios en la forma y plazos que se establezcan en el propio requerimiento, de conformidad con lo establecido en este reglamento. Las actuaciones de obtención de información podrán desarrollarse directamente en los locales, oficinas o domicilio de la persona o entidad en cuyo poder se hallen los datos correspondientes o mediante requerimientos para que tales datos, informes, antecedentes y justificantes con trascendencia tributaria sean remitidos o aportados a la Administración tributaria.

Las actuaciones de obtención de información podrán realizarse por propia iniciativa del órgano administrativo actuante, a solicitud de otros órganos administrativos o jurisdiccionales en los supuestos de colaboración establecidos legalmente, o a petición de otros Estados o entidades internacionales o supranacionales en el marco de la asistencia mutua.

Los requerimientos individualizados de obtención de información respecto de terceros podrán realizarse en el curso de un procedimiento de aplicación de los tributos o ser independientes de este. Los requerimientos relacionados con el cumplimiento de las obligaciones tributarias propias de la persona o entidad requerida no suponen, en ningún caso, el inicio de un procedimiento de comprobación o investigación.

4. La solicitud de datos, informes, antecedentes y justificantes que se realice al obligado tributario en el curso de un procedimiento de aplicación de los tributos de que esté siendo objeto, de acuerdo con las facultades establecidas en la normativa reguladora del procedimiento, no tendrá la consideración de requerimiento de información a efectos de lo previsto en los artículos 93 y 94 de la Ley 58/2003, de 17 de diciembre, General Tributaria.

Sección 2.ª Obligaciones de presentar declaraciones informativas

Subsección 1.ª Obligación de informar sobre las operaciones con terceras personas

Artículo 31. Obligados a suministrar información sobre operaciones con terceras personas.

1. De acuerdo con lo dispuesto en el artículo 93 de la Ley 58/2003, de 17 de diciembre, General Tributaria, las personas físicas o jurídicas, públicas o privadas, así como las entidades a que se refiere el artículo 35.4 de dicha ley, que desarrollen actividades empresariales o profesionales, deberán presentar una declaración anual relativa a sus operaciones con terceras personas.

A estos efectos, se considerarán actividades empresariales o profesionales todas las definidas como tales en el artículo 5.dos de la Ley 37/1992, de 28 de diciembre, del Impuesto sobre el Valor Añadido. Asimismo, tendrán esta consideración las actividades realizadas por quienes sean calificados de empresarios o profesionales en el artículo 5.uno de dicha ley, con excepción de lo dispuesto en su párrafo e).

Las entidades a las que sea de aplicación la Ley 49/1960, de 21 de junio sobre la propiedad horizontal, así como, las entidades o establecimientos privados de carácter social a que se refiere el artículo 20.Tres de la Ley 37/1992 de 28 de diciembre, del Impuesto sobre el Valor Añadido, incluirán también en la declaración anual de operaciones con terceras personas las adquisiciones en general de bienes o servicios que efectúen al margen de las actividades empresariales o profesionales, incluso aunque no realicen actividades de esta naturaleza.

2. Las personas y entidades a que se refiere el artículo 94.1 y 2 de la Ley 58/2003, de 17 de diciembre, General Tributaria, incluirán también en la declaración anual de operaciones con terceras personas las adquisiciones en general de bienes o servicios que efectúen al margen de las actividades empresariales o profesionales, incluso aunque no realicen actividades de esta naturaleza.

Las entidades integradas en las distintas Administraciones públicas deberán incluir, además, en la declaración anual de operaciones con terceras personas las subvenciones, auxilios o ayudas que concedan con cargo a sus presupuestos generales o que gestionen por cuenta de entidades u organismos no integrados en dichas Administraciones públicas.

La Administración del Estado y sus organismos autónomos, las comunidades y ciudades autónomas y los organismos que dependen de estas y las entidades integradas en las demás Administraciones públicas territoriales, presentarán una declaración anual de operaciones con terceras personas respecto de cada uno de los sectores de su actividad con carácter empresarial o profesional que tenga asignado un número de identificación fiscal diferente o respecto de la totalidad de ellos.

Cuando las entidades integradas en las distintas Administraciones públicas presenten declaración anual de operaciones con terceras personas respecto de cada uno de los sectores de su actividad con carácter empresarial o profesional que tenga asignado un número de identificación fiscal diferente, incorporarán los datos exigidos en virtud de este apartado a una cualquiera de aquellas declaraciones.

Asimismo, las entidades a que se refiere el párrafo anterior distintas de la Administración del Estado y sus organismos autónomos, aun cuando no realicen actividades empresariales o profesionales, podrán presentar separadamente una declaración anual de operaciones con terceras personas por cada uno de sus departamentos, consejerías, dependencias u órganos especiales que tengan asignado un número de identificación fiscal diferente.

3. Además, de acuerdo con lo establecido en el artículo 93.1.b) de la Ley 58/2003, de 17 de diciembre, General Tributaria, las sociedades, asociaciones, colegios profesionales u otras entidades que, entre sus funciones, realicen la de cobro, por cuenta de sus socios, asociados o colegiados, de honorarios profesionales o de derechos derivados de la propiedad intelectual, de autor u otros, estarán obligados a incluir estos rendimientos en la declaración anual de operaciones con terceras personas.

Artículo 32. Personas o entidades excluidas de la obligación de presentar declaración anual de operaciones con terceras personas.

No estarán obligados a presentar la declaración anual:

a) Quienes realicen en España actividades empresariales o profesionales sin tener en territorio español la sede de su actividad económica, un establecimiento permanente o su domicilio fiscal o, en el caso de entidades en régimen de atribución de rentas constituidas en el extranjero, sin tener presencia en territorio español.

b) Las personas físicas y entidades en atribución de rentas en el Impuesto sobre la Renta de las Personas Físicas, por las actividades que tributen en dicho impuesto por el método de estimación objetiva y, simultáneamente, en el Impuesto sobre el Valor Añadido por los regímenes especiales simplificado o de la agricultura, ganadería y pesca o del recargo de equivalencia, salvo por las operaciones por las que emitan factura.

No obstante lo anterior, los sujetos pasivos acogidos al régimen simplificado del Impuesto sobre el Valor Añadido incluirán en la declaración anual de operaciones con terceras personas las adquisiciones de bienes y servicios que realicen que deban ser objeto de anotación en el libro registro de facturas recibidas del artículo 40.1 del Reglamento del Impuesto sobre el Valor Añadido aprobado por el Real Decreto 1624/1992, de 29 de diciembre.

c) Los obligados tributarios que no hayan realizado operaciones que en su conjunto, respecto de otra persona o entidad, hayan superado la cifra de 3.005,06 euros durante el año natural correspondiente o de 300,51 euros durante el mismo periodo, cuando, en este último supuesto, realicen la función de cobro por cuenta de terceros de honorarios profesionales o de derechos derivados de la propiedad intelectual, industrial o de autor u otros por cuenta de de sus socios, asociados o colegiados.

d) Los obligados tributarios que hayan realizado exclusivamente operaciones no sometidas al deber de declaración, según lo dispuesto en el artículo 33.

e) Los obligados tributarios que deban informar sobre las operaciones incluidas en los libros registro de acuerdo con el artículo 36.

f) Los obligados tributarios a que se refiere el artículo 62.6 del Reglamento del Impuesto sobre el Valor Añadido, aprobado por el Real Decreto 1624/1992, de 29 de diciembre.

Artículo 33. Contenido de la declaración anual de operaciones con terceras personas.

1. Los obligados tributarios a que se refiere el artículo 31.1 de este reglamento deberán relacionar en la declaración anual todas aquellas personas o entidades, cualquiera que sea su naturaleza o carácter, con quienes hayan efectuado operaciones que en su conjunto para cada una de dichas personas o entidades hayan superado la cifra de 3.005,06 euros durante el año natural correspondiente.

La información sobre las operaciones a las que se refiere el párrafo anterior se suministrará desglosada trimestralmente. A tales efectos, se computarán de forma separada las entregas y las adquisiciones de bienes y servicios.

A efectos de lo dispuesto en los párrafos anteriores, tendrán la consideración de operaciones tanto las entregas de bienes y prestaciones de servicios como las adquisiciones de los mismos. En ambos casos, se incluirán las operaciones típicas y habituales, las ocasionales, las operaciones inmobiliarias y las subvenciones, auxilios o ayudas no reintegrables que puedan otorgar o recibir.

Con las excepciones que se señalan en el apartado siguiente, en la declaración anual se incluirán las entregas, prestaciones o adquisiciones de bienes y servicios sujetas y no exentas en el Impuesto sobre el Valor Añadido, así como las no sujetas o exentas de dicho impuesto.

Las entidades aseguradoras incluirán en su declaración anual las operaciones de seguro. A estos efectos, se atenderá al importe de las primas o contraprestaciones percibidas y a las indemnizaciones o prestaciones satisfechas y no será de aplicación a estas operaciones, en ningún caso, lo dispuesto en el párrafo a) del apartado siguiente.

Los sujetos pasivos que realicen operaciones a las que sea de aplicación el régimen especial del criterio de caja de la Ley 37/1992, de 28 de diciembre, del Impuesto sobre el Valor Añadido, así como, los sujetos pasivos que sean destinatarios de las operaciones incluidas en el mismo, deberán incluir en su declaración anual, los importes devengados durante el año natural, conforme a la regla general de devengo contenida en el artículo 75 de la Ley 37/1992 del Impuesto sobre el Valor Añadido; dichas operaciones deberán incluirse también en la declaración anual por los importes devengados durante el año natural de acuerdo con lo establecido en el artículo 163 terdecies de la Ley 37/1992, del Impuesto sobre el Valor Añadido.

Como excepción a lo dispuesto en el segundo párrafo de este apartado, los sujetos pasivos que realicen operaciones a las que sea de aplicación el régimen especial del criterio de caja de la Ley 37/1992, de 28 de diciembre, del Impuesto sobre el Valor Añadido y, las entidades a las que sea de aplicación la Ley 49/1960, de 21 de junio sobre la propiedad horizontal, suministrarán toda la información que vengan obligados a relacionar en su declaración anual, sobre una base de cómputo anual. Asimismo, los sujetos pasivos que sean destinatarios de las operaciones incluidas en el régimen especial del criterio de caja, deberán suministrar la información relativa a las mismas a que se refiere el párrafo anterior sobre una base de cómputo anual.

2. No obstante lo dispuesto en el apartado anterior, quedan excluidas del deber de declaración las siguientes operaciones:

a) Aquellas que hayan supuesto entregas de bienes o prestaciones de servicios por las que los obligados tributarios no debieron expedir y entregar factura, así como aquellas en las que no debieron consignar los datos de identificación del destinatario o no debieron firmar el recibo emitido por el adquirente en el régimen especial de la agricultura, ganadería y pesca del Impuesto sobre el Valor Añadido.

b) Aquellas operaciones realizadas al margen de la actividad empresarial o profesional del obligado tributario.

c) Las entregas, prestaciones o adquisiciones de bienes o servicios efectuadas a título gratuito no sujetas o exentas del Impuesto sobre el Valor Añadido.

d) Los arrendamientos de bienes exentos del Impuesto sobre el Valor Añadido realizados por personas físicas o entidades sin personalidad jurídica al margen de cualquier otra actividad empresarial o profesional.

e) Las adquisiciones de efectos timbrados o estancados y signos de franqueo postal, excepto los que tengan la consideración de objetos de colección, según la definición que se contiene en el artículo 136.uno.3.º a) de la Ley 37/1992, de 28 de diciembre, del Impuesto sobre el Valor Añadido.

f) Las operaciones realizadas por las entidades o establecimientos de carácter social a que se refiere el artículo 20.tres de la Ley 37/1992, de 28 de diciembre, del Impuesto sobre el Valor Añadido, y que correspondan al sector de su actividad, cuyas entregas de bienes y prestaciones de servicios estén exentas de dicho impuesto, sin perjuicio de lo establecido en el apartado 1 del artículo 31 de este reglamento.

g) Las importaciones y exportaciones de mercancías, así como las operaciones realizadas directamente desde o para un establecimiento permanente del obligado tributario situado fuera del territorio español, salvo que aquel tenga su sede en España y la persona o entidad con quien se realice la operación actúe desde un establecimiento situado en territorio español.

h) Las entregas y adquisiciones de bienes que supongan envíos entre el territorio peninsular español o las islas Baleares y las islas Canarias, Ceuta y Melilla.

i) En general, todas aquellas operaciones respecto de las que exista una obligación periódica de suministro de información a la Administración tributaria estatal y que como consecuencia de ello hayan sido incluidas en declaraciones específicas diferentes a la regulada en esta subsección y cuyo contenido sea coincidente.

3. Los obligados tributarios a que se refiere del 31.2 de este Reglamento deberán incluir, además, en la declaración anual de operaciones, a todas aquellas personas o entidades, cualquiera que sea su naturaleza o carácter, a quienes hayan efectuado adquisiciones de bienes o servicios al margen de cualquier actividad empresarial o profesional, que en su conjunto, para cada una de aquéllas, hayan superado la cifra de 3.005,06 euros durante el año natural correspondiente, con las siguientes excepciones:

a) Las importaciones de mercancías.

b) Las adquisiciones de bienes que supongan envíos entre el territorio peninsular español o las islas Baleares y las islas Canarias, Ceuta y Melilla.

c) Las establecidas en el párrafo e) y en el párrafo i) del apartado 2 de este artículo.

Asimismo, las entidades integradas en las distintas Administraciones Públicas a que se refiere el apartado 2 del artículo 3 del Real Decreto Legislativo 3/2011, de 14 de noviembre, por el que se aprueba el texto refundido de la Ley de Contratos del Sector Público, deberán relacionar en dicha declaración a todas aquellas personas o entidades a quienes hayan satisfecho subvenciones, auxilios o ayudas, cualquiera que sea su importe, sin perjuicio de la aplicación en este supuesto de la excepción prevista en el párrafo i) del apartado anterior.

4. Los obligados tributarios a que se refiere el artículo 31.3 de este Reglamento deberán incluir en la declaración anual de operaciones con terceras personas, los pagos a que se refiere dicho precepto, siempre y cuando el total de la cantidad satisfecha a cada persona imputada haya superado la cifra de 300,51 euros.

5. La obligación de declarar a que se refiere el artículo 31.1 de este Reglamento, respecto de las entidades a las que sea de aplicación la Ley 49/1960, de 21 de julio, sobre propiedad horizontal, no incluirá las siguientes operaciones:

Las de suministro de energía eléctrica y combustibles de cualquier tipo con destino a su uso y consumo comunitario.

Las de suministro de agua con destino a su uso y consumo comunitario.

Las derivadas de seguros que tengan por objeto el aseguramiento de bienes y derechos relacionados con zonas y elementos comunes.

6. La obligación de declarar a que se refiere el artículo 31.1 de este Reglamento, respecto de las entidades o establecimientos privados de carácter social a que se refiere el artículo 20.Tres de la Ley 37/1992, no incluirá las siguientes operaciones:

Las de suministro de agua, energía eléctrica y combustibles.

Las derivadas de seguros.

Artículo 34. Cumplimentación de la declaración anual de operaciones con terceras personas.

1. En la declaración anual de operaciones con terceras personas se consignarán los siguientes datos:

a) Nombre y apellidos o razón social o denominación completa, así como el número de identificación fiscal y el domicilio fiscal del declarante.

b) Nombre y apellidos o razón social o denominación completa, así como el número de identificación fiscal de cada una de las personas o entidades incluidas en la declaración, o en su caso, el número de identificación fiscal a efectos del Impuesto sobre el Valor Añadido atribuido al empresario o profesional con el que se efectúe la operación por el Estado miembro de establecimiento.

c) El importe total, expresado en euros, de las operaciones realizadas con cada persona o entidad durante el año natural al que la declaración se refiera.

d) En particular, se harán constar separadamente de otras operaciones que, en su caso, se realicen entre las mismas partes, los arrendamientos de locales de negocios, sin perjuicio de su consideración unitaria a efectos de lo dispuesto en el artículo 33.1 de este Reglamento. En estos casos, el arrendador consignará el nombre y apellidos o razón social o denominación completa y el número de identificación fiscal de los arrendatarios, así como las referencias catastrales y los datos necesarios para la localización de los inmuebles arrendados.

e) Las entidades aseguradoras deberán consignar, separadamente de otras operaciones, las de seguros. A estos efectos, consignarán el importe de las primas o contraprestaciones percibidas y las indemnizaciones o prestaciones satisfechas en el ejercicio de su actividad aseguradora. Dicha identificación separada se entiende sin perjuicio de su inclusión en el importe total de las operaciones realizadas con cada persona o entidad, a efectos de lo dispuesto en el artículo 33.1 de este Reglamento.

f) Las agencias de viajes consignarán separadamente aquellas prestaciones de servicios en cuya contratación intervengan como mediadoras en nombre y por cuenta ajena que cumplan con los requisitos a que se refiere la disposición adicional cuarta del Reglamento por el que se regulan las obligaciones de facturación, aprobado por el Real Decreto 1619/2012, de 30 de noviembre.

Asimismo, harán constar separadamente los servicios de mediación en nombre y por cuenta ajena relativos a los servicios de transporte de viajeros y de sus equipajes que la agencia de viajes preste al destinatario de dichos servicios de transporte, de conformidad con lo dispuesto en el apartado 3 de la citada disposición adicional cuarta.

g) Deberán declararse separadamente los cobros por cuenta de terceros de honorarios profesionales o de derechos derivados de la propiedad intelectual, industrial, de autor u otros por cuenta de sus socios, asociados o colegiados efectuados por sociedades, asociaciones, colegios profesionales u otras entidades que, entre sus funciones, realicen las de cobro según lo dispuesto en el artículo 31.3 de este Reglamento.

h) Se harán constar los importes superiores a 6.000 euros que se hubieran percibido en metálico de cada una de las personas o entidades relacionadas en la declaración.

i) Se harán constar separadamente de otras operaciones que, en su caso, se realicen entre las mismas partes, las cantidades que se perciban en contraprestación por transmisiones de inmuebles, efectuadas o que se deban efectuar, que constituyan entregas sujetas en el Impuesto sobre el Valor Añadido.

j) Se harán constar separadamente de otras operaciones que, en su caso, se realicen entre las mismas partes, las operaciones a las que sea de aplicación el régimen especial del criterio de caja del Impuesto sobre el Valor Añadido. Estas operaciones deberán consignarse atendiendo a los siguientes criterios:

En el momento en que se hubieran devengado conforme a la regla general de devengo contenida en el artículo 75 de la Ley 37/1992 del Impuesto sobre el Valor Añadido, como si a dichas operaciones no les hubiera sido de aplicación el régimen especial.

En el momento en que se produzca el devengo total o parcial de las mismas de conformidad con los criterios contenidos en el artículo 163 terdecies de la Ley 37/1992 del Impuesto sobre el Valor Añadido por los importes correspondientes.

k) Se harán constar separadamente de otras operaciones que, en su caso, se realicen entre las mismas partes, las operaciones en las que el sujeto pasivo sea el destinatario de acuerdo con lo establecido en el artículo 84.Uno.2.º de la Ley 37/1992, del Impuesto sobre el Valor Añadido.

l) Se harán constar separadamente de otras operaciones que, en su caso, se realicen entre las mismas partes, las operaciones que hayan resultado exentas del Impuesto sobre el Valor Añadido por referirse a bienes vinculados o destinados a vincularse al régimen de depósito distinto de los aduaneros definido en el apartado quinto del Anexo de la Ley 37/1992, de 28 de diciembre, del Impuesto sobre el Valor Añadido.

2. En la determinación del importe total de las operaciones realizadas con cada persona o entidad, se observarán los siguientes criterios:

a) Tratándose de operaciones sujetas y no exentas del Impuesto sobre el Valor Añadido, se declarará el importe total de las contraprestaciones, incluidas las cuotas y recargos repercutidos o soportados por dicho impuesto.

b) Tratándose de operaciones que hayan generado el derecho para el transmitente del bien o prestador del servicio a percibir una compensación, según el régimen especial de la agricultura, ganadería y pesca del Impuesto sobre el Valor Añadido, se declarará el importe de las contraprestaciones totales y se añadirán las compensaciones percibidas o satisfechas.

En el caso de operaciones a las que se refiere el párrafo segundo del artículo 84.uno de la Ley 37/1992, de 28 de diciembre, del Impuesto sobre el Valor Añadido, se declarará el importe total de las contraprestaciones.

c) A efectos de lo dispuesto en esta subsección, se entenderá por importe total de la contraprestación el que resulte de aplicar las normas de determinación de la base imponible del Impuesto sobre el Valor Añadido contenidas en los artículos 78, 79 y 80 de la Ley 37/1992, de 28 de diciembre, del Impuesto sobre el Valor Añadido, incluso respecto de aquellas operaciones no sujetas o exentas del mismo que deban incluirse en la declaración anual de operaciones con terceras personas, todo ello sin perjuicio de lo dispuesto en el apartado 4 de este artículo.

3. En las operaciones de mediación y en las de agencia o comisión en las que el agente o comisionista actúe en nombre ajeno, deberá declararse el importe total individualizado de las contraprestaciones correspondientes a estas prestaciones de servicios, incluidas las cuotas repercutidas o soportadas en concepto del Impuesto sobre el Valor Añadido.

Si el agente o comisionista actuase en nombre propio, se entenderá que ha recibido y entregado o prestado por sí mismo los correspondientes bienes o servicios y deberá declarar el importe total de las correspondientes contraprestaciones, cuotas y recargos.

4. De acuerdo con lo establecido en el apartado 2.c) de este artículo, el importe total de las operaciones se declarará neto de las devoluciones, descuentos y bonificaciones concedidos y de las operaciones que queden sin efecto en el mismo año natural. Asimismo, se tendrán en cuenta las alteraciones del precio que se hayan producido en el mismo periodo.

En el supuesto de insolvencias que, según lo dispuesto en el artículo 80.tres de la Ley 37/1992, de 28 de diciembre, del Impuesto sobre el Valor Añadido, hayan dado lugar a modificaciones en la base imponible de dicho impuesto en el año natural al que se refiera la declaración regulada en esta subsección, el importe total de las operaciones a declarar tendrá en cuenta dichas modificaciones.

Artículo 35. Criterios de imputación temporal.

1. Las operaciones que deben incluirse en la declaración anual son las realizadas por el obligado tributario en el año natural al que se refiere la declaración.

A estos efectos, las operaciones se entenderán producidas en el período en el que, de acuerdo con lo previsto en el artículo 69 del Reglamento del Impuesto sobre el Valor Añadido, se debe realizar la anotación registral de la factura o documento contable que sirva de justificante de las mismas.

No obstante, las operaciones a las que sea de aplicación el régimen especial del criterio de caja del Impuesto sobre el Valor Añadido a que se refiere el párrafo tercero de la letra j) del apartado 1 del artículo anterior, se consignarán en el año natural correspondiente al momento del devengo total o parcial de las mismas, de conformidad con los criterios contenidos en el artículo 163 terdecies de la Ley 37/1992 del Impuesto sobre el Valor Añadido por los importes correspondientes.

2. En todos los casos previstos en el artículo 34.4, cuando estos tengan lugar en un año natural diferente a aquel al que corresponda la declaración anual de operaciones con terceras personas en la que debió incluirse la operación, deberán ser consignados en la declaración del año natural en que se hayan producido dichas circunstancias modificativas. A estos efectos, el importe total de las operaciones realizadas con la misma persona o entidad se declarará teniendo en cuenta dichas modificaciones.

Asimismo, en todos los casos previstos en el artículo 34.4, cuando éstos tengan lugar en un trimestre natural diferente a aquel en el que deba incluirse la operación, deberán ser consignados en el apartado correspondiente al trimestre natural en que se hayan producido dichas circunstancias modificativas.

3. Los anticipos de clientes y a proveedores y otros acreedores constituyen operaciones que deben incluirse en la declaración anual. Cuando posteriormente se efectúe la operación, se declarará el importe total de la misma, minorado en el importe del anticipo anteriormente declarado, siempre que el resultado de esta minoración supere, junto con el resto de operaciones realizadas con la misma persona o entidad, el límite cuantitativo establecido en el artículo 33.1.

4. Las subvenciones, auxilios o ayudas que concedan los obligados tributarios a que se refiere el párrafo segundo del artículo 31.2, se entenderán satisfechos el día en que se expida la correspondiente orden de pago. De no existir orden de pago se entenderán satisfechas cuando se efectúe el pago.

5. Cuando las cantidades percibidas en metálico previstas en el artículo 34.1.h) no puedan incluirse en la declaración del año natural en el que se realizan las operaciones por percibirse con posterioridad a su presentación o por no haber alcanzado en ese momento un importe superior a 6.000 euros, los obligados tributarios deberán incluirlas separadamente en la declaración correspondiente al año natural posterior en el que se hubiese efectuado el cobro o se hubiese alcanzado el importe señalado anteriormente.

Subsección 2.ª Obligación de informar sobre operaciones incluidas en los libros registro

Artículo 36. Obligación de informar sobre operaciones incluidas en los libros registro.

1. De acuerdo con lo dispuesto en el artículo 29.2.f) de la Ley 58/2003, de 17 de diciembre, General Tributaria, los sujetos pasivos del Impuesto General Indirecto Canario inscritos en el registro de devolución mensual regulado en los artículos 9 y 10 del Reglamento de gestión de los tributos derivados del Régimen Económico y Fiscal de Canarias aprobado por el Decreto 268/2011, de 4 de agosto, estarán obligados a presentar una declaración informativa con el contenido de los libros registro a que se refiere el artículo 49.1 del Decreto citado.

2. En la misma declaración se deberá informar, en su caso, de la realización de las operaciones siguientes:

a) Las subvenciones, los auxilios o las ayudas satisfechas por las entidades integradas en las distintas Administraciones Públicas a las que se refiere el párrafo segundo del artículo 31.2.

b) Las operaciones a las que se refieren los párrafos d), e), f), g), h) e i) del artículo 34.1.

c) Las operaciones sujetas al Impuesto sobre la Producción, los Servicios y la Importación en las Ciudades de Ceuta y Melilla.

d) Las operaciones por las que los empresarios o profesionales que satisfagan compensaciones agrícolas hayan expedido el recibo a que se refiere el artículo 16.1 del Reglamento por el que se regulan las obligaciones de facturación, aprobado por Real Decreto 1619/2012, de 30 de noviembre.

3. Existirá obligación de presentar esta declaración informativa por cada periodo de liquidación del Impuesto sobre el Valor Añadido o del Impuesto General Indirecto Canario. Dicha declaración contendrá los datos anotados hasta el último día del periodo de liquidación a que se refiera y deberá presentarse en el plazo establecido para la presentación de la autoliquidación del impuesto

correspondiente a dicho periodo.

Subsección 3.ª Obligación de informar sobre cuentas, operaciones y activos financieros

Artículo 37. Obligación de informar acerca de cuentas en entidades de crédito.

1. Las entidades de crédito y las demás entidades que, de acuerdo con la normativa vigente, se dediquen al tráfico bancario o crediticio, vendrán obligadas a presentar una declaración informativa anual referente a la totalidad de las cuentas abiertas en dichas entidades o puestas por ellas a disposición de terceros en establecimientos situados dentro o fuera del territorio español.

Cuando se trate de cuentas abiertas en establecimientos situados fuera del territorio español no existirá obligación de suministrar información sobre personas o entidades no residentes sin establecimiento permanente en territorio español.

2. La información a suministrar a la Administración tributaria comprenderá la identificación completa de las cuentas y el nombre y apellidos o razón social o denominación completa y número de identificación fiscal de las personas o entidades titulares, autorizadas o beneficiarias de dichas cuentas, los saldos de las mismas a 31 de diciembre y el saldo medio correspondiente al último trimestre del año, así como cualquier otro dato relevante al efecto para concretar aquella información que establezca la Orden Ministerial por la que se apruebe el modelo correspondiente.

La información a suministrar se referirá a cuentas corrientes, de ahorro, imposiciones a plazo, cuentas de crédito y cualesquiera otras cuentas con independencia de la modalidad o denominación que adopten, aunque no exista retribución, retención o ingreso a cuenta.

El nombre y apellidos o razón social o denominación completa y número de identificación fiscal de las personas o entidades titulares, autorizadas o beneficiarias se referirán a las que lo hayan sido en algún momento del año al que se refiere la declaración.

Artículo 37 bis. Obligación de informar acerca de cuentas financieras en el ámbito de la asistencia mutua.

1. Conforme a lo dispuesto en los artículos 1.2 y 29.bis de la Ley 58/2003, de 17 de diciembre, General Tributaria y 30.2 de este reglamento, las instituciones financieras vendrán obligadas a presentar una declaración informativa sobre cuentas financieras abiertas en aquellas cuando concurran las circunstancias especificadas en la normativa sobre asistencia mutua que, en cada caso, resulte de

aplicación.

2. Respecto de las cuentas a que se refiere el párrafo anterior, y en atención a la normativa sobre asistencia mutua, las instituciones financieras deberán identificar la residencia o en su caso nacionalidad de las personas que, en los términos establecidos en dicha normativa, ostenten la titularidad o el control de las mismas. Dicha identificación se realizará conforme a las normas de diligencia debida que se determinarán mediante Orden del Ministro de Hacienda y Administraciones Públicas.

3. La información a suministrar comprenderá la que se derive de la normativa sobre asistencia mutua y, en todo caso, la identificación completa de las cuentas y el nombre y apellidos o razón social o denominación completa y, en su caso, número de identificación fiscal o análogo, de las personas citadas en el párrafo anterior.

4. Cuando en la norma sobre asistencia mutua que resulte de aplicación se prevea la posibilidad de aplicación de otra distinta por resultar ésta última más favorable, la declaración de concurrencia de esta circunstancia deberá realizarse mediante Orden del Ministro de Hacienda y Administraciones Públicas que deberá ser objeto de publicación en el «Boletín Oficial del Estado» previamente al momento en que haya de cumplirse con la obligación de información a que se refiere este artículo.

5. Mediante Orden del Ministro de Hacienda y Administraciones Públicas se aprobará el correspondiente modelo de declaración.

Téngase en cuenta que la obligación de información regulada en este artículo será exigible por primera vez en el momento en que así se establezca en la norma de asistencia mutua que resulte de aplicación y las normas de diligencia debida a que se refiere este artículo deberán ser aplicadas a partir de la fecha que se establezca mediante la Orden del Ministro de Hacienda y Administraciones Públicas que determinará aquellas, según establece la disposición final única.2 de Real Decreto 410/2014, de 6 de junio. Ref. BOE-A-2014-6006.

Artículo 38. Obligación de informar acerca de préstamos y créditos, y de movimientos de efectivo.

Las entidades de crédito y demás entidades que, de acuerdo con la normativa vigente, se dediquen al tráfico bancario o crediticio, vendrán obligadas a presentar las siguientes declaraciones informativas anuales:

a) Declaración de los saldos por importe superior a 6.000 euros, existentes a 31 de diciembre, de los créditos y préstamos por ellas concedidos en la que se incluirá el nombre y apellidos o razón social o denominación completa y el número de identificación fiscal del acreditado o prestatario.

b) Declaración de las imposiciones, disposiciones de fondos y de los cobros de cualquier documento, que se realicen en moneda metálica o billetes de banco cuando su importe sea superior a 3.000 euros, cualquiera que sea el medio físico o electrónico utilizado, ya estén denominados en euros o en cualquier otra moneda.

No se incluirán en esta declaración informativa aquellas operaciones que deban ser objeto de comunicación a la Administración tributaria de acuerdo con lo previsto en el artículo 41.

La declaración contendrá el importe en euros de cada operación, su carácter de imposición, disposición o cobro, su fecha, la identificación de quien la realiza y el número de cuenta en la que se efectúan los correspondientes cargos o abonos, así como cualquier otro dato relevante al efecto para concretar aquella información que establezca la Orden Ministerial por la que se apruebe el modelo correspondiente.

Artículo 38 bis. Obligación de informar acerca de los cobros efectuados mediante tarjetas de crédito o débito.

Las entidades bancarias o de crédito y demás entidades que, de acuerdo con la normativa vigente, presten el servicio de gestión de cobros a través de tarjetas de crédito o de débito a empresarios y profesionales establecidos en España vendrán obligadas a presentar una declaración informativa anual de las operaciones realizadas por los empresarios o profesionales adheridos a este sistema cuando el importe neto anual de los mencionados cobros exceda de 3.000 euros.

La declaración contendrá la identificación completa de los empresarios o profesionales, el número de comercio con el que éstos operan en el sistema, el importe anual facturado, la identificación de las cuentas a través de las que se efectúen los cobros, así como cualquier otro dato relevante al efecto para concretar aquella información que establezca la Orden Ministerial por la que se apruebe el modelo correspondiente.

Artículo 39. Obligación de informar acerca de valores, seguros y rentas.

1. Las entidades que sean depositarias de valores mobiliarios deberán suministrar a la Administración tributaria, mediante la presentación de una declaración anual, la siguiente información respecto de los valores en ellas depositados:

a) Nombre y apellidos o razón social o denominación completa y número de identificación fiscal de las personas o entidades titulares, a 31 de diciembre de cada año, de acciones y participaciones en el capital o en los fondos propios de entidades jurídicas, negociadas en mercados organizados. Asimismo, se informará sobre el número y clase de acciones y participaciones de las que sean titulares, así como de su valor, conforme a lo dispuesto en el artículo 15 de la Ley 19/1991, de 6 de junio, del Impuesto sobre el Patrimonio.

b) Nombre y apellidos o razón social o denominación completa y número de identificación fiscal de las personas o entidades titulares, a 31 de diciembre de cada año, de los valores representativos de la cesión a terceros de capitales propios negociados en mercados organizados. Asimismo, se informará sobre el número y clase de valores de los que sean titulares, así como de su valor, conforme a lo dispuesto en el artículo 15 de la Ley 19/1991, de 6 de junio, del Impuesto sobre el Patrimonio.

2. Las sociedades gestoras de instituciones de inversión colectiva, las entidades comercializadoras en España y los representantes de las entidades gestoras que operen en régimen de libre prestación de servicios, deberán suministrar a la Administración tributaria, mediante la presentación de una declaración anual, el nombre y apellidos o razón social o denominación completa y número de identificación fiscal de las personas o entidades titulares, a 31 de diciembre, de acciones y participaciones en el capital social o fondo patrimonial de las correspondientes instituciones de inversión colectiva. Asimismo, se informará sobre el número y clase de acciones y participaciones de las que sean titulares y, en su caso, compartimiento al que pertenezcan, así como de su valor liquidativo a 31 de diciembre. Asimismo, en el caso de comercialización transfronteriza de acciones o participaciones de instituciones de inversión españolas, la obligación de suministro de información corresponderá a la entidad comercializadora extranjera que figure como titular, por cuenta de terceros no residentes, de tales acciones o participaciones, de acuerdo con lo establecido en el párrafo c) del apartado 3 de la disposición adicional única del Reglamento del Impuesto sobre la Renta de no Residentes, sin perjuicio de la responsabilidad que corresponda a la gestora o sociedad de inversión ante la Administración tributaria, de conformidad con lo dispuesto en la citada disposición adicional única.

En el caso de acciones o participaciones en instituciones de inversión colectiva, admitidas a negociación en un mercado secundario o sistema organizado de negociación de valores, la obligación de suministro de la información a que se refiere el párrafo anterior corresponderá a la entidad que sea depositaria de dichas acciones o participaciones.

3. Las entidades aseguradoras y los representantes de las entidades aseguradoras que operen en régimen de libre prestación de servicios, así como las entidades financieras deberán presentar una

declaración anual comprensiva de la siguiente información:

a) Nombre y apellidos y número de identificación fiscal de los tomadores de un seguro de vida a 31 de diciembre, con indicación de su valor de rescate a dicha fecha.

b) Nombre y apellidos y número de identificación fiscal de las personas que sean beneficiarias a 31 de diciembre de una renta temporal o vitalicia, como consecuencia de la entrega de un capital en dinero, bienes muebles o inmuebles, con indicación de su valor de capitalización a dicha fecha, de acuerdo con lo dispuesto en el artículo 17 de la Ley 19/1991, de 6 de junio, del Impuesto sobre el Patrimonio.

Artículo 40. Obligación de informar sobre los titulares de cuentas u otras operaciones que no hayan facilitado el número de identificación fiscal.

1. De acuerdo con lo previsto en el artículo 28.3, las entidades de crédito deberán comunicar trimestralmente a la Administración tributaria las cuentas u operaciones, aunque tales cuentas u operaciones hayan sido canceladas, cuyo titular no haya facilitado su número de identificación fiscal o lo haya comunicado transcurrido el plazo establecido en dicho artículo.

2. La declaración contendrá, al menos, los siguientes datos:

a) Nombre y apellidos o razón social o denominación completa y domicilio y, en su caso, número de identificación fiscal de cada una de las personas o entidades relacionadas en la declaración.

b) Naturaleza o clase y número de cuenta u operación, así como su saldo o importe.

Artículo 41. Obligación de informar acerca del libramiento de cheques por parte de las entidades de crédito.

1. De acuerdo con lo previsto en el artículo 28.4, las entidades de crédito deberán comunicar anualmente a la Administración tributaria la información relativa a los cheques que libren contra entrega de efectivo, bienes, valores u otros cheques, con excepción de los librados contra una cuenta bancaria.

También deberán comunicar la información relativa a los cheques que abonen en efectivo, y no en cuenta bancaria, que hubiesen sido emitidos por una entidad de crédito, o que, habiendo sido librados por personas distintas, tuvieran un valor facial superior a 3.000 euros.

2. A estos efectos, las entidades de crédito deberán presentar una declaración que contendrá, al menos, la siguiente información:

a) Nombre y apellidos o razón social o denominación completa y número de identificación fiscal de los tomadores o, según proceda, de las personas que presenten al cobro los cheques que son objeto de esta declaración.

b) El número de serie y la cuantía de los cheques con separación de los librados por la entidad y los abonados por la misma. Se distinguirán, a su vez, los emitidos por otras entidades de crédito y los librados por personas distintas de cuantía superior a 3.000 euros.

Artículo 42. Obligación de informar sobre determinadas operaciones con activos financieros.

1. Estarán obligados a suministrar información a la Administración tributaria mediante la presentación de una declaración anual sobre determinadas operaciones con activos financieros, en los términos previstos en este artículo:

a) Los fedatarios públicos, las sociedades gestoras de instituciones de inversión colectiva, las entidades comercializadoras de participaciones en fondos de inversión, las entidades y establecimientos financieros de crédito, las sociedades y agencias de valores, los demás intermediarios financieros y cualquier persona física o jurídica, de acuerdo con lo dispuesto en las leyes reguladoras del Impuesto sobre la Renta de las Personas Físicas, del Impuesto sobre Sociedades, del Impuesto sobre la Renta de no Residentes y por las demás leyes que contengan disposiciones en esta materia.

Asimismo, estarán sujetas a esta obligación de información las sociedades de inversión de capital variable en los supuestos a que se refiere el artículo 32.7 de la Ley 35/2003, de 4 de noviembre, de Instituciones de Inversión Colectiva.

b) Las entidades emisoras de títulos o valores nominativos no cotizados en un mercado organizado, respecto de las operaciones de emisión de aquellos, de conformidad con lo dispuesto en el artículo 109 de la Ley 24/1988, de 28 de julio, del Mercado de Valores, y las sociedades rectoras de los mercados de futuros y opciones, respecto de las operaciones en dichos mercados en los términos previstos para los intermediarios financieros en las leyes reguladoras del Impuesto sobre la Renta de las Personas Físicas, del Impuesto sobre Sociedades, del Impuesto sobre la Renta de no Residentes.

c) La Sociedad de Gestión de los Sistemas de Registro, Compensación y Liquidación de Valores, o las entidades gestoras que intervengan en la suscripción, transmisión y reembolso de la Deuda del Estado representada en anotaciones en cuenta, respecto de dichas operaciones, así como, en su caso, del rendimiento.

2. A efectos del cumplimiento de la obligación de información

prevista en este artículo, cuando en una operación intervengan sociedades gestoras de instituciones de inversión colectiva o sociedades de inversión de capital variable a que se refiere el apartado 1.a) anterior o entidades mencionadas en el apartado 1.b) anterior, junto con fedatarios o intermediarios financieros a los que se refiere apartado 1.a), la declaración que contenga la información deberá realizarla el fedatario o intermediario financiero que intervenga.

Cuando se trate de valores emitidos en el extranjero o de instrumentos derivados constituidos en el extranjero, la declaración deberá ser realizada por las entidades comercializadoras de tales valores en España y por los representantes de las entidades gestoras que operen en régimen de libre prestación de servicios o, en su defecto, por las entidades depositarias de los mismos en España.

3. La obligación de información a que se refiere el apartado 1 deberá incluir las operaciones y contratos que tengan lugar fuera del territorio nacional y se realicen con la intervención, por cuenta propia o ajena, de intermediarios residentes en territorio español o con establecimiento permanente en el mismo.

4. Los obligados tributarios a que se refiere el apartado 1 deberán facilitar a la Administración tributaria la identificación completa de los sujetos intervinientes en las operaciones, con indicación de la condición con la que intervienen y el porcentaje de participación, de su nombre y apellidos o razón social o denominación completa, domicilio y número de identificación fiscal, así como de la clase y número de los efectos públicos, valores, títulos y activos, y del importe, fecha y, en su caso, rendimiento o resultado de cada operación.

5. La obligación de información prevista en este artículo se entenderá cumplida, respecto de las operaciones sometidas a retención, con la presentación del resumen anual de retenciones correspondiente.

6. Sin perjuicio de la obligación de información a que se refiere el apartado 4, las entidades participantes o miembros del sistema correspondiente de compensación y liquidación del mercado donde se negocien valores objeto de préstamo, las entidades financieras que participen o medien en las operaciones de préstamo de valores y la Sociedad de Gestión de los Sistemas de Registro, Compensación y Liquidación de valores o, en su caso, la entidad que realice las funciones de registro, compensación y liquidación de los mercados o sistemas organizados de negociación de valores regulados en el artículo 31.4 de la Ley 24/1988, de 28 de julio, del Mercado de Valores, deberán suministrar a la Administración tributaria la información a que se refiere el apartado 3 de la disposición adicional decimoctava de la Ley 62/2003, de 30 de diciembre, de Medidas

Fiscales, Administrativas y del Orden Social.

Artículo 42 bis. Obligación de informar acerca de cuentas en entidades financieras situadas en el extranjero.

1. Las personas físicas y jurídicas residentes en territorio español, los establecimientos permanentes en dicho territorio de personas o entidades no residentes y las entidades a que se refiere el artículo 35.4 de la Ley 58/2003, de 17 de diciembre, General Tributaria, vendrán obligados a presentar una declaración informativa anual referente a la totalidad de las cuentas de su titularidad, o en las que figuren como representantes, autorizados o beneficiarios, o sobre las que tengan poderes de disposición, o de las que sean titulares reales conforme a lo señalado en el párrafo siguiente, que se encuentren situadas en el extranjero, abiertas en entidades que se dediquen al tráfico bancario o crediticio, a 31 de diciembre de cada año.

Dicha obligación también se extiende a quienes hayan sido titulares, representantes, autorizados, o beneficiarios de las citadas cuentas, o hayan tenido poderes de disposición sobre las mismas, o hayan sido titulares reales en cualquier momento del año al que se refiera la declaración.

A estos efectos, se entenderá por titular real quien tenga dicha consideración de acuerdo con lo previsto en el apartado 2 del artículo 4 de la Ley 10/2010, de 28 de abril de 2010, de prevención del blanqueo de capitales y de la financiación del terrorismo, respecto de cuentas a nombre de las personas o instrumentos a que se refiere el citado apartado 2, cuando éstos tengan su residencia o se encuentren constituidos en el extranjero.

2. La información a suministrar a la Administración tributaria comprenderá:

a) La razón social o denominación completa de la entidad bancaria o de crédito así como su domicilio.

b) La identificación completa de las cuentas.

c) La fecha de apertura o cancelación, o, en su caso, las fechas de concesión y revocación de la autorización.

d) Los saldos de las cuentas a 31 de diciembre y el saldo medio correspondiente al último trimestre del año.

La información a suministrar se referirá a cuentas corrientes, de ahorro, imposiciones a plazo, cuentas de crédito y cualesquiera otras cuentas o depósitos dinerarios con independencia de la modalidad o denominación que adopten, aunque no exista retribución.

3. La información sobre saldos a 31 de diciembre y saldo medio correspondiente al último trimestre deberá ser suministrada por quien

tuviese la condición de titular, representante, autorizado o beneficiario o tenga poderes de disposición sobre las citadas cuentas o la consideración de titular real a esa fecha.

El resto de titulares, representantes, autorizados, beneficiarios, personas con poderes de disposición o titulares reales deberán indicar el saldo de la cuenta en la fecha en la que dejaron de tener tal condición.

4. La obligación de información prevista en este artículo no resultará de aplicación respecto de las siguientes cuentas:

a) Aquéllas de las que sean titulares las entidades a que se refiere el artículo 9.1 del texto refundido de la Ley del Impuesto sobre Sociedades, aprobado, por el Real Decreto Legislativo 4/2004, de 5 de marzo.

b) Aquéllas de las que sean titulares personas jurídicas y demás entidades residentes en territorio español, así como establecimientos permanentes en España de no residentes, registradas en su contabilidad de forma individualizada e identificadas por su número, entidad de crédito y sucursal en la que figuren abiertas y país o territorio en que se encuentren situadas.

c) Aquéllas de las que sean titulares las personas físicas residentes en territorio español que desarrollen una actividad económica y lleven su contabilidad de acuerdo con lo dispuesto en el Código de Comercio, registradas en dicha documentación contable de forma individualizada e identificadas por su número, entidad de crédito y sucursal en la que figuren abiertas y país o territorio en que se encuentren situadas.

d) Aquéllas de las que sean titulares personas físicas, jurídicas y demás entidades residentes en territorio español, abiertas en establecimientos en el extranjero de entidades de crédito domiciliadas en España, que deban ser objeto de declaración por dichas entidades conforme a lo previsto en el artículo 37 de este Reglamento, siempre que hubieran podido ser declaradas conforme a la normativa del país donde esté situada la cuenta.

e) No existirá obligación de informar sobre ninguna cuenta cuando los saldos a 31 de diciembre a los que se refiere el apartado 2.d) no superen, conjuntamente, los 50.000 euros, y la misma circunstancia concurra en relación con los saldos medios a que se refiere el mismo apartado. En caso de superarse cualquiera de dichos límites conjuntos deberá informarse sobre todas las cuentas.

5. Esta obligación deberá cumplirse entre el 1 de enero y el 31 de marzo del año siguiente a aquel al que se refiera la información a suministrar.

La presentación de la declaración en los años sucesivos sólo será obligatoria cuando cualquiera de los saldos conjuntos a que se refiere el apartado 4.e) hubiese experimentado un incremento superior a 20.000 euros respecto de los que determinaron la presentación de la última declaración.

En todo caso será obligatoria la presentación de la declaración en los supuestos previstos en el último párrafo del apartado 3 respecto de las cuentas a las que el mismo se refiere.

Mediante orden ministerial se aprobará el correspondiente modelo de declaración.

6. A efectos de lo dispuesto en la disposición adicional decimoctava de la Ley 58/2003, de 17 de diciembre, General Tributaria, constituyen distintos conjuntos de datos las informaciones a que se refieren los apartados 2.a) y 2.b) anteriores, para cada entidad y cuenta.

A estos mismos efectos, tendrá la consideración de dato cada una de las fechas y saldos a los que se refieren los párrafos c) y d) del apartado 2 así como el saldo a que se refiere el último párrafo del apartado 3, para cada cuenta.

Artículo 42 ter. Obligación de información sobre valores, derechos, seguros y rentas depositados, gestionados u obtenidas en el extranjero.

1. Las personas físicas y jurídicas residentes en territorio español, los establecimientos permanentes en dicho territorio de personas o entidades no residentes y las entidades a que se refiere el artículo 35.4 de la Ley 58/2003, de 17 de diciembre, General Tributaria, deberán suministrar a la Administración tributaria, mediante la presentación de una declaración anual, información respecto de los siguientes bienes y derechos situados en el extranjero de los que resulten titulares o respecto de los que tengan la consideración de titular real conforme a lo previsto en el apartado 2 del artículo 4 de la Ley 10/2010, de 28 de abril de 2010, de prevención del blanqueo de capitales y de la financiación del terrorismo, a 31 de diciembre de cada año:

i) Los valores o derechos representativos de la participación en cualquier tipo de entidad jurídica.

ii) Los valores representativos de la cesión a terceros de capitales propios.

iii) Los valores aportados para su gestión o administración a cualquier instrumento jurídico, incluyendo fideicomisos y «trusts» o masas patrimoniales que, no obstante carecer de personalidad jurídica, puedan actuar en el tráfico económico.

La declaración informativa contendrá los siguientes datos:

a) Razón social o denominación completa de la entidad jurídica, del tercero cesionario o identificación del instrumento o relación jurídica, según corresponda, así como su domicilio.

b) Saldo a 31 de diciembre de cada año, de los valores y derechos representativos de la participación en el capital o en los fondos propios de entidades jurídicas.

La información comprenderá el número y clase de acciones y participaciones de las que se sea titular, así como su valor.

c) Saldo a 31 de diciembre de los valores representativos de la cesión a terceros de capitales propios.

La información comprenderá el número y clase de valores de los que se sea titular, así como su valor.

d) Saldo a 31 de diciembre de los valores aportados al instrumento jurídico correspondiente.

La información comprenderá el número y clase de valores aportados, así como su valor.

La obligación de información regulada en este apartado también se extiende a cualquier obligado tributario que hubiese sido titular o titular real de los valores y derechos a los que se refieren los párrafos b), c) y d) anteriores en cualquier momento del año al que se refiera la declaración y que hubiese perdido dicha condición a 31 de diciembre de ese año. En estos supuestos, la información a suministrar será la correspondiente a la fecha en la que dicha extinción se produjo.

2. Los obligados tributarios a que se refiere el apartado anterior deberán suministrar a la Administración tributaria información, mediante la presentación de una declaración anual, de las acciones y participaciones en el capital social o fondo patrimonial de instituciones de inversión colectiva situadas en el extranjero de las que sean titulares o respecto de las que tengan la consideración de titular real conforme a lo previsto el apartado 2 del artículo 4 de la Ley 10/2010, de 28 de abril de 2010, de prevención del blanqueo de capitales y de la financiación del terrorismo.

La información comprenderá la razón social o denominación completa de la institución de inversión colectiva y su domicilio, así como el número y clase de acciones y participaciones y, en su caso, compartimiento al que pertenezcan, así como su valor liquidativo a 31 de diciembre.

La obligación de información regulada en este apartado 2 se extiende a cualquier obligado tributario que hubiese sido titular o titular real de las acciones y participaciones en cualquier momento del año al que se refiera la declaración y que hubiese perdido dicha condición a 31 de diciembre de ese año. En estos supuestos, la información a suministrar será la correspondiente a la fecha en la que dicha extinción se produjo.

3. Los obligados tributarios a que se refiere el apartado primero de este artículo deberán suministrar a la Administración tributaria información mediante una declaración anual sobre:

a) Los seguros de vida o invalidez de los que resulten tomadores a 31 de diciembre de cada año cuando la entidad aseguradora se encuentre situada en el extranjero, con indicación de su valor de rescate a dicha fecha.

b) Las rentas temporales o vitalicias de las que sean beneficiarios a 31 de diciembre, como consecuencia de la entrega de un capital en dinero, de derechos de contenido económico o de bienes muebles o inmuebles, a entidades situadas en el extranjero, con indicación de su valor de capitalización a dicha fecha.

En los casos señalados en los párrafos a) y b) anteriores, se deberá identificar a la entidad aseguradora indicando la razón social o denominación completa y su domicilio.

4. La obligación de información prevista en este artículo no resultará exigible en los siguientes supuestos:

a) Cuando el obligado tributario sea una de las entidades a que se refiere el artículo 9.1 del texto refundido de la Ley del Impuesto sobre Sociedades, aprobado, por el Real Decreto Legislativo 4/2004, de 5 de marzo.

b) Cuando el obligado tributario sea una persona jurídica o entidad residente en territorio español o cuando sea un establecimiento permanente en España de no residentes, que tengan registrados en su contabilidad de forma individualizada los valores, derechos, seguros y rentas a que se refiere este artículo.

c) Cuando los valores a los que se refieren cada uno de los apartados 1.b), 1.c) y 1.d), el valor liquidativo a que se refiere el apartado 2, el valor de rescate a que se refiere el apartado 3.a) y el valor de capitalización señalado en el apartado 3.b), no superen, conjuntamente, el importe de 50.000 euros. En caso de superarse dicho límite conjunto deberá informarse sobre todos los títulos, activos, valores, derechos, seguros o rentas.

5. Esta obligación deberá cumplirse entre el 1 de enero y el 31 de marzo del año siguiente a aquel al que se refiera la información a suministrar.

La presentación de la declaración en los años sucesivos sólo será obligatoria cuando el valor conjunto para todos los valores previsto en el apartado 4.c) hubiese experimentado un incremento superior a 20.000 euros respecto del que determinó la presentación de la última declaración.

En todo caso será obligatoria la presentación de la declaración en los supuestos previstos en el último párrafo del apartado 1 y en el último párrafo del apartado 2, respecto de los valores, derechos, acciones y participaciones respecto de los que se hubiese extinguido la titularidad a 31 de diciembre.

Mediante orden ministerial se aprobará el correspondiente modelo de declaración.

6. Las valoraciones a que se refieren los distintos apartados de este artículo deberán suministrarse calculadas conforme a las reglas establecidas en la Ley 19/1991, de 6 de junio, del Impuesto sobre el Patrimonio.

7. A efectos de lo dispuesto en la disposición adicional decimoctava de la Ley 58/2003, de 17 de diciembre, General Tributaria, constituyen conjunto de datos los relativos a la identificación y domicilio de cada una de las entidades jurídicas, terceros cesionarios, instrumentos o relaciones jurídicas, instituciones de inversión colectiva y entidades aseguradoras a que se refieren los apartados 1.a), 2 y 3.

A estos mismos efectos, tendrá la consideración de dato cada una de las informaciones exigidas en los apartados anteriores para cada tipo de elemento patrimonial individualizado conforme a continuación se indica:

a) En el apartado 1.b), por cada clase de acción y participación.

b) En el apartado 1.c), por cada clase de valor.

c) En el apartado 1.d), por cada clase de valor.

d) En el apartado 2, por cada clase de acción y participación.

e) En el apartado 3.a), por cada seguro de vida.

f) En el apartado 3.b), por cada renta temporal o vitalicia.

También tendrá la consideración de dato cada uno de los saldos a que se refieren el último párrafo del apartado 1, por cada clase de valor, y el último párrafo del apartado 2, por cada clase de acción y participación.

Subsección 4.ª Obligaciones de información respecto de determinadas operaciones con Deuda Pública del Estado, participaciones preferentes y otros instrumentos de deuda.

Artículo 43. Obligación de información.

1. Los obligados a suministrar información a la Administración tributaria a que se refiere el artículo 42 de este reglamento deberán informar en relación con las operaciones relativas a las participaciones preferentes y otros instrumentos de deuda cuyo régimen se establece en la disposición adicional segunda de la Ley

13/1985, de 25 de mayo, de coeficientes de inversión, recursos propios y obligaciones de información de los intermediarios financieros. La información a suministrar será la contenida en el artículo 42.4 de este reglamento referida a las operaciones con dichas participaciones preferentes y otros instrumentos de deuda realizadas con la intermediación de dichos obligados.

2. A efectos del cumplimiento de la obligación de información a que se refiere este artículo resultará de aplicación lo previsto en el artículo 42.5 de este reglamento.

Artículo 44. Régimen de información respecto de determinadas operaciones con Deuda Pública del Estado, participaciones preferentes y otros instrumentos de deuda.

1. Lo dispuesto en este artículo resultará de aplicación a los siguientes rendimientos:

a) Intereses de valores de Deuda Pública del Estado negociados en el Mercado de Deuda Pública en Anotaciones, así como otros rendimientos derivados de valores de la misma naturaleza emitidos al descuento o segregados.

b) Intereses de los valores regulados en la disposición adicional segunda de la Ley 13/1985, de 25 de mayo, de coeficientes de inversión, recursos propios y obligaciones de información de los intermediarios financieros, así como rendimientos derivados de los instrumentos de deuda previstos en esta disposición emitidos al descuento a un plazo igual o inferior a doce meses.

2. Tratándose de Deuda Pública del Estado, el emisor o su agente de pagos autorizado abonará en cada vencimiento y por su importe íntegro, a las Entidades Gestoras del Mercado de Deuda Pública en Anotaciones y a las entidades que gestionan los sistemas de compensación y liquidación de valores con sede en el extranjero, que tengan un convenio suscrito con una entidad de compensación y liquidación de valores domiciliada en territorio español, los rendimientos correspondientes a los valores que figuren registrados en sus cuentas de terceros a favor de:

a) No residentes sin establecimiento permanente en territorio español.

b) Sujetos pasivos del Impuesto sobre Sociedades, así como no residentes con establecimiento permanente en territorio español.

c) Contribuyentes del Impuesto sobre la Renta de las Personas Físicas, por la parte correspondiente a cupones segregados y principales segregados, cuando en el reembolso intervenga una Entidad Gestora.

De igual forma se abonarán, por su importe íntegro, los

rendimientos correspondientes a los saldos que figuren registrados en la cuenta propia de los Titulares de Cuenta en el Mercado de Deuda Pública en Anotaciones.

3. A efectos de lo previsto en el apartado 2, las Entidades Gestoras y las entidades que gestionan los sistemas de compensación y liquidación de valores con sede en el extranjero, citadas en dicho apartado, deberán presentar ante el emisor, en su caso a través del Banco de España, una declaración, ajustada al modelo que figura como anexo al presente Reglamento, que de acuerdo con lo que conste en sus registros contenga la siguiente información:

a) Identificación de los valores.

b) Importe total de los rendimientos.

c) Importe de los rendimientos correspondientes a contribuyentes del Impuesto sobre la Renta de las Personas Físicas, excepto cuando se trate de cupones segregados y principales segregados de Deuda Pública del Estado en cuyo reembolso intervenga una Entidad Gestora.

d) Importe de los rendimientos que conforme a lo previsto en el apartado 2 deban abonarse por su importe íntegro.

Esta declaración no procederá presentarla respecto de las Letras del Tesoro, ni por parte de las entidades gestoras respecto de los cupones segregados y principales segregados de Deuda Pública del Estado.

4. Tratándose de valores a que se refiere la letra b) del apartado 1, registrados originariamente en una entidad de compensación y liquidación de valores domiciliada en territorio español, la mencionada declaración será presentada, en los mismos términos señalados en el apartado 3, por las entidades que mantengan los valores registrados en sus cuentas de terceros, así como por las entidades que gestionan los sistemas de compensación y liquidación de valores con sede en el extranjero que tengan un convenio suscrito con la citada entidad de compensación y liquidación de valores domiciliada en territorio español.

Los rendimientos correspondientes a los titulares mencionados en las letras a) y b) del apartado 2 se abonarán igualmente por su importe íntegro.

De igual forma se abonarán, por su importe íntegro, los rendimientos correspondientes a los saldos que figuren registrados en la cuenta propia de las entidades depositarias.

5. Tratándose de valores a que se refiere la letra b) del apartado 1, registrados originariamente en las entidades que gestionan sistemas de compensación y liquidación de valores con sede en el extranjero, reconocidas a estos efectos por la normativa española o por la de

otro país miembro de la OCDE, el agente de pagos designado por el emisor deberá presentar una declaración ante el emisor, ajustada al modelo que figura en el anexo al presente Reglamento, informando sobre la identificación de los valores y el importe total de los rendimientos correspondientes a cada entidad que gestiona el sistema de compensación y liquidación de valores con sede en el extranjero, los cuales se abonarán por su importe íntegro.

6. Las declaraciones mencionadas en los apartados anteriores se presentarán el día hábil anterior a la fecha de cada vencimiento de los intereses o, en el caso de valores emitidos al descuento o segregados, en el día hábil anterior a la fecha de cada amortización de los valores, reflejando la situación al cierre del mercado de ese mismo día. Dichas declaraciones podrán remitirse por medios telemáticos.

Tratándose de valores emitidos al descuento o segregados, la información de rendimientos se sustituirá por la información sobre importes a reembolsar. No obstante, respecto de los rendimientos derivados de la amortización de estos valores que se encuentren sometidos a retención, la declaración incluirá además el importe de tales rendimientos.

En el caso previsto en el párrafo anterior la declaración se presentará ante el emisor o, en su caso, ante la entidad financiera a la que el emisor haya encomendado la materialización de la amortización o reembolso.

7. En el caso de vencimiento de intereses, la falta de presentación de la declaración a que se refiere este artículo, por alguna de las entidades obligadas, en la fecha prevista en el primer párrafo del apartado 6 anterior determinará, para el emisor o su agente de pagos autorizado, la obligación de abonar los intereses que correspondan a dicha entidad por el importe líquido que resulte de la aplicación del tipo general de retención a la totalidad de los mismos.

Posteriormente, si dentro de los treinta días naturales a contar desde la fecha de vencimiento de los intereses en el supuesto de valores de Deuda Pública del Estado, o antes del día 10 del mes siguiente al mes en que venzan los intereses derivados de los valores a que se refiere el apartado 1.b) de este artículo, la entidad obligada presentara la correspondiente declaración regulada en este artículo, el emisor o su agente de pagos autorizado procederá, tan pronto como la reciba, a abonar las cantidades retenidas en exceso.

8. Todo lo previsto en los apartados anteriores se aplicará sin perjuicio de las obligaciones de información establecidas con carácter general en la normativa tributaria, para los emisores, así como para las entidades residentes en España que en su calidad de intermediarios financieros actúen como depositarios de los valores a que se refiere el

apartado 1 de este artículo, en relación con los contribuyentes del Impuesto sobre la Renta de las Personas Físicas, los sujetos pasivos del Impuesto sobre Sociedades y los contribuyentes del Impuesto sobre la Renta de no Residentes con establecimiento permanente en España, que sean titulares de los valores de acuerdo con lo que conste en los registros de tales entidades.

Subsección 5.ª Obligaciones de información respecto de determinadas rentas obtenidas por personas físicas residentes en otros Estados miembros de la Unión Europea

Artículo 45. Ámbito de aplicación.

(Suprimido).

Artículo 46. Rentas sujetas a suministro de información.

(Suprimido).

Artículo 47. Obligados a suministrar información.

(Suprimido).

Artículo 48. Información que se debe suministrar.

(Suprimido).

Artículo 49. Identificación y residencia de los perceptores de rentas personas físicas residentes en otros Estados miembros de la Unión Europea.

(Suprimido).

Subsección 6.ª Otras obligaciones de información

Artículo 50. Obligación de informar sobre la constitución, establecimiento, modificación o extinción de entidades.

Los titulares de los registros públicos deberán presentar mensualmente a la Administración tributaria una declaración informativa en la que incluirán las entidades cuya constitución, establecimiento, modificación o extinción hayan inscrito durante el mes anterior.

Artículo 51. Obligación de informar sobre personas o entidades que no han comunicado su número de identificación fiscal o que no han identificado los medios de pago empleados al

otorgar escrituras o documentos donde consten los actos o contratos intervenidos por los notarios.

1. El Consejo General del Notariado deberá presentar de forma telemática a la Administración tributaria una declaración informativa mensual, en la que se incluirá el nombre y apellidos de los comparecientes o de las personas o entidades en cuya representación actúen en el otorgamiento de escrituras o documentos en los que se formalicen actos o contratos que tengan por objeto la declaración, constitución, adquisición, transmisión, modificación o extinción del dominio y los demás derechos reales sobre bienes inmuebles o cualquier otro acto o contrato con trascendencia tributaria, en las que se den las siguientes circunstancias:

a) Que no hayan comunicado su número de identificación fiscal.

b) Que no hayan identificado los medios de pago empleados por las partes, cuando la contraprestación haya consistido en todo o en parte en dinero o signo que lo represente.

2. Cada declaración informativa se presentará antes de finalizar el mes y comprenderá las operaciones realizadas durante el mes precedente.

Artículo 52. Obligación de informar sobre las subvenciones o indemnizaciones derivadas del ejercicio de actividades agrícolas, ganaderas o forestales.

1. Las entidades públicas o privadas que concedan o reconozcan subvenciones, indemnizaciones o ayudas derivadas del ejercicio de actividades agrícolas, ganaderas o forestales estarán obligadas a presentar ante el órgano competente de la Administración tributaria una declaración anual de las satisfechas o abonadas durante el año anterior.

Cuando la entidad concedente no tenga su residencia en España, la obligación a que se refiere el párrafo anterior deberá ser cumplida por la entidad residente que tenga encomendada la gestión de las subvenciones, indemnizaciones o ayudas por cuenta de aquella.

2. En la declaración deberán figurar, además de los datos de identificación del declarante y del carácter con el que interviene en relación con las subvenciones, indemnizaciones o ayudas incluidas en la declaración, una relación nominativa de los perceptores con los siguientes datos:

a) Nombre, apellidos o razón social o denominación completa y número de identificación fiscal.

b) Importe, tipo y concepto de la subvención, indemnización o ayuda satisfecha o abonada.

3. A los efectos de su inclusión en la correspondiente declaración, estas subvenciones, indemnizaciones o ayudas se entenderán satisfechas el día que se expida la correspondiente orden de pago. De no existir orden de pago, se entenderán satisfechas cuando se efectúe el pago.

Artículo 53. Obligación de informar acerca de las aportaciones a sistemas de previsión social.

Deberán presentar a la Administración tributaria una declaración anual, con el contenido que se indica, las siguientes personas o entidades:

a) Las entidades gestoras de los fondos de pensiones, que incluirán individualmente los partícipes de los planes adscritos a tales fondos y el importe de las aportaciones a los mismos, ya sean efectuadas directamente por ellos, por personas autorizadas o por los promotores de los citados planes.

b) Los promotores de planes de pensiones que efectúen contribuciones a los mismos, que incluirán individualmente los partícipes por quienes efectuaron sus contribuciones y el importe aportado para cada partícipe.

c) El representante de los fondos de pensiones domiciliados en otro Estado miembro de la Unión Europea que desarrollen en España planes de pensiones de empleo sujetos a la legislación española, que incluirán individualmente los partícipes de los planes adscritos a tales fondos y el importe de las aportaciones a los mismos, bien sean efectuadas directamente por ellos, por personas autorizadas o por los promotores de los citados planes.

d) Las empresas o entidades que instrumenten compromisos por pensiones mediante un contrato de seguro, excluidos los planes de previsión social empresarial, que incluirán individualmente las personas por quienes efectuaron contribuciones y el importe correspondiente a cada una de ellas.

e) Las entidades aseguradoras que formalicen planes de previsión social empresarial, que incluirán individualmente los asegurados y el importe de las aportaciones a los mismos, ya sean efectuadas directamente por ellos o por los tomadores de los citados planes.

f) Las mutualidades de previsión social, que incluirán individualmente los mutualistas y las cantidades abonadas por estos para la cobertura de las contingencias que, conforme a lo establecido en los artículos 51, 53 y disposiciones adicionales novena y undécima de la Ley 35/2006, de 28 de noviembre, del Impuesto sobre la Renta de las Personas Físicas y de modificación parcial de las leyes de los Impuestos sobre Sociedades, sobre la Renta de no Residentes y sobre el Patrimonio, puedan ser objeto de reducción en la base imponible del impuesto.

g) Las entidades aseguradoras que comercialicen seguros privados de dependencia que puedan ser objeto de reducción en la base imponible, que incluirán individualmente los tomadores y el importe de las primas, ya sean efectuadas directamente por ellos o por personas autorizadas.

h) Las entidades aseguradoras que comercialicen planes de previsión asegurados, que incluirán individualmente los tomadores y el importe de las primas satisfechas.

Artículo 54. Obligación de informar sobre operaciones financieras relacionadas con bienes inmuebles.

Las entidades que concedan o intermedien en la concesión de préstamos, ya sean hipotecarios o de otro tipo, o intervengan en cualquier otra forma de financiación de la adquisición de un bien inmueble o de un derecho real sobre un bien inmueble, deberán presentar una declaración informativa anual relativa a dichas operaciones con los siguientes datos:

a) Nombre y apellidos o razón social o denominación completa y número de identificación fiscal de los prestatarios.

b) Razón social o denominación completa y número de identificación fiscal de los prestamistas.

c) Nombre y apellidos o razón social o denominación completa y número de identificación fiscal de los intermediarios, si los hubiera.

d) Nombre y apellidos o razón social o denominación completa y número de identificación fiscal de las partes en otras operaciones financieras directamente relacionadas con la adquisición de bienes inmuebles o derechos reales sobre bienes inmuebles.

e) Importe total del préstamo u operación, cantidades que se hayan satisfecho en el año en concepto de amortización de capital, intereses y demás gastos de financiación.

f) Año de constitución del préstamo u operación y periodo de duración.

g) Indicación de si el destinatario de la operación ha manifestado su voluntad de dedicar dicho inmueble a su vivienda habitual.

h) Referencia catastral.

i) Valor de tasación del inmueble.

Artículo 54 bis. Obligación de informar sobre bienes inmuebles y derechos sobre bienes inmuebles situados en el extranjero.

1. Las personas físicas y jurídicas residentes en territorio español,

los establecimientos permanentes en dicho territorio de personas o entidades no residentes y las entidades a que se refiere el artículo 35.4 de la Ley 58/2003, de 17 de diciembre, General Tributaria, vendrán obligados a presentar una declaración informativa anual referente a los bienes inmuebles o a derechos sobre bienes inmuebles, situados en el extranjero, de los que sean titulares o respecto de los que tengan la consideración de titular real conforme a lo previsto en el apartado 2 del artículo 4 de la Ley 10/2010, de 28 de abril, de prevención del blanqueo de capitales y de la financiación del terrorismo, a 31 de diciembre de cada año.

2. La declaración informativa contendrá los siguientes datos:

a) Identificación del inmueble con especificación, sucinta, de su tipología, según se determine en la correspondiente orden ministerial.

b) Situación del inmueble: país o territorio en que se encuentre situado, localidad, calle y número.

c) Fecha de adquisición.

d) Valor de adquisición.

3. En caso de titularidad de contratos de multipropiedad, aprovechamiento por turnos, propiedad a tiempo parcial o fórmulas similares, sobre bienes inmuebles situados en el extranjero, además de la información señalada los párrafos a) y b) del apartado anterior, deberá indicarse la fecha de adquisición de dichos derechos y su valor a 31 de diciembre según las reglas de valoración establecidas en la Ley 19/1991, de 6 de junio, del Impuesto sobre el Patrimonio.

4. En caso de titularidad de derechos reales de uso o disfrute y nuda propiedad sobre bienes inmuebles situados en el extranjero, además de la información señalada en los párrafos a) y b) del apartado 2, deberá indicarse la fecha de adquisición de dicha titularidad y su valor a 31 de diciembre según las reglas de valoración establecidas en la Ley 19/1991, de 6 de junio, del Impuesto sobre el Patrimonio.

5. La obligación de información regulada en este artículo también se extiende a cualquier obligado tributario que hubiese sido titular o titular real del inmueble o derecho conforme a lo indicado en el apartado 1, en cualquier momento del año al que se refiera la declaración y que hubiera perdido dicha condición a 31 de diciembre de ese año. En estos supuestos, además de los datos a que se refiere el apartado 2, la declaración informativa deberá incorporar el valor de transmisión del inmueble o derecho y la fecha de ésta.

6. La obligación de información prevista en este artículo no resultará de aplicación respecto de los siguientes inmuebles o derechos sobre bienes inmuebles, situados en el extranjero:

a) Aquéllos de los que sean titulares las entidades a que se refiere el artículo 9.1 del texto refundido de la Ley del Impuesto sobre Sociedades, aprobado por el Real Decreto Legislativo 4/2004, de 5 de marzo.

b) Aquéllos de los que sean titulares personas jurídicas y demás entidades residentes en territorio español, así como establecimientos permanentes en España de no residentes, registrados en su contabilidad de forma individualizada y suficientemente identificados.

c) Aquéllos de los que sean titulares las personas físicas residentes en territorio español que desarrollen una actividad económica y lleven su contabilidad de acuerdo con lo dispuesto en el Código de Comercio, registrados en dicha documentación contable de forma individualizada y suficientemente identificados.

d) No existirá obligación de informar sobre ningún inmueble o derecho sobre bien inmueble cuando los valores a que se refieren los apartados 2.d), 3 y 4 no superasen, conjuntamente, los 50.000 euros. En caso de superarse dicho límite conjunto deberá informarse sobre todos los inmuebles y derechos sobre bienes inmuebles.

7. Esta obligación deberá cumplirse entre el 1 de enero y el 31 de marzo del año siguiente a aquel al que se refiera la información a suministrar.

La presentación de la declaración en los años sucesivos sólo será obligatoria cuando el valor conjunto establecido en el apartado 6.d) hubiese experimentado un incremento superior al 20.000 euros respecto del que determinó la presentación de la última declaración.

En todo caso será obligatoria la presentación de la declaración en los supuestos previstos en el apartado 5, respecto de los inmuebles o derechos respecto de los que se hubiese extinguido la titularidad a 31 de diciembre.

Mediante orden ministerial se aprobará el correspondiente modelo de declaración.

8. A efectos de lo dispuesto en la disposición adicional decimoctava de la Ley 58/2003, de 17 de diciembre, General Tributaria, constituyen distintos conjuntos de datos las informaciones a que se refieren los párrafos a) y b) del apartado 2, en relación con cada uno de los inmuebles a los que se refiere dicho apartado y en relación con cada uno de los inmuebles sobre los que se constituyan los derechos a que se refieren los apartados 3 y 4.

A estos mismos efectos, tendrán la consideración de dato los siguientes:

a) Cada fecha y valor a que se refieren los párrafos c) y d) del apartado 2 en relación con cada uno de los inmuebles.

b) Cada fecha y valor a que se refiere el apartado 3, en relación con cada uno de los derechos.

c) Cada fecha y valor a que se refiere el apartado 4, en relación con cada uno de los derechos.

d) Cada fecha y valor de transmisión a que se refiere el apartado 5, en relación con cada uno de los inmuebles.

Sección 3.ª Requerimientos individualizados para la obtención de información

Artículo 55. Disposiciones generales.

1. Los requerimientos individualizados de información que realice la Administración tributaria deberán ser notificados al obligado tributario requerido e incluirán:

a) El nombre y apellidos o razón social o denominación completa y número de identificación fiscal del obligado tributario que debe suministrar la información.

b) El periodo de tiempo a que se refiere la información requerida.

c) Los datos relativos a los hechos respecto de los que se requiere la información.

2. En los requerimientos de información se concederá un plazo no inferior a 10 días, contados a partir del día siguiente al de la notificación del requerimiento, para aportar la información solicitada.

No obstante, cuando las actuaciones de obtención de información se realicen por los órganos de inspección o de recaudación podrán iniciarse inmediatamente, incluso sin previo requerimiento escrito, en caso de que lo justifique la naturaleza de los datos a obtener o de las actuaciones a realizar y el órgano actuante se limite a examinar documentos, elementos o justificantes que deban estar a su disposición. Cuando se trate de documentos, elementos o justificantes que no deban estar a disposición de dichos órganos, se concederá a las personas o entidades requeridas un plazo no inferior a 10 días, contados a partir del día siguiente al de la notificación del requerimiento, para aportar la información solicitada o dar las facilidades necesarias a los órganos de inspección o de recaudación actuantes para que puedan obtenerla directamente.

Artículo 56. Requerimientos a determinadas autoridades sometidas al deber de informar y colaborar.

Los requerimientos individualizados de información que se efectúen a las entidades y órganos a que se refiere el artículo 94.3 y 4 de la Ley 58/2003, de 17 de diciembre, General Tributaria, se realizarán directamente por el superior jerárquico del órgano actuante que pretenda obtener la información.

En estos casos, el órgano actuante que pretenda obtener la información dirigirá una solicitud debidamente justificada al órgano competente para realizar el requerimiento.

En el ámbito de competencias del Estado, el órgano competente para realizar los requerimientos de información a que se refiere el artículo 94.3 de la Ley 58/2003, de 17 de diciembre, General Tributaria, será el director general, los directores de departamento o los delegados de la Agencia Estatal de Administración Tributaria de los que dependa el órgano actuante que solicita la información. El órgano competente para realizar los requerimientos a que se refiere el artículo 94.4 de la Ley 58/2003, de 17 de diciembre, General Tributaria, será el director general o de departamento competente.

Artículo 57. Procedimiento para realizar determinados requerimientos a entidades dedicadas al tráfico bancario o crediticio.

1. Cuando se trate de requerimientos de información que exijan el conocimiento de movimientos de cuentas o de operaciones a los que se refiere el artículo 93.3 de la Ley 58/2003, de 17 de diciembre, General Tributaria, los órganos de inspección o de recaudación podrán solicitar la información a los obligados tributarios afectados, titulares o autorizados, o requerirla directamente a las entidades bancarias o crediticias con las que operen sin que sea necesario notificar dicho requerimiento al obligado tributario al que se refiere la información requerida.

Para requerir directamente la información a que se refiere el párrafo anterior a la entidad bancaria o crediticia será necesario obtener previamente la autorización del órgano competente o el consentimiento del obligado tributario. La solicitud de autorización deberá estar debidamente justificada y motivar en términos concretos las razones que aconsejan el requerimiento directo a la entidad, así como la procedencia, en su caso, de no notificar dicho requerimiento al obligado tributario.

La autorización habilitará para efectuar el requerimiento relativo a los movimientos de cuentas u operaciones financieras, así como los requerimientos posteriores relativos a la documentación soporte de los mismos, y al nombre y apellidos o razón social o denominación completa de las personas o entidades y la identificación de las cuentas a las que se refieran el origen o destino de los movimientos, cheques u otras órdenes de cargo o abono, aun cuando dichos cheques u órdenes hubieran sido sustituidos o tuvieran origen en otros del mismo o diferente importe.

En el ámbito de competencias del Estado, la autorización a que se refiere el apartado anterior corresponderá al director de departamento o a los delegados de la Agencia Estatal de Administración Tributaria de los que dependa el órgano actuante que solicita la autorización.

2. El requerimiento deberá ser notificado a la entidad requerida y en él se precisarán las cuentas u operaciones objeto del requerimiento, los obligados tributarios afectados y, en su caso, el alcance en cuanto al periodo de tiempo a que se refiera.

Los datos solicitados podrán referirse a las operaciones activas o pasivas de las distintas cuentas, a la totalidad o parte de sus movimientos, durante el periodo de tiempo a que se refiera el requerimiento, y a las restantes operaciones que se hayan producido. Asimismo, las actuaciones podrán extenderse a los documentos y demás antecedentes relativos a los datos solicitados.

El requerimiento precisará también el modo en que vayan a practicarse las actuaciones, de acuerdo con lo dispuesto en el apartado siguiente y podrá solicitarse la aportación de los datos en soporte informático de acuerdo con los formatos de uso generalizado.

3. Las actuaciones de obtención de información previstas en este artículo podrán desarrollarse mediante requerimiento a la entidad para que aporte los datos o antecedentes objeto del mismo o mediante personación en su oficina, despacho o domicilio para examinar los documentos en los que consten.

La entidad requerida deberá aportar los datos solicitados en el plazo otorgado para ello que no podrá ser inferior a 15 días, contados a partir del día siguiente al de la notificación del requerimiento. Ese mismo plazo habrá de transcurrir como mínimo entre la notificación del requerimiento y la iniciación, en su caso, de las actuaciones en las oficinas, despacho o domicilio del obligado a suministrar la información.

4. En los casos de cuentas indistintas o conjuntas a nombre de varias personas o entidades, en los depósitos de titularidad plural y en otros supuestos análogos, la petición de información sobre uno de los cotitulares o autorizados implicará la disponibilidad de todos los movimientos de la cuenta, depósito u operación, pero la Administración tributaria no podrá utilizar la información obtenida frente a otro titular o autorizado sin seguir previamente los trámites previstos en este artículo.

Sección 4.ª Transmisión de datos con trascendencia tributaria por la Administración tributaria

Artículo 58. Transmisión de datos con trascendencia tributaria por medios electrónicos, informáticos y telemáticos.

1. Las transmisiones de datos con trascendencia tributaria por medios electrónicos, informáticos o telemáticos se ajustarán a lo previsto en el Real Decreto 263/1996, de 16 de febrero, por el que se regula la utilización de técnicas electrónicas, informáticas y telemáticas por la Administración General del Estado.

2. La transmisión de datos por dichos medios a una Administración pública o a una entidad de derecho público se efectuará a solicitud del órgano o entidad que necesite la información para tramitar el procedimiento o actuación. En la solicitud deberán identificarse los datos requeridos, sus titulares y la finalidad por la que se requieren. Asimismo, se hará constar que se dispone del consentimiento expreso de los titulares afectados o de la autorización correspondiente en aquellos casos en que uno u otra sean necesarios.

De la petición y recepción de los datos se dejará constancia en el expediente por el órgano u organismo receptor. A efectos de la verificación del origen y la autenticidad de los datos por los órganos de fiscalización y control, se habilitarán mecanismos para que los órganos mencionados puedan acceder a los datos transmitidos.

TÍTULO III

Principios y disposiciones generales de la aplicación de los tributos

◀ *LGT 83-96* ▶

CAPÍTULO I

Órganos y competencias

Artículo 59. Criterios de atribución de competencia en el ámbito de las Administraciones tributarias.

1. La competencia territorial en la aplicación de los tributos se atribuirá de acuerdo con lo previsto en el artículo 84 de la Ley 58/2003, de 17 de diciembre, General Tributaria.

2. En el ámbito de una misma Administración tributaria la comunicación de un cambio de domicilio fiscal, siempre que dicho criterio sea el que determine la competencia del órgano, o el cambio de adscripción a otro órgano, producirán los siguientes efectos en relación con la competencia de los órganos administrativos:

a) Las funciones de aplicación de los tributos, incluidas las relativas a obligaciones anteriores, se ejercerán a partir de ese momento por el órgano correspondiente al nuevo domicilio fiscal o por aquel que resulte destinatario del cambio de adscripción, respectivamente.

b) Los procedimientos que se encuentren en curso de tramitación en el momento en que se produzca de manera efectiva el cambio de domicilio o de adscripción, serán continuados y finalizados por el nuevo órgano competente. A estos efectos se remitirán a dicho órgano los antecedentes que sean necesarios.

No obstante, cuando se hubiera iniciado de oficio un procedimiento de aplicación de los tributos con anterioridad a la comunicación del nuevo domicilio, dicha comunicación surtirá efectos en relación con la competencia del órgano administrativo al mes siguiente de su presentación, salvo que durante dicho plazo la Administración tributaria inicie un procedimiento de comprobación de la procedencia del cambio de domicilio, en cuyo caso todos los procedimientos iniciados de oficio antes de la referida comunicación se continuarán y finalizarán por el órgano que los viniese tramitando en tanto no se resuelva el expediente de comprobación del cambio de domicilio. Lo anterior no impedirá que la Administración tributaria pueda iniciar en cualquier otro momento un procedimiento de comprobación del domicilio fiscal del obligado tributario.

3. Lo dispuesto en el apartado 2.b) anterior no será de aplicación en las actuaciones y procedimientos de inspección y de declaración de responsabilidad tributaria, en los que el domicilio fiscal determinante de la competencia del órgano actuante será el que correspondiese al inicio de las actuaciones y procedimientos, incluso respecto de obligaciones anteriores, sin que el cambio de domicilio fiscal o de adscripción altere la competencia del órgano actuante en cuanto a los procedimientos ya iniciados antes de la comunicación del cambio de domicilio o de adscripción. Esta competencia se mantendrá aun cuando las actuaciones hayan de proseguirse frente al sucesor o sucesores del obligado tributario.

4. En el caso de obligados tributarios no residentes sin establecimiento permanente en España, será competente el órgano de la Administración tributaria en cuyo ámbito territorial tenga el domicilio el representante del obligado tributario, el responsable, el retenedor, el depositario o el gestor de los bienes o derechos, o el pagador de las rentas al no residente, sin perjuicio de lo previsto en la normativa propia de cada tributo.

En el caso de los obligados tributarios regulados en el artículo 35.6 de la Ley 58/2003, de 17 de diciembre, General Tributaria, la Agencia Estatal de Administración Tributaria establecerá, en sus normas de organización específica, el órgano competente.

5. Las normas de organización específica podrán establecer los términos en los que el personal encargado de la aplicación de los tributos pueda realizar actuaciones fuera del ámbito competencial del órgano del que dependan.

6. En el ámbito de competencias del Estado, el Director General del Catastro y los directores de departamento de la Agencia Estatal de Administración Tributaria podrán modificar de forma motivada la competencia que resulte de los apartados 2, 3 y 4 anteriores.

Artículo 60. Derechos y deberes del personal al servicio de la Administración tributaria.

1. En los términos establecidos en la Ley 58/2003, de 17 de diciembre, General Tributaria, los funcionarios de la Administración tributaria serán considerados agentes de la autoridad en el ejercicio de sus funciones, a los efectos de la responsabilidad administrativa y penal de quienes ofrezcan resistencia o cometan atentado o desacato contra ellos, de hecho o de palabra, durante actos de servicio o con motivo del mismo.

Las autoridades y entidades a que se refiere el artículo 94 de la Ley 58/2003, de 17 de diciembre, General Tributaria, y quienes, en general, ejerzan funciones públicas, estarán obligados a prestar a los funcionarios y demás personal de los órganos de la Administración tributaria el apoyo, concurso, auxilio y protección que les sea necesario para el ejercicio de sus funciones.

En caso de inobservancia de la obligación a que se refiere el párrafo anterior, deberá darse traslado de lo actuado a los órganos con funciones de asesoramiento jurídico para que ejerciten, en su caso, las acciones que procedan. En el ámbito de competencias del Estado serán competentes para acordar dicho traslado los órganos que se determinen en las normas de organización específica.

2. Cada Administración tributaria proveerá al personal a su servicio del correspondiente documento acreditativo de su condición en el desempeño de sus funciones.

3. Cuando el personal al servicio de la Administración tributaria conozca en el curso de sus actuaciones hechos de los que pudieran derivarse indicios de fraude en la obtención o percepción de ayudas o subvenciones a cargo de fondos públicos o de la Unión Europea, los harán constar en diligencia y lo pondrán en conocimiento del órgano competente o, en su caso, de la autoridad judicial o del Ministerio Fiscal.

Asimismo, el personal al servicio de la Administración tributaria pondrá en conocimiento de la autoridad judicial o del Ministerio

Fiscal por medio de la autoridad competente los hechos que conozcan en el curso de sus actuaciones que puedan ser constitutivos de delitos no perseguibles únicamente a instancia de la persona agraviada.

4. Todo el personal al servicio de la Administración tributaria estará obligado al más estricto y completo sigilo respecto de los datos, informes o antecedentes que conozca por razón de su cargo o puesto de trabajo.

Dicha información tendrá carácter reservado y sólo podrá ser comunicada a quienes por razón de sus competencias intervengan en el procedimiento de que se trate. Los resultados de las actuaciones podrán ser utilizados en todo caso por el órgano que las haya realizado y por otros órganos de la misma Administración tributaria en orden al adecuado desempeño de sus funciones respecto del mismo o de otros obligados tributarios.

5. Los datos, informes o antecedentes obtenidos en el curso de las actuaciones podrán utilizarse cuando sea necesario para la emisión de informes, peritajes o asistencias solicitados a otros órganos, Administraciones, personas o entidades, sin perjuicio de lo previsto en el artículo 95.1 de la Ley 58/2003, de 17 de diciembre, General Tributaria.

6. Los funcionarios y el personal al servicio de la Administración tributaria no estarán obligados a declarar como testigos en los procedimientos civiles ni en los penales, por delitos perseguibles únicamente a instancia de parte, cuando no pudieran hacerlo sin violar el deber de sigilo que estén obligados a guardar.

Artículo 61. Ejercicio de las facultades en la aplicación de los tributos.

1. Las facultades que puedan ejercerse en las distintas actuaciones y procedimientos de aplicación de los tributos corresponderán a los funcionarios y demás personal al servicio de la Administración tributaria que intervengan en dichas actuaciones y procedimientos.

2. Las normas de organización específica podrán regular la intervención en el desarrollo de las actuaciones y procedimientos de aplicación de los tributos de funcionarios y demás personal al servicio de la Administración tributaria que desempeñen puestos de trabajo en órganos con funciones distintas.

3. Los órganos de aplicación de los tributos podrán realizar las actuaciones que sean necesarias para la ejecución de las resoluciones administrativas o judiciales.

Cuando la resolución haya ordenado la retroacción de las

actuaciones continuará el procedimiento de aplicación de los tributos en el que se hubiera dictado el acto anulado hasta su terminación, conforme a lo establecido en su normativa reguladora.

CAPÍTULO II

Principios generales de la aplicación de los tributos

Sección 1.ª Información y asistencia a los obligados tributarios

◀ *LGT 85-91* ▶

Artículo 62. La información y asistencia tributaria.

◀ *LGT 85* ▶

La Administración tributaria promoverá y facilitará a los obligados tributarios el cumplimiento de sus obligaciones y el ejercicio de sus derechos, poniendo a su disposición servicios de información y asistencia tributaria.

Subsección 1.ª Actuaciones de información tributaria

Artículo 63. Actuaciones de información.

◀ *LGT 87* ▶

1. Las actuaciones de información se realizarán de oficio mediante la publicación de los textos actualizados de las normas tributarias y la doctrina administrativa de mayor trascendencia o mediante el envío de comunicaciones, entre otros medios.

◀ *LGT 86 Publicaciones* ▶

2. Estas actuaciones también deberán llevarse a cabo, a iniciativa del obligado tributario, mediante la contestación a solicitudes de información tributaria, cualquiera que sea el medio por el que se formulen.

Cuando resulte conveniente una mayor difusión, la información de carácter general podrá ofrecerse a los grupos sociales o instituciones que estén interesados en su conocimiento.

En los supuestos en los que las solicitudes de información se formulen por escrito, se deberá incluir el nombre y apellidos o razón social o denominación completa y el número de identificación fiscal del obligado tributario, así como el derecho u obligación tributaria que le afecta respecto del que se solicita la información.

3. En la contestación a las solicitudes de información tributaria, incluidas aquellas relativas a retenciones, ingresos a cuenta o repercusiones, la Administración comunicará los criterios administrativos existentes para la aplicación de la normativa tributaria, sin que dicha contestación pueda ser objeto de recurso.

Las actuaciones de información y las contestaciones a las solicitudes de información tendrán los efectos previstos en el artículo 179.2.d) de la Ley 58/2003, de 17 de diciembre, General Tributaria.

La falta de contestación de las solicitudes de información en los plazos establecidos en el artículo 64 de este reglamento no implicará la aceptación de los criterios expresados en el escrito de solicitud.

4. En el ámbito de competencias del Estado, las actuaciones de información tributaria corresponderán a la Agencia Estatal de Administración Tributaria cuando se refieran a cuestiones de su competencia, excepto cuando se refiera a cuestiones relativas a la aplicación de los tributos desarrolladas por otro órgano o entidad.

Artículo 64. Tramitación de las solicitudes de información.

1. Las solicitudes de información tributaria formuladas por escrito que puedan ser objeto de contestación a partir de la documentación o de los antecedentes existentes en el órgano competente se contestarán en el plazo máximo de tres meses y en la contestación se hará referencia, en todo caso, a la normativa aplicable al objeto de la solicitud.

2. Cuando las solicitudes de información tributaria escritas sean recibidas por una Administración tributaria que no sea competente por razón de la materia, será remitida a la Administración competente y se comunicará esta circunstancia al interesado.

Subsección 2.ª Consultas tributarias escritas

◀ *LGT 88-89* ▶

Artículo 65. Órgano competente para la contestación de las consultas tributarias escritas.

En el ámbito de competencias del Estado, la competencia para contestar las consultas a las que se refiere esta subsección corresponderá a la Dirección General de Tributos del Ministerio de Economía y Hacienda, sin perjuicio de lo dispuesto en el artículo 88.8 de la Ley 58/2003, de 17 de diciembre, General Tributaria.

Artículo 66. Iniciación del procedimiento para la contestación de las consultas tributarias escritas.

1. Las consultas se formularán por el obligado tributario mediante escrito dirigido al órgano competente para su contestación, que deberá contener como mínimo:

◀ *LGT 88.2.2º Párrafo* ▶

a) Nombre y apellidos o razón social o denominación completa, número de identificación fiscal del obligado tributario y, en su caso, del representante.

b) Manifestación expresa de si en el momento de presentar el escrito se está tramitando o no un procedimiento, recurso o reclamación económico-administrativa relacionado con el régimen, clasificación o calificación tributaria que le corresponda planteado en la consulta, salvo que esta sea formulada por las entidades a las que se refiere el artículo 88.3 de la Ley 58/2003, de 17 de diciembre, General Tributaria.

c) Objeto de la consulta.

d) En relación con la cuestión planteada en la consulta, se expresarán con claridad y con la extensión necesaria los antecedentes y circunstancias del caso.

e) Lugar, fecha y firma o acreditación de la autenticidad de su voluntad expresada por cualquier medio válido en derecho.

2. En el caso de que se actúe por medio de representante deberá aportarse documentación acreditativa de la representación.

3. En la solicitud se podrá incluir un domicilio a efectos de notificaciones y aquella se podrá acompañar de los demás datos, elementos y documentos que puedan contribuir a la formación de juicio por parte de la Administración tributaria.

4. A los efectos de este artículo, serán válidos los documentos normalizados que apruebe la Administración tributaria.

5. Las consultas podrán presentarse utilizando medios electrónicos, informáticos o telemáticos siempre que la identificación de las personas o entidades a que se refiere el apartado 1.a) quede garantizada mediante una firma electrónica reconocida por la Administración.

En ese caso, podrán presentarse en papel los demás datos, elementos y documentos que puedan contribuir a la formación de juicio por parte de la Administración tributaria.

6. Las consultas podrán remitirse por fax. En tal caso, en el plazo de 10 días desde su remisión deberá presentarse la documentación original por los medios señalados en los apartados 1 ó 5 de este artículo. De remitirse la documentación original en dicho plazo, la fecha de presentación será la del fax. Si no se remitiese la documentación en ese plazo, se tendrá por no presentada la consulta

y se archivará sin más trámite.

7. Si la solicitud no reúne los requisitos establecidos en los apartados 1 y 2 de este artículo, se requerirá al obligado tributario o a las entidades a que se refiere el artículo 88.3 de la Ley 58/2003, de 17 de diciembre, General Tributaria, para que en un plazo de 10 días, contados a partir del día siguiente al de la notificación del requerimiento, subsanen el defecto con indicación de que de no atender el requerimiento en el plazo señalado se le tendrá por desistido de la consulta y se archivará sin más trámite.

8. Si la consulta se formulase después de la finalización de los plazos establecidos para el ejercicio del derecho, para la presentación de la declaración o autoliquidación o para el cumplimiento de la obligación tributaria, se procederá a su inadmisión y se comunicará esta circunstancia al obligado tributario.

Artículo 67. Tramitación del procedimiento para la contestación de las consultas tributarias escritas.

1. Durante la tramitación del procedimiento se podrá requerir al obligado tributario la documentación o información que se estime necesaria para efectuar la contestación.

2. Asimismo, se podrá solicitar de otros centros directivos y organismos los informes que se estimen pertinentes para la formación del criterio aplicable al caso planteado.

Artículo 68. Contestación de consultas tributarias escritas.

1. Cuando la contestación a la consulta incorpore un cambio de criterio administrativo, la Administración deberá motivar dicho cambio.

2. Cuando la consulta haya sido formulada por alguna de las entidades a las que se refiere el artículo 88.3 de la Ley 58/2003, de 17 de diciembre, General Tributaria, su contestación no tendrá efectos vinculantes para aquellos miembros o asociados que en el momento de formular la consulta estuviesen siendo objeto de un procedimiento, recurso o reclamación económico-administrativa iniciado con anterioridad y relacionado con las cuestiones planteadas en la consulta conforme a lo dispuesto en su artículo 89.2.

Subsección 3.ª Información con carácter previo a la adquisición o transmisión de bienes inmuebles

Artículo 69. Información con carácter previo a la adquisición o transmisión de bienes inmuebles.

◀ *LGT 90* ▶

1. En los tributos que graven la adquisición o transmisión de bienes inmuebles y cuya base imponible se determine por el valor real de dichos bienes, los obligados tributarios podrán solicitar a la Administración tributaria información sobre el valor de los que estén situados en el territorio de su competencia.

Esta información tendrá efectos vinculantes en los términos previstos en el artículo 90.2 de la Ley 58/2003, de 17 de diciembre, General Tributaria, cuando haya sido suministrada por la Administración tributaria gestora del tributo que grave la adquisición o la transmisión y en relación con los bienes inmuebles situados en el territorio de su competencia.

2. Las solicitudes se formularán mediante escrito, en el que se expresarán con claridad y con la extensión necesaria:

a) Nombre y apellidos o razón social o denominación completa, número de identificación fiscal del solicitante y, en su caso, del representante. En el caso de que se actúe por medio de representante deberá aportarse la documentación acreditativa de la representación.

b) Naturaleza del bien, ubicación y características técnicas y físicas que puedan contribuir a su correcta valoración a efectos fiscales por parte de la Administración tributaria.

c) Lugar, fecha y firma o acreditación de la autenticidad de su voluntad expresada por cualquier medio válido en derecho.

3. El solicitante podrá incluir un domicilio a efectos de notificaciones, así como la estimación de la valoración del bien al que se refiere la solicitud.

4. El órgano competente podrá requerir al interesado la documentación que estime necesaria para la valoración del bien inmueble. Asimismo, podrá solicitar los informes de otros centros directivos y organismos que estime pertinentes.

5. Las solicitudes podrán presentarse utilizando medios electrónicos, informáticos o telemáticos siempre que la identificación de las personas o entidades a que se refiere el apartado 2.a) quede garantizada.

6. El plazo para contestar estas solicitudes de información será de tres meses.

Subsección 4.ª Emisión de certificados tributarios

◀ *LGT 99.3* ▶

Artículo 70. Los certificados tributarios.

1. Se entenderá por certificado tributario el documento expedido por la Administración tributaria que acredite hechos relativos a la situación tributaria de un obligado tributario.

2. Los certificados podrán acreditar, entre otras circunstancias, la presentación de declaraciones, autoliquidaciones y comunicaciones de datos o extremos concretos contenidos en ellas, la situación censal, el cumplimiento de obligaciones tributarias y la existencia o inexistencia de deudas o sanciones pendientes de pago que consten en las bases de datos de la Administración tributaria.

3. Los hechos o datos que se certifiquen se referirán exclusivamente al obligado tributario al que se refiere el certificado, sin que puedan incluir ni referirse a datos relativos a terceros salvo que la finalidad del certificado exija dicha inclusión.

4. No podrán certificarse datos referidos a obligaciones tributarias respecto de las cuales haya prescrito el derecho de la Administración para determinar la deuda tributaria mediante la oportuna liquidación.

5. En tanto no haya vencido el plazo para el cumplimiento de las obligaciones tributarias no podrá expedirse certificado sobre el cumplimiento de estas.

Artículo 71. Solicitud de los certificados tributarios.

1. Los certificados tributarios se expedirán:

a) A instancia del obligado tributario al que el certificado se refiera.

b) A petición de un órgano administrativo o de cualquier otra persona o entidad interesada que requiera el certificado, siempre que dicha petición esté prevista en una ley o cuente con el previo consentimiento del obligado tributario.

2. Cuando el certificado se solicite mediante representante se deberá acreditar dicha representación.

3. Cuando para la tramitación de un procedimiento o actuación administrativa sea necesario la obtención de un certificado tributario de la Agencia Estatal de Administración Tributaria, la Administración pública que lo requiera deberá solicitarlo directamente y hará constar la ley que habilita a efectuar dicha solicitud o que cuenta con el previo consentimiento del obligado tributario. En estos casos, la Administración pública solicitante no podrá exigir la aportación del certificado al obligado tributario. La Agencia Estatal de Administración Tributaria no expedirá el certificado a solicitud del obligado cuando tenga constancia de que ha sido remitido a la Administración pública correspondiente.

Artículo 72. Contenido de los certificados tributarios.

1. Los certificados tributarios contendrán, al menos, los siguientes datos y circunstancias:

a) Nombre y apellidos o razón social o denominación completa, número de identificación fiscal y domicilio fiscal del obligado tributario.

b) Las circunstancias, obligaciones o requisitos que deban ser certificados. Cuando mediante un certificado deba acreditarse el cumplimiento de determinadas circunstancias de carácter tributario exigidas por la norma reguladora del certificado, se harán constar expresamente dichas circunstancias.

Las certificaciones serán positivas cuando consten cumplidas la totalidad de las circunstancias, obligaciones o requisitos exigidos al efecto por la normativa reguladora del certificado. A estos efectos, bastará una mención genérica de los mismos.

Cuando las certificaciones sean negativas deberán indicarse las circunstancias, obligaciones o requisitos que no consten cumplidos.

Cuando los datos declarados o comunicados por el obligado tributario no coincidan con los comprobados por la Administración, se certificarán estos últimos.

c) La inexistencia de la información que se solicita en las bases de datos de la Administración tributaria o la improcedencia de suministrar dicha información, cuando no se pueda certificar la información contenida en el párrafo b).

d) Lugar, fecha y firma del órgano competente para su expedición y el código seguro de verificación.

Artículo 73. Expedición de los certificados tributarios.

1. El órgano competente de la Administración tributaria deberá expedir el certificado en el plazo de 20 días, salvo que en la normativa reguladora del certificado se haya fijado un plazo distinto. El certificado se enviará al lugar señalado a tal efecto en la solicitud o, en su defecto, al domicilio fiscal del obligado tributario o de su representante.

Salvo que se establezca lo contrario, la falta de emisión de un certificado en plazo no determinará que se entienda emitido con carácter positivo.

2. El certificado tributario podrá expedirse en papel o bien mediante la utilización de técnicas electrónicas, informáticas y telemáticas.

En el ámbito de competencias del Estado, cuando el certificado sea solicitado a petición de un órgano administrativo, se expedirá por vía telemática y, en caso de que se expida de forma automatizada, se aplicará lo previsto en los artículos 82 al 86, ambos inclusive. A estos efectos, las transmisiones de datos sustituirán a los certificados tributarios y será de aplicación lo previsto en el artículo 58.

3. El contenido, autenticidad y validez del certificado se podrá comprobar mediante conexión con la página web de la Administración tributaria, utilizando para ello el código seguro de verificación que figure en el certificado. Cuando el destinatario del certificado sea una Administración pública, dicha comprobación será obligatoria.

4. Una vez emitido el certificado, el obligado tributario podrá manifestar su disconformidad con cualquiera de los datos que formen parte de su contenido en el plazo de 10 días, contados a partir del día siguiente al de su recepción, mediante un escrito en el que solicite la modificación del certificado dirigido al órgano que lo haya expedido, al que se adjuntarán los elementos de prueba que estime convenientes para acreditar su solicitud.

Si el órgano que emitió el certificado estimara incorrecto el certificado expedido, procederá a la emisión de uno nuevo en el plazo de 10 días. Si no considerase procedente expedir un nuevo certificado lo comunicará al obligado tributario con expresión de los motivos en que se fundamenta.

Artículo 74. Requisitos de la certificación de encontrarse al corriente de las obligaciones tributarias.

1. Para la emisión del certificado regulado en este artículo, se entenderá que el obligado tributario se encuentra al corriente de sus obligaciones tributarias cuando se verifique la concurrencia de las siguientes circunstancias:

a) Estar dado de alta en el Censo de Empresarios, Profesionales y Retenedores, cuando se trate de personas o entidades obligados a estar en dicho censo, y estar dado de alta en el Impuesto sobre Actividades Económicas, cuando se trate de sujetos pasivos no exentos dicho impuesto.

b) Haber presentado las autoliquidaciones que correspondan por el Impuesto sobre la Renta de las Personas Físicas, el Impuesto sobre Sociedades o el Impuesto sobre la Renta de no Residentes.

c) Haber presentado las autoliquidaciones y la declaración resumen anual correspondiente a las obligaciones tributarias de realizar pagos a cuenta.

d) Haber presentado las autoliquidaciones, la declaración resumen anual y, en su caso, las declaraciones recapitulativas de operaciones intracomunitarias del Impuesto sobre el Valor Añadido.

e) Haber presentado las declaraciones y autoliquidaciones correspondientes a los tributos locales.

f) Haber presentado las declaraciones exigidas con carácter general en cumplimiento de la obligación de suministro de información reguladas en los artículos 93 y 94 de la Ley 58/2003, de 17 de diciembre, General Tributaria.

g) No mantener con la Administración tributaria expedidora del certificado deudas o sanciones tributarias en período ejecutivo, salvo que se trate de deudas o sanciones tributarias que se encuentren aplazadas, fraccionadas o cuya ejecución estuviese suspendida.

h) No tener pendientes de ingreso responsabilidades civiles derivadas de delito contra la Hacienda pública declaradas por sentencia firme.

2. Cuando se expida la certificación de encontrarse al corriente de las obligaciones tributarias, se deberá indicar el carácter positivo o negativo de la certificación.

3. Las circunstancias indicadas en los párrafos b) a e), ambos inclusive, del apartado anterior se referirán a autoliquidaciones o declaraciones cuyo plazo de presentación hubiese vencido en los 12 meses precedentes a los dos meses inmediatamente anteriores a la fecha de la certificación.

4. Las circunstancias a que se refiere el apartado 1 se certificarán por cada Administración tributaria respecto de las obligaciones para cuya exigencia sea competente.

Artículo 75. Efectos de los certificados tributarios.

1. Los certificados tributarios tendrán carácter informativo y no se podrá interponer recurso alguno contra ellos, sin perjuicio de poder manifestar su disconformidad de acuerdo con lo previsto en el artículo 73.4, y de los recursos que puedan interponerse contra los actos administrativos que se dicten posteriormente en relación con dicha información.

Los certificados tributarios producirán los efectos que en ellos se hagan constar y los que se establezcan en la normativa que regule su exigencia.

2. Salvo que la normativa específica del certificado establezca otra cosa, los certificados tributarios tendrán validez durante 12 meses a partir de la fecha de su expedición mientras no se produzcan modificaciones de las circunstancias determinantes de su contenido, cuando se refiera a obligaciones periódicas, o durante tres meses, cuando se refiera a obligaciones no periódicas.

3. Los certificados expedidos por medios telemáticos producirán idénticos efectos a los expedidos en papel. La firma manuscrita será

sustituida por un código de verificación generado electrónicamente que permita contrastar su contenido, autenticidad y validez mediante el acceso por medios telemáticos a los archivos del órgano u organismo expedidor. Los mismos efectos surtirán las copias de los certificados cuando las comprobaciones anteriores puedan efectuarse mediante el código de verificación.

Artículo 76. Certificado en materia de fiscalidad del ahorro en la Unión Europea.

(Suprimido).

Téngase en cuenta que este artículo se suprime por la disposición final 1.2 del Real Decreto 1021/2015, de 13 de noviembre.Ref. BOE-A-2015-12399., con efectos de 1 de enero de 2017.

Redacción anterior:

"1. A efectos de la aplicación de la exoneración de la retención prevista en el artículo 13.1.b) de la Directiva 2003/48/CE, del Consejo, de 3 de junio de 2003, en materia de fiscalidad de los rendimientos del ahorro en forma de pago de intereses, la Administración tributaria, previa solicitud del interesado, expedirá un certificado a los contribuyentes por el Impuesto sobre la Renta de las Personas Físicas que perciban rentas procedentes de algún Estado miembro que aplique la retención a cuenta establecida en el artículo 11 de la citada directiva.

2. En el certificado constarán los siguientes datos:

a) Nombre, dirección y número de identificación fiscal del perceptor.

b) Nombre y dirección de la persona o entidad que abone las rentas.

c) Número de cuenta del perceptor de las rentas o, en su defecto, la identificación del crédito.

3. El certificado, que será válido por un período de tres años, se expedirá en el plazo máximo de 10 días hábiles a contar desde su solicitud."

Subsección 5.ª Actuaciones de asistencia tributaria

Artículo 77. Actuaciones de asistencia tributaria.

1. La asistencia tributaria consistirá en el conjunto de actuaciones que la Administración tributaria pone a disposición de los obligados para facilitar el ejercicio de sus derechos y el cumplimiento de sus obligaciones. Entre otras actuaciones, la asistencia tributaria podrá consistir en la confección de declaraciones, autoliquidaciones y comunicaciones de datos, así como en la confección de un borrador de declaración.

2. Cuando la asistencia se materialice en la confección de declaraciones, autoliquidaciones y comunicaciones de datos a solicitud del obligado tributario, la actuación de la Administración tributaria consistirá en la trascripción de los datos aportados por el

solicitante y en la realización de los cálculos correspondientes. Ultimado el modelo se entregará para su revisión y para la verificación de la correcta trascripción de los datos y su firma por el obligado, si este lo estima oportuno.

3. En los casos y en los términos que establezca la normativa de cada tributo, la asistencia también podrá prestarse mediante la confección por la Administración tributaria de un borrador de declaración a solicitud del obligado tributario.

A estos efectos, la Administración tributaria incorporará en el borrador los datos obrantes en su poder que sean necesarios para la declaración, con el importe y la calificación suministrada por el propio obligado o por un tercero que deba suministrar información con trascendencia tributaria.

4. Los datos, importes o calificaciones contenidos en las declaraciones, autoliquidaciones o comunicaciones de datos confeccionados por la Administración o en los borradores que hayan sido comunicados al obligado tributario no vincularán a la Administración en el ejercicio de las actuaciones de comprobación o investigación que puedan desarrollarse con posterioridad.

Artículo 78. Programas informáticos y uso de medios telemáticos en la asistencia a los obligados tributarios.

1. La Administración tributaria podrá facilitar a los obligados tributarios programas informáticos de asistencia para la confección y presentación de declaraciones, autoliquidaciones y comunicaciones de datos. En el ámbito de competencias del Estado dichos programas se ajustarán a lo establecido en la Orden del Ministro de Economía y Hacienda por la que se apruebe el correspondiente modelo.

Asimismo, podrá facilitar otros programas de ayuda y asistencia, en el marco del deber y asistencia a los obligados tributarios, para facilitarles el cumplimiento de sus obligaciones fiscales.

2. La asistencia para el cumplimiento de las obligaciones tributarias se podrá ofrecer también por vía telemática. La Administración tributaria determinará para cada caso, en función de los medios disponibles y del estado de la tecnología aplicable, el alcance de esa asistencia y la forma y requisitos para su prestación, así como los supuestos en que dicha asistencia por vía telemática se preste de forma automatizada de acuerdo con lo previsto en el artículo 84.

3. El uso de estos medios deberá procurar alcanzar al mayor número de obligados tributarios. Para ello, los programas de ayuda y los servicios ofrecidos por vía telemática, en su caso, se ofrecerán también por otros medios a quienes no tuvieran acceso a los

previstos en este artículo siempre que sea posible de acuerdo con los medios técnicos disponibles.

Sección 2.ª La colaboración social en la aplicación de los tributos

◀ *LGT 92* ▶

Artículo 79. Sujetos de la colaboración social en la aplicación de los tributos.

1. De acuerdo con lo previsto en el artículo 92 de la Ley 58/2003, de 17 de diciembre, General Tributaria, la Administración tributaria podrá hacer efectiva la colaboración social en la aplicación de los tributos mediante la celebración de acuerdos con:

a) Otras Administraciones públicas.

b) Entidades que tengan la condición de colaboradoras en la gestión recaudatoria.

c) Instituciones y organizaciones representativas de sectores o intereses sociales, laborales, empresariales o profesionales. A estos efectos, se entienden incluidas las organizaciones corporativas de las profesiones oficiales colegiadas.

d) Personas o entidades que realicen actividades económicas, en relación con la presentación telemática de declaraciones, comunicaciones de datos y otros documentos tributarios correspondientes al Impuesto sobre la Renta de las Personas Físicas y al Impuesto sobre el Patrimonio de sus trabajadores y, en su caso, de la correspondiente unidad familiar a que se refiere el artículo 82.1 de la Ley 35/2006, de 28 de noviembre, del Impuesto sobre la Renta de las Personas Físicas y de modificación parcial de las leyes de los Impuestos sobre Sociedades, sobre la Renta de no Residentes y sobre el Patrimonio, y respecto de la prestación de servicios y asistencia a dichos trabajadores.

e) Personas o entidades que realicen actividades económicas, cuando su localización geográfica o red comercial pueda ayudar a la consecución de los fines de la Administración tributaria.

f) Otras personas o entidades que establezca el Ministro de Economía y Hacienda.

2. Los acuerdos de colaboración social firmados con las instituciones y organizaciones previstos en el apartado 1.c) anterior podrán extender sus efectos a las personas o entidades que sean colegiados, asociados o miembros de aquellas. Para ello, las personas o entidades interesadas deberán suscribir un documento individualizado de adhesión al acuerdo, donde se recoja expresamente

la aceptación del contenido íntegro de este.

No obstante, la suscripción de acuerdos de colaboración por las organizaciones corporativas de notarios y registradores vinculará a todos los profesionales colegiados sin que sea precisa la adhesión individualizada a dichos acuerdos. El acuerdo suscrito con la organización corporativa recogerá esta circunstancia.

3. El incumplimiento de las obligaciones asumidas por las entidades, instituciones y organizaciones que hayan suscrito un acuerdo de colaboración supondrá la resolución del citado acuerdo, previa instrucción del oportuno expediente, con audiencia del interesado.

El incumplimiento por parte de una persona o entidad de las obligaciones asumidas en el documento individualizado de adhesión al que se refiere el apartado 2 anterior supondrá su exclusión del acuerdo con el procedimiento y garantías previstos en el párrafo anterior, y quedará sin efecto la autorización individual.

4. La Administración tributaria establecerá los requisitos y condiciones para suscribir los acuerdos de colaboración social a que se refiere el artículo 92.2 de la Ley 58/2003, de 17 de diciembre, General Tributaria. En el ámbito de competencias del Estado, se establecerán mediante orden del Ministro de Economía y Hacienda.

Artículo 80. Objeto de la colaboración social en la aplicación de los tributos.

El Ministro de Economía y Hacienda podrá establecer otros aspectos a los que pueda referirse la colaboración social en la aplicación de los tributos, distintos de los previstos en el artículo 92.3 de la Ley 58/2003, de 17 de diciembre, General Tributaria.

Artículo 81. Utilización de medios electrónicos, informáticos y telemáticos en la colaboración social.

1. Cuando se posibilite la realización de las actuaciones de colaboración social mediante la utilización de medios electrónicos, informáticos y telemáticos, será de aplicación lo previsto en los artículos 82 a 86 de este reglamento, ambos inclusive.

2. De acuerdo con lo previsto en el artículo 92.4 de la Ley 58/2003, de 17 de diciembre, General Tributaria, la Administración tributaria podrá establecer los requisitos y condiciones para que la colaboración social se realice mediante la utilización de técnicas y medios electrónicos, informáticos y telemáticos.

En el ámbito de competencias del Estado, el Ministro de Economía y Hacienda establecerá mediante orden ministerial los requisitos y condiciones para la presentación y remisión de declaraciones, comunicaciones o cualquier otro documento con trascendencia tributaria mediante la utilización de técnicas y medios electrónicos, informáticos y telemáticos en el marco de los acuerdos de colaboración social.

Sección 3.ª Utilización de medios electrónicos, informáticos y telemáticos en las actuaciones y procedimientos tributarios

Artículo 82. Utilización de tecnologías informáticas y telemáticas.

En la utilización de técnicas y medios electrónicos, informáticos o telemáticos deberá respetarse el derecho a la protección de datos de carácter personal en los términos establecidos en la Ley Orgánica 15/1999, de 13 de diciembre, de protección de datos de carácter personal, en las demás leyes específicas que regulan el tratamiento de la información y en sus normas de desarrollo.

Artículo 83. Identificación de la Administración tributaria actuante.

1. La Administración tributaria actuante en los procedimientos y actuaciones en los que se utilicen técnicas y medios electrónicos, informáticos o telemáticos podrá identificarse mediante sistemas de códigos o firmas electrónicas, previamente aprobados por el órgano competente y publicado en el boletín oficial que corresponda.

2. De igual modo podrán ser identificados los órganos actuantes y sus titulares, cuando la naturaleza de la actuación o del procedimiento así lo requiera. Asimismo, se garantizará el ejercicio de su competencia.

3. La Administración tributaria publicará en el boletín oficial correspondiente los códigos que sirvan para confirmar el establecimiento con ella de comunicaciones seguras en redes abiertas por los ciudadanos. Las comunicaciones en redes cerradas se regirán por sus reglas específicas.

Artículo 84. Actuación automatizada.

1. En caso de actuación automatizada deberá establecerse previamente el órgano u órganos competentes según los casos, para la definición de especificaciones, programación, mantenimiento, supervisión y control de calidad del sistema de información. Asimismo, se indicará el órgano que debe ser considerado responsable a efectos de impugnación.

2. En caso de actuación automatizada, la Administración

tributaria deberá identificarse y garantizar la autenticidad del ejercicio de su competencia, con alguno de los siguientes sistemas de firma electrónica:

a) Sello electrónico de Administración pública, órgano o entidad de derecho público basado en certificado electrónico que reúna los requisitos exigidos por la legislación de firma electrónica.

b) Código seguro de verificación vinculado a la Administración pública, órgano o entidad permitiéndose en todo caso la comprobación de la autenticidad e integridad del documento accediendo por medios electrónicos a los archivos del órgano u organismo emisor.

Cada Administración tributaria determinará los supuestos de utilización de uno y otro sistema de firma electrónica.

3. Para el desarrollo de las actividades de asistencia a los obligados tributarios, la Administración tributaria podrá establecer servicios automatizados, tales como la identificación telemática ante las entidades colaboradoras en la recaudación, la participación en procedimientos de enajenación forzosa o la puesta a su disposición de registros electrónicos de apoderamiento o representación.

Artículo 85. Aprobación y difusión de aplicaciones.

1. En los supuestos de actuación automatizada a que se refiere el artículo anterior, las aplicaciones informáticas que efectúen tratamientos de información cuyo resultado sea utilizado por la Administración tributaria para el ejercicio de sus potestades y por las que se determine directamente el contenido de las actuaciones administrativas, habrán de ser previamente aprobadas mediante resolución del órgano que debe ser considerado responsable a efectos de la impugnación de los correspondientes actos administrativos. Cuando se trate de distintos órganos de la Administración tributaria no relacionados jerárquicamente, la aprobación corresponderá al órgano superior jerárquico común de la Administración tributaria de que se trate, sin perjuicio de las facultades de delegación establecidas en el ordenamiento jurídico.

2. Los interesados podrán conocer la relación de dichas aplicaciones mediante consulta en la página web de la Administración tributaria correspondiente, que incluirán la posibilidad de una comunicación segura conforme a lo previsto en el artículo 83.3.

Artículo 86. Equivalencia de soportes documentales.

1. Las copias realizadas en soporte de papel de documentos públicos administrativos emitidos por medios electrónicos y firmados electrónicamente tendrán la consideración de copias auténticas,

siempre que incluyan la impresión de un código seguro de verificación generado electrónicamente u otros sistemas de verificación que permitan contrastar su autenticidad mediante el acceso a los archivos electrónicos de la Administración pública, órgano u organismo emisor.

2. Los interesados podrán conocer qué documentos se emiten con un código seguro de verificación u otro sistema de verificación que permita la comprobación de la autenticidad de su copia impresa mediante el acceso electrónico a los archivos del emisor. Para ello serán objeto de publicación en la página web de la Administración tributaria correspondiente.

3. Las Administraciones tributarias podrán obtener imágenes electrónicas de documentos, con su misma validez y eficacia, mediante procesos de digitalización que garanticen su autenticidad, la integridad y la conservación del documento imagen, de lo que se dejará constancia. En tal caso, podrá ser destruido el documento origen salvo que una norma legal o reglamentaria imponga un específico deber de conservación.

4. El expediente electrónico es el conjunto de documentos electrónicos correspondientes a un procedimiento administrativo, cualquiera que sea el tipo de información que contengan.

El foliado de los expedientes electrónicos podrá llevarse a cabo mediante un índice electrónico, firmado o sellado por la Administración, órgano o entidad actuante, según proceda. Este índice garantizará la integridad del expediente electrónico y permitirá su recuperación siempre que sea preciso, siendo admisible que un mismo documento forme parte de distintos expedientes electrónicos.

La remisión de expedientes podrá ser sustituida a todos lo efectos legales por la puesta a disposición del expediente electrónico, teniendo el interesado derecho a obtener copia del mismo.

CAPÍTULO III

Normas comunes sobre actuaciones y procedimientos tributarios

◀ LGT 97-116 ▶

Sección 1.ª Especialidades de los procedimientos administrativos en materia tributaria

◀ LGT 98-104 ▶

Subsección 1.ª Iniciación de las actuaciones y procedimientos tributarios

◀ *LGT 98* ▶

Artículo 87. Iniciación de oficio.

1. La iniciación de oficio de las actuaciones y procedimientos requerirá acuerdo del órgano competente para su inicio, por propia iniciativa, como consecuencia de orden superior o a petición razonada de otros órganos.

2. La iniciación del procedimiento se realizará mediante comunicación que deberá ser notificada al obligado tributario o mediante personación.

Cuando así estuviese previsto, el procedimiento podrá iniciarse directamente con la notificación de la propuesta de resolución o de liquidación.

3. La comunicación de inicio contendrá, cuando proceda, además de lo previsto en el artículo 97.1 de este reglamento, lo siguiente:

a) Procedimiento que se inicia.

b) Objeto del procedimiento con indicación expresa de las obligaciones tributarias o elementos de las mismas y, en su caso, períodos impositivos o de liquidación o ámbito temporal.

c) Requerimiento que, en su caso, se formula al obligado tributario y plazo que se concede para su contestación o cumplimiento.

d) Efecto interruptivo del plazo legal de prescripción.

e) En su caso, la propuesta de resolución o de liquidación cuando la Administración cuente con la información necesaria para ello.

f) En su caso, la indicación de la finalización de otro procedimiento de aplicación de los tributos, cuando dicha finalización se derive de la comunicación de inicio del procedimiento que se notifica.

4. Salvo en los supuestos de iniciación mediante personación, se concederá al obligado tributario un plazo no inferior a 10 días, contados a partir del día siguiente al de la notificación de la comunicación de inicio, para que comparezca, aporte la documentación requerida y la que considere conveniente, o efectúe cuantas alegaciones tenga por oportunas.

5. Las declaraciones o autoliquidaciones tributarias que presente el obligado tributario una vez iniciadas las actuaciones o procedimientos, en relación con las obligaciones tributarias y períodos objeto de la actuación o procedimiento, en ningún caso

iniciarán un procedimiento de devolución ni producirán los efectos previstos en los artículos 27 y 179.3 de la Ley 58/2003, de 17 de diciembre, General Tributaria, sin perjuicio de que en la liquidación que, en su caso, se practique se pueda tener en cuenta la información contenida en dichas declaraciones o autoliquidaciones.

Asimismo, los ingresos efectuados por el obligado tributario con posterioridad al inicio de las actuaciones o procedimientos, en relación con las obligaciones tributarias y períodos objeto del procedimiento, tendrán carácter de ingresos a cuenta sobre el importe de la liquidación que, en su caso, se practique, sin que esta circunstancia impida la apreciación de las infracciones tributarias que puedan corresponder. En este caso, no se devengarán intereses de demora sobre la cantidad ingresada desde el día siguiente a aquel en que se realizó el ingreso.

Artículo 88. Iniciación a instancia del obligado tributario.

1. La iniciación de un procedimiento a instancia del obligado tributario podrá realizarse mediante autoliquidación, declaración, comunicación de datos, solicitud o cualquier otro medio previsto en la normativa aplicable, que podrán ser presentados en papel o por medios electrónicos, informáticos y telemáticos cuando las disponibilidades técnicas de la Administración lo permitan.

2. Cuando el procedimiento se inicie mediante solicitud, esta deberá contener, al menos, los siguientes extremos:

a) Nombre y apellidos o razón social o denominación completa, número de identificación fiscal del obligado tributario y, en su caso, del representante.

b) Hechos, razones y petición en que se concrete la solicitud.

c) Lugar, fecha y firma del solicitante o acreditación de la autenticidad de su voluntad expresada por cualquier medio válido en derecho.

d) Órgano al que se dirige.

3. En el caso de que se actúe por medio de representante deberá aportarse la documentación acreditativa de la representación.

4. Cuando el procedimiento se inicie mediante solicitud, esta podrá incluir un domicilio a efectos de notificaciones.

5. La Administración tributaria pondrá a disposición de los obligados tributarios, cuando hayan sido previamente aprobados, los modelos normalizados de autoliquidación, declaración, comunicación de datos, solicitud o cualquier otro medio previsto en la normativa tributaria, preferentemente por medios telemáticos, así como en las oficinas correspondientes para facilitar a los obligados la aportación de los datos e informaciones requeridos o para simplificar la

tramitación del correspondiente procedimiento.

6. Cuando los documentos a que se refiere el apartado 1 se presenten en papel, el obligado tributario podrá obtener copia sellada siempre que la aporte junto a los originales. En dicha copia se hará constar el lugar, fecha y hora de presentación.

7. Cuando el interesado efectúe la presentación de los documentos a que se refieren los apartados anteriores mediante soportes, medios o aplicaciones informáticas, electrónicas o telemáticas, se deberán consignar aquellos datos exigidos por la Administración tributaria para la iniciación del procedimiento.

En estos casos, el recibí se expedirá de acuerdo con las características del soporte, medio o aplicación utilizados.

Cuando se aporte documentación anexa a la presentada por medios informáticos, electrónicos o telemáticos y el sistema no permita la aportación directa, el obligado deberá presentarla en cualquiera de los registros administrativos previstos en la normativa aplicable en el plazo de 10 días, contados desde el de la presentación, sin necesidad de previo requerimiento administrativo al efecto, salvo que la normativa específica establezca un lugar o plazo distinto. En dicha documentación se identificará debidamente la solicitud o comunicación presentada por medios o técnicas electrónicos, informáticos o telemáticos.

Artículo 89. Subsanación.

1. Si el documento de iniciación no reúne los requisitos que se señalan en los apartados 2 y 3 del artículo anterior y los exigidos, en su caso, por la normativa específica aplicable, se requerirá al interesado para que en un plazo de 10 días, contados a partir del día siguiente al de la notificación del requerimiento, subsane la falta o acompañe los documentos preceptivos, con indicación de que si así no lo hiciera, se le tendrá por desistido y se procederá al archivo sin más trámite.

2. Todas las recepciones por medios y técnicas electrónicos, informáticos y telemáticos serán provisionales a resultas de su procesamiento. Cuando no se ajusten al diseño y demás especificaciones establecidas por la normativa aplicable, se requerirá al declarante para que en el plazo de 10 días, contados a partir del día siguiente al de la notificación del requerimiento, subsane los defectos de que adolezca. Transcurrido dicho plazo sin haber atendido el requerimiento, de persistir anomalías que impidan a la Administración tributaria el conocimiento de los datos, se le tendrá, en su caso, por desistido de su petición o por no cumplida la obligación correspondiente y se procederá al archivo sin más trámite.

3. Cuando los requerimientos de subsanación a que se refieren los apartados anteriores hayan sido atendidos en plazo pero no se entiendan subsanados los defectos observados, deberá notificarse el archivo.

Subsección 2.ª Tramitación de las actuaciones y procedimientos tributarios

Artículo 90. Lugar y horario de las actuaciones de aplicación de los tributos.

1. Las actuaciones que se desarrollen en las oficinas públicas se realizarán dentro del horario oficial de apertura al público y, en todo caso, dentro de la jornada de trabajo.

2. Si las actuaciones se desarrollan en los locales del obligado tributario, se respetará la jornada laboral de oficina o de la actividad que se realice en ellos. Cuando medie el consentimiento del obligado tributario, las actuaciones podrán realizarse fuera de la jornada laboral de oficina o de la actividad.

3. Cuando se disponga de autorización judicial para la entrada en el domicilio del obligado tributario constitucionalmente protegido, las actuaciones se ajustarán a lo que disponga la autorización en relación con la jornada y el horario para realizarlas.

4. Cuando el obligado tributario fuese una persona con discapacidad o con movilidad reducida, las actuaciones y procedimientos de aplicación de los tributos se desarrollarán en el lugar que resulte más apropiado de entre los previstos en los apartados 1 y 2 de este artículo.

Artículo 91. Ampliación y aplazamiento de los plazos de tramitación.

1. El órgano a quien corresponda la tramitación del procedimiento podrá conceder, a petición de los obligados tributarios, una ampliación de los plazos establecidos para el cumplimiento de trámites que no exceda de la mitad de dichos plazos.

2. No se concederá más de una ampliación del plazo respectivo.

3. Para que la ampliación pueda otorgarse serán necesarios los siguientes requisitos:

a) Que se solicite con anterioridad a los tres días previos a la finalización del plazo que se pretende ampliar.

b) Que se justifique la concurrencia de circunstancias que lo aconsejen.

c) Que no se perjudiquen derechos de terceros.

4. La ampliación se entenderá automáticamente concedida por la mitad del plazo inicialmente fijado con la presentación en plazo de la solicitud, salvo que se notifique de forma expresa la denegación antes de la finalización del plazo que se pretenda ampliar.

La notificación expresa de la concesión de la ampliación antes de la finalización del plazo inicialmente fijado podrá establecer un plazo de ampliación distinto e inferior al previsto en el párrafo anterior.

5. Cuando el obligado tributario justifique la concurrencia de circunstancias que le impidan comparecer en el lugar, día y hora que le hubiesen fijado, podrá solicitar un aplazamiento dentro de los tres días siguientes al de la notificación del requerimiento. En el supuesto de que la circunstancia que impida la comparecencia se produzca transcurrido el citado plazo de tres días, se podrá solicitar el aplazamiento antes de la fecha señalada para la comparecencia.

En tales casos, se señalará nueva fecha para la comparecencia.

6. El acuerdo de concesión o la denegación de la ampliación o del aplazamiento no serán susceptibles de recurso o reclamación económico-administrativa.

Artículo 92. Aportación de documentación y ratificación de datos de terceros.

1. Cuando se realicen requerimientos de datos, informes, antecedentes y justificantes al obligado tributario que esté siendo objeto del procedimiento de aplicación de los tributos, de acuerdo con las facultades establecidas en la normativa reguladora del procedimiento, dichos requerimientos no podrán ser impugnados mediante recurso o reclamación económico-administrativa independiente, sin perjuicio de los recursos que procedan contra el acto administrativo dictado como consecuencia del correspondiente procedimiento.

2. Cuando en un procedimiento de aplicación de los tributos el obligado tributario alegue la inexactitud o falsedad de los datos incluidos en declaraciones o contestaciones a requerimientos efectuados en cumplimiento de la obligación de suministro de información recogida en los artículos 93 y 94 de la Ley 58/2003, de 17 de diciembre, General Tributaria, deberá efectuar dicha alegación en el plazo de 15 días, contados a partir del día siguiente a aquel en que dichos datos le sean puestos de manifiesto por la Administración tributaria mediante comunicación o diligencia.

Artículo 93. Conocimiento por los obligados tributarios del estado de tramitación de los procedimientos.

1. Los obligados tributarios que estén siendo objeto de un

procedimiento podrán solicitar en cualquier momento información del estado en que se encuentra la tramitación de dicho procedimiento.

2. La información deberá solicitarse de forma que quede constancia del nombre y apellidos o razón social o denominación completa y número de identificación fiscal de la persona o entidad que la solicita, así como la firma del obligado tributario o la acreditación de la autenticidad de su voluntad expresada por cualquier otro medio.

La información se facilitará preferentemente por el mismo medio utilizado por el interesado e indicará la fase en que se encuentra el procedimiento, el último trámite realizado y la fecha en que se cumplimentó.

Artículo 94. Acceso a archivos y registros administrativos.

1. Los obligados tributarios que hayan sido parte en el procedimiento podrán acceder a los registros y documentos que formen parte de un expediente concluido en los términos y con las condiciones establecidos en el artículo 99.5 de la Ley 58/2003, de 17 de diciembre, General Tributaria.

2. El órgano que tramitó el expediente resolverá sobre la petición de acceso en el plazo máximo de un mes. Transcurrido este plazo sin que de forma expresa se responda a la petición de acceso, esta podrá entenderse desestimada.

Si la resolución fuera estimatoria se dejará constancia en el expediente de dicho acceso.

3. El derecho de acceso llevará consigo el de obtener copia de los documentos cuyo examen sea autorizado en los términos previstos en el artículo siguiente.

4. Cuando los documentos que formen el expediente estén almacenados por medios electrónicos, informáticos o telemáticos, se facilitará el acceso al interesado por dichos medios siempre que las disponibilidades técnicas lo permitan, de acuerdo con las especificaciones y garantías que se determinen y con lo dispuesto en la Ley Orgánica 15/1999, de 13 de diciembre, de protección de datos de carácter personal.

Artículo 95. Obtención de copias.

1. El obligado tributario podrá obtener a su costa, previa solicitud, copia de los documentos que figuren en el expediente, en los términos establecidos en el artículo 99 de la Ley 58/2003, de 17 de diciembre, General Tributaria, durante la puesta de manifiesto del expediente, cuando se realice el acceso a archivos y registros

administrativos de expedientes concluidos o en cualquier momento en el procedimiento de apremio. Se podrán hacer extractos de los justificantes o documentos o utilizar otros métodos que permitan mantener la confidencialidad de aquellos datos que no afecten al obligado tributario.

2. El órgano competente entregará las copias en sus oficinas y recogerá en diligencia la relación de los documentos cuya copia se entrega, el número de folios y la recepción por el obligado tributario.

3. Cuando conste la concurrencia de alguna de las circunstancias señaladas en el artículo 99.4 de la Ley 58/2003, de 17 de diciembre, General Tributaria, se denegará la obtención de copias mediante resolución motivada.

4. En aquellos casos en los que los documentos que consten en el archivo o expediente correspondiente estén almacenados por medios electrónicos, informáticos o telemáticos, las copias se facilitarán preferentemente por dichos medios o en los soportes adecuados a tales medios, siempre que las disponibilidades técnicas lo permitan.

Articulo 96. Trámites de audiencia y de alegaciones.

1. Durante el trámite de audiencia se pondrá de manifiesto al obligado tributario el expediente, que incluirá las actuaciones realizadas, todos los elementos de prueba que obren en poder de la Administración y los informes emitidos por otros órganos. Asimismo, se incorporarán las alegaciones y los documentos que los obligados tributarios tienen derecho a presentar en cualquier momento anterior al trámite de audiencia, que serán tenidos en cuenta por los órganos competentes al redactar la correspondiente propuesta de resolución o de liquidación.

En dicho trámite, el obligado tributario podrá obtener copia de los documentos del expediente, aportar nuevos documentos y justificantes, y efectuar las alegaciones que estime oportunas.

En los procedimientos en los que se prescinda del trámite de audiencia por estar previsto un trámite de alegaciones posterior a la propuesta de resolución o de liquidación, la Administración tributaria notificará al obligado dicha propuesta para que efectúe las alegaciones que considere oportunas y en dicho trámite será de aplicación lo dispuesto en los párrafos anteriores.

2. Si antes del vencimiento del plazo de audiencia o, en su caso, de alegaciones, el obligado tributario manifestase su decisión de no efectuar alegaciones ni aportar nuevos documentos ni justificantes, se tendrá por realizado el trámite y se dejará constancia en el expediente de dicha circunstancia.

3. Se podrá prescindir del trámite de audiencia o, en su caso, del plazo para formular alegaciones, cuando no figuren en el procedimiento ni sean tenidos en cuenta en la resolución otros hechos ni otras alegaciones y pruebas que las presentadas por el interesado.

Cuando de acuerdo con lo previsto en el párrafo anterior se prescinda del plazo para formular alegaciones, se prescindirá, asimismo, de la notificación al obligado tributario de la propuesta de resolución o de liquidación.

4. Una vez realizado el trámite de audiencia o, en su caso, el de alegaciones no se podrá incorporar al expediente más documentación acreditativa de los hechos, salvo que se demuestre la imposibilidad de haberla aportado antes de la finalización de dicho trámite, siempre que se aporten antes de dictar la resolución.

5. Concluido el trámite de audiencia o, en su caso, el de alegaciones, el órgano competente para la tramitación elevará al órgano competente para resolver, previa valoración de las alegaciones que, en su caso, se hayan efectuado, la propuesta de resolución o de liquidación.

Subsección 3.ª Documentación de las actuaciones y procedimientos tributarios

Artículo 97. Comunicaciones.

1. Las comunicaciones a las que se refiere en el artículo 99.7 de la Ley 58/2003, de 17 de diciembre, General Tributaria, contendrán mención expresa, al menos, de los siguientes datos:

a) Lugar y fecha de su expedición.

b) Nombre y apellidos o razón social o denominación completa y número de identificación fiscal de la persona o entidad a la que se dirige.

c) Lugar al que se dirige.

d) Hechos o circunstancias que se comunican o contenido del requerimiento que se realiza mediante la comunicación.

e) Órgano que la expide y nombre y apellidos y firma de la persona que la emite.

2. Cuando la comunicación sirva para notificar al obligado tributario el inicio de una actuación o procedimiento, el contenido incluirá además el previsto en el artículo 87.3 de este reglamento.

3. Las comunicaciones se notificarán al obligado y deberá quedar una copia en poder de la Administración.

Artículo 98. Diligencias.

1. En las diligencias a las que se refiere en el 99.7 de la Ley 58/2003, de 17 de diciembre, General Tributaria, se harán constar necesariamente los siguientes extremos:

a) Lugar y fecha de su expedición.

b) Nombre y apellidos y firma de la persona al servicio de la Administración tributaria interviniente.

c) Nombre y apellidos y número de identificación fiscal y firma de la persona con la que, en su caso, se entiendan las actuaciones, así como el carácter o representación con el que interviene.

d) Nombre y apellidos o razón social o denominación completa y número de identificación fiscal del obligado tributario al que se refieren las actuaciones.

e) Procedimiento o actuación en cuyo curso se expide.

f) Hechos y circunstancias que se hagan constar.

g) Las alegaciones o manifestaciones con relevancia tributaria realizadas, en su caso, por el obligado tributario, entre las que deberá figurar la conformidad o no con los hechos y circunstancias que se hacen constar.

2. En las diligencias podrán hacerse constar, entre otros, los siguientes contenidos:

a) La iniciación de la actuación o procedimiento y las comunicaciones y requerimientos que se efectúen a los obligados tributarios.

b) Los resultados de las actuaciones de obtención de información.

c) La adopción de medidas cautelares en el curso del procedimiento y la descripción de estas.

d) Los hechos resultantes de la comprobación de las obligaciones.

e) La representación otorgada mediante declaración en comparencia personal del obligado tributario ante el órgano administrativo competente.

3. En las diligencias podrán hacerse constar los hechos y circunstancias determinantes de la iniciación de otro procedimiento o que deban ser incorporados en otro ya iniciado y, entre otros:

a) Las acciones u omisiones que pudieran ser constitutivas de infracciones tributarias.

b) Las acciones u omisiones que pudieran ser constitutivas de delitos no perseguibles únicamente a instancia de la persona agraviada.

c) Nombre y apellidos o razón social o denominación completa y número de identificación fiscal de quienes puedan ser responsables solidarios o subsidiarios de la deuda y de la sanción tributaria, así como las circunstancias y antecedentes que pudieran ser determinantes de la responsabilidad.

d) Los hechos determinantes de la iniciación de un procedimiento de comprobación del domicilio fiscal.

e) Los hechos que pudieran infringir la legislación mercantil, financiera u otras.

f) Los hechos que pudieran ser trascendentes para otros órganos de la misma o de otra Administración.

g) El resultado de las actuaciones de comprobación realizadas con entidades dependientes integradas en un grupo que tributen en régimen de consolidación fiscal.

Artículo 99. Tramitación de las diligencias.

1. Las diligencias podrán extenderse sin sujeción a un modelo preestablecido. No obstante, cuando fuera posible, se extenderán en el modelo establecido por la correspondiente Administración tributaria.

2. De cada diligencia se extenderán al menos dos ejemplares, que serán firmados por el personal al servicio de la Administración tributaria que practique las actuaciones y por la persona o personas con quienes se entiendan estas. Cuando dicha persona se negase a firmar la diligencia o no pudiese hacerlo, se hará constar así en ella, sin perjuicio de la entrega del duplicado correspondiente.

De las diligencias que se extiendan se entregará siempre un ejemplar a la persona con la que se entiendan las actuaciones. Si se negase a recibir la diligencia, se hará constar así en ella, y, en su caso, se considerará un rechazo a efectos de lo previsto en el artículo 111 de la Ley 58/2003, de 17 de diciembre, General Tributaria.

Cuando la naturaleza de las actuaciones cuyo resultado se refleje en una diligencia no requiera la presencia de persona alguna para su realización, la diligencia será firmada por el personal al servicio de la Administración que realice la actuación, y de la misma se remitirá un ejemplar al obligado tributario o se le pondrá de manifiesto en el correspondiente trámite de audiencia o de alegaciones.

3. Las diligencias se incorporarán al respectivo expediente.

4. Cuando las diligencias recojan hechos o circunstancias que puedan tener incidencia en otro procedimiento de aplicación de los tributos o sancionador iniciados o que se puedan iniciar se remitirá copia al órgano competente que en cada caso corresponda.

Artículo 100. Informes.

1. De acuerdo con lo dispuesto en el artículo 99.7 de la Ley 58/2003, de 17 de diciembre, General Tributaria, los órganos de la Administración tributaria emitirán los informes que sean preceptivos, los que resulten necesarios para la aplicación de los tributos y los que les sean solicitados, siempre que en este último caso se fundamente la conveniencia de solicitarlos.

2. En particular, los órganos de aplicación de los tributos deberán emitir informe en los siguientes supuestos:

a) Cuando se complementen las diligencias que recojan hechos o conductas que pudieran ser constitutivos de infracciones tributarias y no corresponda al mismo órgano la tramitación del procedimiento sancionador.

b) Cuando se aprecien indicios de delito contra la Hacienda pública y se remita el expediente al órgano judicial competente o al Ministerio Fiscal.

Subsección 4.ª Terminación de las actuaciones y procedimientos tributarios

Artículo 101. Resolución.

1. Una vez concluida la tramitación del procedimiento, el órgano competente dictará resolución, que será motivada en los supuestos que disponga la normativa aplicable, y decidirá todas las cuestiones planteadas propias de cada procedimiento y aquellas otras que se deriven de él.

2. La resolución deberá contener mención expresa del nombre y apellidos o razón social o denominación completa y número de identificación fiscal del obligado tributario, de la fecha, de la identificación del órgano que dicta la resolución, del derecho u obligación tributaria objeto del procedimiento y, en su caso, de los hechos y fundamentos de derecho que la motivan.

3. Cuando la resolución contenga una liquidación será de aplicación lo dispuesto en el artículo 102 de la Ley 58/2003, de 17 de diciembre, General Tributaria, e incluirá, cuando proceda, los intereses de demora correspondientes.

4. El incumplimiento de los plazos máximos de terminación de los procedimientos producirá los efectos previstos en su normativa específica o, en su defecto, los previstos en el artículo 104 de la Ley 58/2003, de 17 de diciembre, General Tributaria, sin perjuicio de la obligación de la Administración de dictar resolución expresa cuando proceda.

En los casos de estimación por silencio administrativo, la resolución expresa posterior sólo podrá ser confirmatoria del mismo.

En los casos de desestimación por silencio administrativo, la resolución expresa posterior al vencimiento del plazo se adoptará por la Administración sin vinculación alguna al sentido del silencio.

5. Los efectos del silencio administrativo se entenderán sin perjuicio de la facultad de la Administración de proceder a la comprobación o investigación de la situación tributaria de los obligados tributarios, con relación a la concurrencia de las condiciones y requisitos de beneficios fiscales de acuerdo con lo dispuesto en el artículo 115.3 de la Ley 58/2003, de 17 de diciembre, General Tributaria.

6. Cuando un procedimiento de aplicación de los tributos finalice como consecuencia del inicio de otro procedimiento, a los solos efectos de entender cumplida la obligación de notificar dentro de su plazo máximo de duración la terminación del primer procedimiento, será suficiente haber realizado un intento de notificación de la comunicación de inicio del segundo procedimiento.

Si se hubiese iniciado un procedimiento sancionador como consecuencia de un procedimiento de aplicación de los tributos y este último finalizase como consecuencia del inicio de otro procedimiento de aplicación de los tributos, el procedimiento sancionador terminará mediante resolución expresa en la que se declarará dicha circunstancia, sin perjuicio de que posteriormente se pueda iniciar un nuevo procedimiento sancionador derivado del procedimiento de aplicación de los tributos iniciado con posterioridad.

Las actuaciones realizadas en el curso de un procedimiento de aplicación de los tributos o de un procedimiento sancionador que hubiesen terminado de la forma prevista en este apartado, así como los documentos y otros elementos de prueba obtenidos en dichos procedimientos conservarán su validez y eficacia a efectos probatorios en los procedimientos de aplicación de los tributos o sancionadores que puedan iniciarse con posterioridad, siempre que su examen pueda realizarse de acuerdo con lo dispuesto en la normativa reguladora del procedimiento.

Artículo 102. Cómputo de los plazos máximos de resolución.

1. A efectos de lo dispuesto en el artículo 104.1.b) de la Ley 58/2003, de 17 de diciembre, General Tributaria, se entenderá por registro del órgano competente para la tramitación del procedimiento, el registro del órgano que resulte competente para iniciar la tramitación de acuerdo con lo dispuesto en el artículo 59 de este reglamento o en la normativa específica del procedimiento.

2. Los períodos de interrupción justificada y las dilaciones por causa no imputable a la Administración no se incluirán en el cómputo del plazo de resolución del procedimiento, con independencia de que

afecten a todos o alguno de los elementos de las obligaciones tributarias y períodos objeto del procedimiento.

3. Los períodos de interrupción justificada y las dilaciones no imputables a la Administración tributaria acreditados durante el procedimiento de aplicación de los tributos o de imposición de sanciones seguidos frente al deudor principal se considerarán, cuando concurran en el tiempo con el procedimiento de declaración de responsabilidad, períodos de interrupción justificada y dilaciones no imputables a la Administración tributaria a efectos del cómputo del plazo de resolución del procedimiento de declaración de responsabilidad.

4. Los períodos de interrupción justificada y las dilaciones por causa no imputable a la Administración deberán documentarse adecuadamente para su constancia en el expediente.

5. A efectos del cómputo del plazo de duración del procedimiento, los períodos de interrupción justificada y las dilaciones por causa no imputable a la Administración se contarán por días naturales.

6. El obligado tributario tendrá derecho, conforme a lo dispuesto en el artículo 93 de este reglamento, a conocer el estado del cómputo del plazo de duración y la existencia de las circunstancias previstas en los artículos 103 y 104 de este reglamento con indicación de las fechas de inicio y fin de cada interrupción o dilación, siempre que lo solicite expresamente.

7. Los períodos de interrupción justificada y las dilaciones por causa no imputable a la Administración no impedirán la práctica de las actuaciones que durante dicha situación pudieran desarrollarse.

Artículo 103. Períodos de interrupción justificada.

A efectos de lo dispuesto en el artículo 104.2 de la Ley 58/2003, de 17 de diciembre, General Tributaria, se considerarán períodos de interrupción justificada los originados en los siguientes supuestos:

a) Cuando, por cualquier medio, se pidan datos, informes, dictámenes, valoraciones o documentos a otros órganos o unidades administrativas de la misma o de otras Administraciones, por el tiempo que transcurra desde la remisión de la petición hasta la recepción de aquellos por el órgano competente para continuar el procedimiento, sin que la interrupción por este concepto pueda exceder, para todas las peticiones de datos, informes, dictámenes, valoraciones o documentos que pudieran efectuarse, de seis meses. Cuando se trate de solicitudes formuladas a otros Estados, este plazo será de 12 meses.

b) Cuando, por cualquier medio, se pidan datos, informes,

dictámenes o valoraciones a otro Estado o entidad internacional o supranacional como consecuencia de la información previamente recibida de los mismos en el marco de la asistencia mutua, por el tiempo que transcurra desde la remisión de la petición a la autoridad competente del otro Estado o entidad hasta la recepción de aquellos por el órgano competente para continuar el procedimiento, sin que la interrupción por este concepto pueda exceder, para todas las peticiones, de 12 meses. Este plazo de interrupción es independiente del regulado en el párrafo a) anterior.

c) Cuando de acuerdo con lo establecido en el artículo 180.1 de la Ley 58/2003, de 17 de diciembre, General Tributaria, se remita el expediente al Ministerio Fiscal o a la jurisdicción competente, por el tiempo que transcurra desde dicha remisión hasta que, en su caso, se produzca la recepción del expediente devuelto o de la resolución judicial por el órgano competente para continuar el procedimiento.

d) Cuando se solicite a la Comisión consultiva el informe preceptivo a que se refiere el artículo 159 de la Ley 58/2003, de 17 de diciembre, General Tributaria, por el tiempo que transcurra desde la notificación al interesado a que se refiere el artículo 194.2 de este reglamento hasta la recepción del informe por el órgano competente para continuar el procedimiento o hasta el transcurso del plazo máximo para su emisión.

e) Cuando la determinación o imputación de la obligación tributaria dependa directamente de actuaciones judiciales en el ámbito penal, por el tiempo transcurrido desde que se tenga conocimiento de la existencia de dichas actuaciones y se deje constancia de este hecho en el expediente o desde que se remita el expediente a la jurisdicción competente o al Ministerio Fiscal hasta que se conozca la resolución por el órgano competente para continuar el procedimiento. No obstante, cuando ello sea posible y resulte procedente podrán practicarse liquidaciones provisionales de acuerdo con lo dispuesto en el artículo 101.4 de la Ley 58/2003, de 17 de diciembre, General Tributaria.

f) Cuando concurra alguna causa de fuerza mayor que obligue a la Administración a interrumpir sus actuaciones, por el tiempo de duración de dicha causa. No obstante, cuando sea posible y resulte procedente podrán practicarse liquidaciones provisionales de acuerdo con lo dispuesto en el artículo 101.4 de la Ley 58/2003, de 17 de diciembre, General Tributaria.

g) Cuando se plantee el conflicto de competencias ante las Juntas Arbitrales previstas en los artículos 24 de la Ley Orgánica 8/1980, de 22 de septiembre, de Financiación de las Comunidades Autónomas, 66 de la Ley 12/2002, de 23 de mayo, por la que se aprueba el Concierto Económico entre el Estado y la Comunidad Autónoma del

País Vasco, y 51 de la Ley 25/2003, de 15 de julio, por la que se aprueba la modificación del Convenio Económico entre el Estado y la Comunidad Foral de Navarra, por el tiempo que transcurra desde el planteamiento del conflicto hasta la resolución dictada por la respectiva Junta Arbitral.

Artículo 104. Dilaciones por causa no imputable a la Administración.

A efectos de lo dispuesto en el artículo 104.2 de la Ley 58/2003, de 17 de diciembre, General Tributaria, se considerarán dilaciones en el procedimiento por causa no imputable a la Administración tributaria, entre otras, las siguientes:

a) Los retrasos por parte del obligado tributario al que se refiera el procedimiento en el cumplimiento de comparecencias o requerimientos de aportación de documentos, antecedentes o información con trascendencia tributaria formulados por la Administración tributaria. La dilación se computará desde el día siguiente al de la fecha fijada para la comparecencia o desde el día siguiente al del fin del plazo concedido para la atención del requerimiento hasta el íntegro cumplimiento de lo solicitado. Los requerimientos de documentos, antecedentes o información con trascendencia tributaria que no figuren íntegramente cumplimentados no se tendrán por atendidos a efectos de este cómputo hasta que se cumplimenten debidamente, lo que se advertirá al obligado tributario, salvo que la normativa específica establezca otra cosa.

b) La aportación por el obligado tributario de nuevos documentos y pruebas una vez realizado el trámite de audiencia o, en su caso, de alegaciones. La dilación se computará desde el día siguiente al de finalización del plazo de dicho trámite hasta la fecha en que se aporten. Cuando los documentos hubiesen sido requeridos durante la tramitación del procedimiento se aplicará lo dispuesto en el párrafo a) anterior.

c) La concesión por la Administración de la ampliación de cualquier plazo, así como la concesión del aplazamiento de las actuaciones solicitado por el obligado, por el tiempo que medie desde el día siguiente al de la finalización del plazo previsto o la fecha inicialmente fijada hasta la fecha fijada en segundo lugar.

d) La paralización del procedimiento iniciado a instancia del obligado tributario por la falta de cumplimentación de algún trámite indispensable para dictar resolución, por el tiempo que transcurra desde el día siguiente a aquel en que se considere incumplido el trámite hasta su cumplimentación por el obligado tributario, sin perjuicio de la posibilidad de que pueda declararse la caducidad, previa advertencia al interesado.

e) El retraso en la notificación de las propuestas de resolución o de liquidación o en la notificación del acuerdo por el que se ordena completar actuaciones a que se refiere el artículo 156.3.b) de la Ley 58/2003, de 17 de diciembre, General Tributaria, por el tiempo que transcurra desde el día siguiente a aquel en que se haya realizado un intento de notificación hasta que dicha notificación se haya producido.

f) La aportación por el obligado tributario de datos, documentos o pruebas relacionados con la aplicación del método de estimación indirecta desde que se deje constancia en el expediente, en los términos establecidos en el artículo 158.3.a) de la Ley 58/2003, de 17 de diciembre, General Tributaria.

g) La presentación por el obligado tributario de declaraciones reguladas en el artículo 128 de la Ley 58/2003, de 17 de diciembre, General Tributaria, de comunicaciones de datos o de solicitudes de devolución complementarias o sustitutivas de otras presentadas con anterioridad. La dilación se computará desde el día siguiente al de la finalización del plazo de presentación de la declaración, comunicación de datos o solicitud de devolución o desde el día siguiente al de la presentación en los supuestos de presentación fuera de plazo hasta la presentación de la declaración, comunicación de datos o solicitud de devolución, complementaria o sustitutiva.

h) La falta de presentación en plazo de la declaración informativa con el contenido de los libros registro regulada en el artículo 36 de este Reglamento. La dilación se computará desde el inicio de un procedimiento en el que pueda surtir efectos, hasta la fecha de su presentación.

i) El retraso en la notificación derivado de lo dispuesto en la disposición adicional tercera del Real Decreto 1363/2010, de 29 de octubre, por el que se regulan supuestos de notificaciones y comunicaciones administrativas obligatorias por medios electrónicos en el ámbito de la Agencia Estatal de Administración Tributaria, en supuestos en que los actos a notificar se refieran a procedimientos de aplicación de los tributos ya iniciados. A tal efecto, deberá quedar acreditado que la notificación pudo ponerse a disposición del obligado tributario en la fecha por él seleccionada conforme a lo dispuesto en la citada disposición adicional tercera.

j) El incumplimiento de la obligación de llevanza de los libros registro del Impuesto sobre el Valor Añadido a través de la Sede electrónica de la Agencia Estatal de Administración Tributaria para las personas y entidades a que se refiere el artículo 62.6 del Reglamento del Impuesto sobre el Valor Añadido. La dilación se computará desde el inicio de un procedimiento en el que pueda surtir efectos, hasta la fecha de su presentación o registro.

Sección 2.ª Intervención de los obligados en las actuaciones y procedimientos tributarios

Subsección 1.ª Personas con las que deben entenderse las actuaciones administrativas

Artículo 105. Actuaciones relativas a obligados tributarios del artículo 35.4 de la Ley 58/2003, de 17 de diciembre, General Tributaria, y a entidades sometidas a un régimen de imputación de rentas.

1. Tratándose de entidades del artículo 35.4 de la Ley 58/2003, de 17 de diciembre, General Tributaria, las actuaciones de comprobación o investigación que tengan por objeto examinar el adecuado cumplimiento de sus obligaciones tributarias, incluidas las de carácter formal, se desarrollarán con quien tenga su representación de acuerdo con lo establecido en el artículo 45.3 de dicha ley.

Las liquidaciones que, en su caso, procedan se practicarán a nombre de la entidad, sin perjuicio de la responsabilidad solidaria de los partícipes, miembros o cotitulares de dichas entidades.

El examen del adecuado cumplimiento de las obligaciones relativas al tributo que grave las rentas obtenidas por las entidades en régimen de atribución de rentas se realizará en el curso de los procedimientos de comprobación o investigación que puedan instruirse frente a cada socio, heredero, comunero o partícipe como obligado tributario por dicho tributo. En esos procedimientos podrán utilizarse los datos, informes o antecedentes obtenidos en el desarrollo de las actuaciones de comprobación o investigación de las obligaciones propias de la entidad.

2. La comprobación de la situación tributaria de las Uniones Temporales de Empresas, Agrupaciones de Interés Económico y demás entidades obligadas a imputar rentas se desarrollará con estas, sin perjuicio del derecho de sus socios o miembros a oponer todos los motivos de impugnación que estimen convenientes durante la tramitación del procedimiento de comprobación o investigación que se instruya frente a cada uno de ellos en el que se tenga en cuenta los resultados de las actuaciones desarrolladas con la entidad.

Artículo 106. Actuaciones en caso de solidaridad en el presupuesto de hecho de la obligación.

1. En el supuesto previsto en el artículo 35.6, párrafo primero, de la Ley 58/2003, de 17 de diciembre, General Tributaria, las actuaciones y procedimientos podrán realizarse con cualquiera de los obligados tributarios que concurran en el presupuesto de hecho de la obligación objeto de las actuaciones o procedimientos.

2. Una vez iniciado un procedimiento de comprobación o investigación, se deberá comunicar esta circunstancia a los demás obligados tributarios conocidos que podrán comparecer en las actuaciones. El procedimiento será único y continuará con quienes hayan comparecido. Las sucesivas actuaciones se desarrollarán con quien proceda en cada caso.

3. Las resoluciones que se dicten o las liquidaciones que, en su caso, se practiquen se realizarán a nombre de todos los obligados tributarios que hayan comparecido y se notificarán a los demás obligados tributarios conocidos.

Artículo 107. Actuaciones con sucesores.

1. En el caso de actuaciones o procedimientos relativos a personas físicas fallecidas o a personas jurídicas o demás entidades disueltas o extinguidas, deberán actuar ante la Administración las personas a las que, de acuerdo con lo dispuesto en los artículos 39 y 40 de la Ley 58/2003, de 17 de diciembre, General Tributaria, se transmitan los correspondientes derechos, obligaciones y, en su caso, sanciones tributarias.

2. La Administración tributaria podrá desarrollar las actuaciones o los procedimientos con cualquiera de los sucesores.

3. Una vez iniciado un procedimiento de comprobación o investigación, se deberá comunicar esta circunstancia a los demás sucesores conocidos, que podrán comparecer en las actuaciones. El procedimiento será único y continuará con quienes hayan comparecido. Las sucesivas actuaciones se desarrollarán con quien proceda en cada caso.

4. Las resoluciones que se dicten o las liquidaciones que, en su caso, se practiquen se realizarán a nombre de todos los obligados tributarios que hayan comparecido y se notificarán a los demás obligados tributarios conocidos.

5. En el caso de que la herencia se encontrase yacente, será de aplicación lo dispuesto en el artículo 39.3 de la Ley 58/2003, de 17 de diciembre, General Tributaria.

6. Cuando en los procedimientos cuyas actuaciones se entiendan con los sucesores de un obligado tributario deba practicarse una devolución, deberá acreditarse la proporción que a cada uno corresponda de acuerdo con lo dispuesto en la legislación específica,

a efectos de proceder al reconocimiento del derecho y al pago o compensación de la devolución, excepto cuando se trate de herencias yacentes debidamente identificadas, en cuyo caso se reconocerá y abonará la devolución a la herencia yacente.

Artículo 108. Actuaciones en supuestos de liquidación o concurso.

1. En caso de entidades en fase de liquidación, cuando las actuaciones administrativas tengan lugar antes de la extinción de la personalidad jurídica de las mismas, dichas actuaciones se entenderán con los liquidadores. Disuelta y liquidada la entidad, sin perjuicio de lo dispuesto en el artículo anterior, incumbe a los liquidadores comparecer ante la Administración si son requeridos para ello en cuanto representantes anteriores de la entidad y custodios, en su caso, de los libros y la documentación de la misma. Si los libros y la documentación se hallasen depositados en un registro público, el órgano competente podrá examinarlos en dicho registro y podrá requerir la comparecencia de los liquidadores cuando fuese preciso para dichas actuaciones.

2. En los supuestos de concurso, las actuaciones administrativas se entenderán con el concursado o su representante cuando el juez no hubiere acordado la suspensión de las facultades de administración y disposición.

Si se hubiere acordado la suspensión de facultades, las actuaciones se entenderán con el concursado por medio de la administración concursal.

Artículo 109. Actuaciones relativas a obligados tributarios no residentes.

1. En el caso obligados tributarios no residentes que operen en España mediante establecimiento permanente, las actuaciones de la Administración se realizarán con el representante designado por el obligado tributario, de acuerdo con lo establecido en el artículo 47 de la Ley 58/2003, de 17 de diciembre, General Tributaria.

En el caso de incumplimiento de la obligación de nombrar representante, la Administración tributaria podrá considerar representante del establecimiento permanente a la persona que figure como tal en el Registro Mercantil. Si no hubiera representante nombrado o inscrito, o fuera una persona distinta de quien esté facultado para contratar en nombre de aquellos, la Administración tributaria podrá considerar como tal a este último.

En el caso de incumplimiento de la obligación de nombramiento de representante exigible a las personas o entidades residentes en países o territorios con los que no exista un efectivo intercambio de información tributaria, de acuerdo con lo dispuesto en el apartado 3 de la disposición adicional primera de la Ley 36/2006, de 29 de noviembre, de medidas para la prevención del fraude fiscal, la Administración tributaria podrá considerar que su representante es el depositario o gestor de los bienes o derechos de los obligados tributarios.

2. En el caso de tributos que deban satisfacer los obligados tributarios no residentes que operen en España sin establecimiento permanente, las actuaciones podrán entenderse con el obligado tributario no residente, con el representante, en su caso, designado al efecto o, cuando la ley así lo prevea, con el responsable solidario con quien puedan realizarse las actuaciones directamente. En este último supuesto, las liquidaciones se podrán practicar directamente al responsable solidario, el cual podrá utilizar todos los motivos de impugnación que se deriven de la liquidación practicada o de la responsabilidad a él exigida.

Subsección 2.ª La representación en los procedimientos tributarios

Artículo 110. La representación legal.

◄ *LGT 45* ►

1. Las personas físicas que carezcan de capacidad de obrar en el orden tributario actuarán ante la Administración tributaria mediante sus representantes legales. No obstante, una vez adquirida o recuperada la capacidad de obrar por las personas que carecían de ella, estas actuarán por sí mismas ante la Administración tributaria, incluso para la comprobación de la situación tributaria en que carecían de ella.

Quienes tuvieron su representación legal deberán comparecer asimismo a requerimiento de la Administración tributaria, en su propio nombre sin vincular a quien representaron.

2. Por las personas jurídicas y entidades a que se refiere el artículo 35.4 de la Ley 58/2003, de 17 de diciembre, General Tributaria, deberán actuar las personas a quienes corresponda la representación en el momento de la actuación administrativa.

Quienes tuvieron dicha representación cuando se devengaron o debieron haberse cumplido las correspondientes obligaciones o deberes deberán comparecer a requerimiento de la Administración tributaria, en su propio nombre sin vincular a la persona jurídica o entidad.

3. El representante legal deberá acreditar su condición ante la

Administración tributaria. No obstante, se podrán considerar representantes a aquellas personas que figuren inscritas como tales en los correspondientes registros públicos.

4. Cuando en el curso de un procedimiento de aplicación de los tributos se modifique o se extinga la representación legal, las actuaciones realizadas se reputarán válidas y eficaces, en tanto no se comunique tal circunstancia al órgano de la Administración tributaria que lleve a cabo las actuaciones.

Artículo 111. La representación voluntaria.

◀ *LGT 46* ▶

1. La representación será conferida, en el caso de personas físicas con capacidad de obrar, por ellas mismas.

En el caso de personas físicas sin capacidad de obrar en el orden tributario, de personas jurídicas y de las entidades a que se refiere el artículo 35.4 de la Ley 58/2003, de 17 de diciembre, General Tributaria, la representación voluntaria podrá ser conferida por quienes tengan la representación legal y esta lo permita.

La representación podrá ser otorgada en favor de personas jurídicas o de personas físicas con capacidad de obrar.

2. A efectos de lo dispuesto en el artículo 46.2 de la Ley 58/2003, de 17 de diciembre, General Tributaria, se entenderá otorgada la representación, entre otros, en los siguientes casos:

a) Cuando su existencia conste inscrita y vigente en un registro público.

b) Cuando conste en documento público o documento privado con firma legitimada notarialmente.

c) Cuando se otorgue mediante comparecencia personal ante el órgano administrativo competente, lo que se documentará en diligencia.

d) Cuando conste en el documento normalizado de representación aprobado por la Administración tributaria que se hubiera puesto a disposición, en su caso, de quien deba otorgar la representación. En estos supuestos, el representante responderá con su firma de la autenticidad de la de su representado.

e) Cuando la representación conste en documento emitido por medios electrónicos, informáticos o telemáticos con las garantías y requisitos que se establezcan por la Administración tributaria.

3. En todos los supuestos de representación deberán constar, al menos, las siguientes menciones:

a) Nombre y apellidos o razón social o denominación completa, número de identificación fiscal y domicilio fiscal del representado y del representante, así como la firma de ambos. Cuando la representación se otorgue en documento público no será necesaria la firma del representante.

b) Contenido de la representación, así como la amplitud y suficiencia de la misma.

c) Lugar y fecha de su otorgamiento.

d) En el caso de representación voluntaria otorgada por el representante legal del obligado tributario, deberá acreditarse la representación legal.

4. Para las actuaciones previstas en el artículo 46.5 de la Ley 58/2003, de 17 de diciembre, General Tributaria, se entenderá acreditada la representación en los siguientes casos:

a) Cuando la representación se haya hecho figurar expresamente en la declaración, autoliquidación, comunicación de datos o solicitud que sea objeto del procedimiento.

b) Cuando la representación conferida resulte de los propios actos o de la conducta observada por el obligado tributario en relación con las actuaciones desarrolladas.

5. La revocación de la representación no supondrá la nulidad de las actuaciones practicadas con el representante antes de que se haya acreditado esta circunstancia al órgano actuante. A partir de dicho momento, se considerará que el obligado tributario no comparece ante la Administración tributaria ni atiende los requerimientos de esta hasta que nombre un nuevo representante o la atienda personalmente.

6. La renuncia a la representación no tendrá efectos ante el órgano actuante hasta que no se acredite que dicha renuncia se ha comunicado de forma fehaciente al representado.

7. En el ámbito aduanero, será aplicable lo previsto en este artículo sin perjuicio de lo establecido en el Real Decreto 1889/1999, de 13 de diciembre, por el que se regula el derecho a efectuar declaraciones en aduana, y en su normativa de desarrollo.

Artículo 112. Disposiciones comunes a la representación legal y voluntaria.

◀ *LGT 45-46-47* ▶

1. La representación deberá acreditarse en la primera actuación que se realice por medio de representante, si bien su falta o insuficiencia no impedirá que se tenga por realizado el acto o trámite de que se trate, siempre que se aporte aquélla o se subsane el defecto dentro del plazo de 10 días, contados a partir del día siguiente al de la

notificación del requerimiento, que deberá conceder al efecto el órgano administrativo.

En todo caso, se podrá exigir que la persona o personas con quienes se realicen las actuaciones acrediten su identidad y el concepto en el que actúen.

En el supuesto de que el representante no acredite la representación, el acto se tendrá por no realizado o al obligado tributario por no personado a cuantos efectos procedan, salvo que las actuaciones realizadas en su nombre sean ratificadas por el obligado tributario.

2. Se entenderán ratificadas las actuaciones del representante en caso de falta o insuficiencia del poder de representación en los siguientes supuestos:

a) Cuando el obligado tributario impugne los actos dictados en el procedimiento en que aquel hubiera intervenido sin alegar esta circunstancia.

b) Cuando el obligado tributario efectúe el ingreso o solicite el aplazamiento, fraccionamiento o compensación de la deuda tributaria o de la sanción que se derive del procedimiento. No obstante, en estos casos no se entenderá subsanada la falta o insuficiencia del poder de representación cuando se haya presentado recurso o reclamación económico-administrativa en el que se alegue dicha falta o insuficiencia.

3. Cuando en un procedimiento tributario se actúe mediante representante se hará constar expresamente esta circunstancia en cuantas diligencias y actas se extiendan y se unirá al expediente el documento acreditativo de la representación. Si la representación se hubiese otorgado mediante documento público bastará la referencia al mismo y se unirá al expediente copia simple o fotocopia con diligencia de cotejo.

4. Las actuaciones tributarias realizadas con el representante del obligado tributario se entenderán efectuadas directamente con este último.

Las manifestaciones hechas por la persona que haya comparecido sin poder suficiente tendrán el valor probatorio que proceda con arreglo a derecho.

5. Acreditada o presumida la representación, corresponde al representado probar su inexistencia sin que pueda alegar como fundamento de la nulidad de lo actuado aquellos vicios o defectos causados por él.

6. Cuando en la resolución de un recurso o reclamación económico-administrativa se anule la resolución o la liquidación administrativa por falta o insuficiencia del poder de representación, se

ordenará la retroacción de las actuaciones al momento en que se debió acreditar la representación o se aportó el poder que se estima insuficiente y conservarán su validez las actuaciones y pruebas del procedimiento de aplicación de los tributos realizadas sin intervención del representante con el que se entendieron las actuaciones.

7. El obligado tributario podrá intervenir en las actuaciones y procedimientos asistido por un asesor fiscal o por la persona que considere oportuno en cada momento, de lo que se dejará constancia en el expediente, así como de la identidad del asistente.

Cuando el representante acuda acompañado de cualquier persona deberá acreditarse la conformidad del obligado tributario a que conozca las actuaciones en las que intervenga.

Sección 3.ª El domicilio fiscal

◀ LGT 48 ▶

Artículo 113. El domicilio fiscal de las personas físicas.

De acuerdo con lo previsto en el artículo 48.2.a) de la Ley 58/2003, de 17 de diciembre, General Tributaria, se podrá considerar que las personas físicas desarrollan principalmente actividades económicas cuando más de la mitad de la base imponible general del Impuesto sobre la Renta de las Personas Físicas del año anterior proceda de rendimientos netos de actividades económicas o cuando, no habiéndose alcanzado ese porcentaje en dicho año, se haya alcanzado durante cada uno de los tres años anteriores.

A efectos de lo previsto en este artículo, se entenderá por actividades económicas las realizadas por los empresarios y profesionales en los términos previstos en la Ley 37/1992, de 28 de diciembre, del Impuesto sobre el Valor Añadido.

Sección 4.ª Las notificaciones en materia tributaria

◀ LGT 109 ▶

Artículo 114. Notificación.

1. Cuando no sea posible efectuar la notificación al obligado tributario o a su representante por causas no imputables a la Administración se harán constar en el expediente las circunstancias del intento de notificación.

Se dejará constancia expresa del rechazo de la notificación, de que el destinatario está ausente o de que consta como desconocido en su domicilio fiscal o en el lugar designado al efecto para realizar la notificación.

Una vez realizados los dos intentos de notificación sin éxito en los términos establecidos en el artículo 112.1 de la Ley 58/2003, de 17 de diciembre, General Tributaria, se procederá cuando ello sea posible a dejar al destinatario aviso de llegada en el correspondiente casillero domiciliario, indicándole en la diligencia que se extienda por duplicado, la posibilidad de personación ante la dependencia al objeto de hacerle entrega del acto, plazo y circunstancias relativas al segundo intento de entrega. Dicho aviso de llegada se dejará a efectos exclusivamente informativos.

2. En el supuesto de notificaciones en apartados postales establecidos por el operador al que se ha encomendado la prestación del servicio postal universal, el envío se depositará en el interior de la oficina y podrá recogerse por el titular del apartado o por la persona autorizada expresamente para retirarlo. La notificación se entenderá practicada por el transcurso de 10 días naturales desde el depósito del envío en la oficina.

En los procedimientos iniciados a instancia del interesado la utilización de este medio de notificación requerirá que el interesado lo haya señalado como preferente en el correspondiente procedimiento.

3. Si en el momento de entregarse la notificación se tuviera conocimiento del fallecimiento o extinción de la personalidad jurídica del obligado tributario, deberá hacerse constar esta circunstancia y se deberá comprobar tal extremo por la Administración tributaria. En estos casos, cuando la notificación se refiera a la resolución que pone fin al procedimiento, dicha actuación será considerada como un intento de notificación válido a los solos efectos de entender cumplida la obligación de notificar dentro del plazo máximo de duración de los procedimientos, aunque se deberá efectuar la notificación a los sucesores del obligado tributario que consten con tal condición en el expediente.

4. La Administración tributaria, en virtud de lo dispuesto en la normativa sobre asistencia mutua, podrá solicitar de la autoridad competente de otro Estado la práctica de notificaciones de cualquier acto dictado por dicha Administración tributaria.

Las notificaciones realizadas en otro Estado al amparo de lo previsto en el párrafo anterior deberán acreditarse mediante la incorporación al expediente de la notificación o de la comunicación a la autoridad competente española de la notificación efectuada por dicho Estado conforme a su propia normativa. Las notificaciones practicadas en otro Estado cuya acreditación se produzca de la forma prevista en este apartado se tendrán por válidamente efectuadas.

Artículo 115. Notificación por comparecencia.

◀ LGT 112 ▶

1. En el supuesto previsto en el artículo 112 de la Ley 58/2003, de 17 de diciembre, General Tributaria, si el obligado tributario o su representante comparecieran dentro del plazo de los 15 días naturales siguientes a la publicación del anuncio, se practicará la notificación correspondiente y se dejará constancia de la misma en la correspondiente diligencia en la que, además, constará la firma del compareciente.

2. En el supuesto de que el obligado tributario o su representante comparezcan pero rehúsen recibir la documentación que se pretende notificar, se documentará esta circunstancia en la correspondiente diligencia a efectos de que quede constancia del rechazo de la notificación, y se entenderá practicada la misma de acuerdo con lo dispuesto en el artículo 111.2 de la Ley 58/2003, de 17 de diciembre, General Tributaria.

3. En todo caso, se incorporará al expediente la referencia al boletín oficial donde se publicó el anuncio.

Artículo 115 bis. Notificaciones en dirección electrónica.

1. Cada Administración tributaria podrá acordar la asignación de una dirección electrónica para la práctica de notificaciones a los obligados tributarios que no tengan la condición de persona física. Asimismo, se podrá acordar la asignación de una dirección electrónica a las personas físicas que pertenezcan a los colectivos que, por razón de su capacidad económica o técnica, dedicación profesional u otros motivos acreditados, tengan garantizado el acceso y disponibilidad de los medios tecnológicos precisos.

Esta dirección electrónica debe reunir los requisitos establecidos en el ordenamiento jurídico para la práctica de notificaciones administrativas electrónicas con plena validez y eficacia, resultando de aplicación lo dispuesto en los apartados segundo y tercero del artículo 28 de la Ley 11/2007, de 22 de junio, de acceso electrónico de los ciudadanos a los Servicios Públicos.

2. Transcurrido un mes desde la publicación oficial del acuerdo de asignación, y previa comunicación del mismo al obligado tributario, la Administración tributaria correspondiente practicará, con carácter general, las notificaciones en la dirección electrónica.

3. La práctica de notificaciones en la dirección electrónica no impedirá que la Administración tributaria posibilite que los

interesados puedan acceder electrónicamente al contenido de las actuaciones administrativas en la sede electrónica correspondiente con los efectos propios de la notificación por comparecencia.

4. En el ámbito de competencias del Estado, mediante Orden del Ministro de Economía y Hacienda se regulará el régimen de asignación de la dirección electrónica por la Agencia Estatal de Administración Tributaria así como su funcionamiento y extensión al resto de la Administración tributaria estatal.

En todo caso, los obligados a recibir las notificaciones telemáticas podrán comunicar que también se considere como dirección electrónica cualquier otra que haya sido habilitada por la Administración del Estado para recibir notificaciones administrativas electrónicas con plena validez y eficacia.

5. A los efectos de este artículo, cualquier Administración tributaria podrá utilizar la dirección electrónica previamente asignada por otra Administración tributaria, previo el correspondiente convenio de colaboración, que será objeto de publicidad oficial.

6. Fuera de los supuestos que se establezcan conforme a lo dispuesto en este artículo, para que la notificación se practique utilizando algún medio electrónico, se requerirá que el interesado haya señalado dicho medio como preferente o haya consentido su utilización.

Artículo 115 ter. Notificaciones voluntarias en sede electrónica.

1. Las Administraciones tributarias podrán habilitar en su sede electrónica la posibilidad de que, de forma voluntaria, los interesados puedan acceder al contenido de sus notificaciones. La habilitación deberá cumplir los siguientes requisitos:

a) Deberá quedar acreditación de la identificación del contribuyente que accede a la notificación. Esta identificación podrá realizarse mediante cualquier sistema de firma electrónica, avanzada y no avanzada, que sea conforme con lo dispuesto en la Ley 59/2003, de 19 de diciembre, de Firma Electrónica, y en la Ley 11/2007, de 22 de junio, de acceso electrónico de los ciudadanos a los Servicios Públicos.

b) Deberá informarse de forma claramente identificable de que el acceso del interesado al contenido tendrá el carácter de notificación a los efectos legales oportunos.

c) Deberá quedar constancia del acceso del interesado al contenido de la notificación con indicación de la fecha y la hora en que se produce.

2. La práctica de notificaciones conforme a lo dispuesto en este artículo no es incompatible con las realizadas a través de la Dirección

Electrónica. Si por cualquier causa se produjese la notificación por ambos sistemas surtirá efectos jurídicos la realizada en primer lugar.

Asimismo, si se efectuase la notificación a través de la Sede electrónica y por medios no electrónicos producirá efectos jurídicos la primera que se practique.

TÍTULO IV

Actuaciones y procedimientos de gestión tributaria

◀ *LGT 117-140* ▶

CAPÍTULO I

Disposiciones generales

◀ *LGT 117-122* ▶

Artículo 116. Atribución de funciones de gestión tributaria a los órganos administrativos.

A efectos de lo dispuesto en este reglamento, se entiende por órganos de gestión tributaria los de carácter administrativo que ejerzan las funciones previstas en el artículo 117 de la Ley 58/2003, de 17 de diciembre, General Tributaria, así como aquellos otros que tengan atribuidas competencias en materia de gestión tributaria en las normas de organización específica.

Artículo 117. Presentación de declaraciones, autoliquidaciones, comunicaciones de datos y solicitudes de devolución.

1. A efectos de lo previsto en el artículo 98.3 de la Ley 58/2003, de 17 de diciembre, General Tributaria, en el ámbito de competencias del Estado, los modelos de declaración, autoliquidación y comunicación de datos se aprobarán por el Ministro de Economía y Hacienda, que establecerá la forma, lugar y plazos de su presentación y, en su caso, del ingreso de la deuda tributaria, así como los supuestos y condiciones de presentación por medios electrónicos, informáticos y telemáticos.

Asimismo, podrá aprobar la utilización de modalidades simplificadas o especiales de declaración, autoliquidación o comunicación de datos y los supuestos en los que los datos consignados se entenderán subsistentes para periodos sucesivos, si el contribuyente no comunica variación en los mismos.

2. Cada Administración tributaria podrá aprobar modelos de

143

solicitud de devolución. En las solicitudes de devolución para las que no exista un modelo o formulario específicamente aprobado al efecto, el obligado tributario hará constar los datos necesarios de la devolución que se solicita mediante escrito que deberá presentarse en el lugar y plazos establecidos en la normativa del tributo o por medios electrónicos, informáticos o telemáticos cuando estos estén disponibles.

3. La declaración en aduana se regirá por su normativa específica.

Artículo 118. Declaraciones complementarias y sustitutivas.

◀ *LGT 122.3* ▶

1. Tendrán la consideración de declaraciones complementarias las que se refieran a la misma obligación tributaria y periodo que otras presentadas con anterioridad, en las que se incluyan nuevos datos no declarados o se modifique parcialmente el contenido de las anteriormente presentadas, que subsistirán en la parte no afectada.

Tendrán la consideración de declaraciones sustitutivas las que se refieran a la misma obligación tributaria y periodo que otras presentadas con anterioridad y que las reemplacen en su contenido.

2. En los supuestos previstos en el artículo 128 de la Ley 58/2003, de 17 de diciembre, General Tributaria, sólo se podrán presentar declaraciones complementarias o sustitutivas con anterioridad a la liquidación correspondiente a la declaración inicial. En este caso, la liquidación que se practique tomará en consideración los datos completados o sustituidos.

Con posterioridad a la liquidación, el obligado tributario que pretenda modificar el contenido de una declaración anteriormente presentada deberá solicitar la rectificación de la misma conforme a lo establecido en el artículo 130 de este reglamento. De la cuota tributaria resultante de la rectificación se deducirá el importe de la liquidación inicial.

3. Podrán presentarse declaraciones complementarias o sustitutivas de otras presentadas con anterioridad en cumplimiento de una obligación formal.

4. En las declaraciones complementarias y sustitutivas se hará constar expresamente si se trata de una u otra modalidad, la obligación tributaria y el periodo a que se refieren.

Artículo 119. Autoliquidaciones complementarias.

◀ *LGT 122.2* ▶

1. Tendrán la consideración de autoliquidaciones

complementarias las que se refieran a la misma obligación tributaria y periodo que otras presentadas con anterioridad y de las que resulte un importe a ingresar superior o una cantidad a devolver o a compensar inferior al importe resultante de la autoliquidación anterior, que subsistirá en la parte no afectada.

2. En las autoliquidaciones complementarias constará expresamente esta circunstancia y la obligación tributaria y periodo a que se refieren, así como la totalidad de los datos que deban ser declarados. A estos efectos, se incorporarán los datos incluidos en la autoliquidación presentada con anterioridad que no sean objeto de modificación, los que sean objeto de modificación y los de nueva inclusión.

3. El obligado tributario deberá realizar la cuantificación de la obligación tributaria teniendo en cuenta todos los elementos consignados en la autoliquidación complementaria. De la cuota tributaria resultante de la autoliquidación complementaria se deducirá el importe de la autoliquidación inicial.

Cuando se haya solicitado una devolución improcedente o por cuantía superior a la que resulte de la autoliquidación complementaria y dicha devolución no se haya efectuado al tiempo de presentar la autoliquidación complementaria, se considerará finalizado el procedimiento de devolución iniciado mediante la presentación de la autoliquidación previamente presentada.

En el supuesto de que se haya obtenido una devolución improcedente o por cuantía superior a la que resulte de la autoliquidación complementaria, se deberá ingresar la cantidad indebidamente obtenida junto a la cuota que, en su caso, pudiera resultar de la autoliquidación complementaria presentada.

4. Cuando un obligado tributario considere que una autoliquidación ha perjudicado de cualquier modo sus intereses legítimos, podrá instar la rectificación de dicha autoliquidación conforme a lo establecido en el artículo 126.

Artículo 120. Comunicaciones de datos complementarias y sustitutivas.

1. Tendrán la consideración de comunicaciones de datos complementarias las que se refieran a la misma obligación tributaria y periodo que otras presentadas con anterioridad en las que se modifiquen o se incluyan nuevos datos de carácter personal, familiar o económico. Las comunicaciones de datos presentadas con anterioridad subsistirán en la parte no afectada.

Tendrán la consideración de comunicaciones de datos sustitutivas las que se refieran a la misma obligación tributaria y periodo que otras presentadas con anterioridad y que las reemplacen en su contenido.

2. Sólo se podrán presentar comunicaciones de datos complementarias o sustitutivas antes de que la Administración tributaria, de acuerdo con la normativa propia de cada tributo, haya acordado la devolución correspondiente o dictado la resolución en la que comunique que no procede efectuar devolución alguna. En este caso, la devolución o resolución administrativa que se acuerde tomará en consideración los datos completados o sustituidos.

3. Una vez acordada la devolución o dictada la resolución administrativa a que se refiere el apartado anterior, el obligado tributario podrá solicitar la rectificación de su comunicación de datos conforme a lo establecido en el artículo 130.

Artículo 121. Solicitudes de devolución complementarias y sustitutivas.

1. Tendrán la consideración de solicitudes de devolución complementarias las que se refieran a la misma obligación tributaria y periodo que otras presentadas con anterioridad, en las que se incluyan nuevos datos no declarados o se modifique parcialmente el contenido de las anteriormente presentadas, que subsistirán en la parte no afectada.

Tendrán la consideración de solicitudes de devolución sustitutivas aquellas referidas a la misma obligación tributaria y periodo que otras presentadas con anterioridad que reemplacen su contenido.

2. La presentación de una solicitud de devolución complementaria o sustitutiva podrá hacerse antes de que la Administración tributaria, de acuerdo con la normativa propia de cada tributo, haya acordado la devolución correspondiente o dictado la resolución en la que comunique que no procede efectuar devolución alguna. En este caso, la devolución o resolución administrativa que se acuerde tomará en consideración los datos completados o sustituidos.

3. Una vez acordada la devolución o dictada la resolución administrativa a que se refiere el apartado anterior, el obligado tributario podrá instar la rectificación de su solicitud de devolución conforme a lo establecido en el artículo 130.

CAPÍTULO II

Procedimientos de gestión tributaria

◄ *LGT 123-140* ►

Sección 1.ª Procedimiento de devolución iniciado mediante autoliquidación, solicitud o comunicación de datos

◄ *LGT 124-127* ►

Artículo 122. Devoluciones derivadas de la normativa de cada tributo.

◄ *LGT 31* ►

Son devoluciones derivadas de la normativa de cada tributo las previstas en el artículo 31 de la Ley 58/2003, de 17 de diciembre, General Tributaria. También tienen esta consideración los abonos a cuenta que deba efectuar la Administración tributaria como anticipos de deducciones a practicar sobre cualquier tributo.

Artículo 123. Iniciación del procedimiento de devolución.

◄ *LGT 124* ►

El procedimiento para la práctica de devoluciones derivadas de la normativa de cada tributo se iniciará a instancia del obligado tributario mediante la presentación de una autoliquidación de la que resulte una cantidad a devolver, mediante la presentación de una solicitud o mediante la presentación de una comunicación de datos, de acuerdo con lo dispuesto en la normativa reguladora de cada tributo.

Artículo 124. Tramitación del procedimiento de devolución.

1. Una vez recibida la autoliquidación, solicitud o comunicación de datos, la Administración examinará la documentación presentada y la contrastará con los datos y antecedentes que obren en su poder.

Si la autoliquidación, solicitud o comunicación de datos fuese formalmente correcta, se procederá sin más trámite y, en su caso, de manera automatizada, al reconocimiento de la devolución solicitada.

2. Cuando se aprecie algún defecto formal en la autoliquidación, solicitud o comunicación de datos, error aritmético o posible discrepancia en los datos o en su calificación, o cuando se aprecien circunstancias que lo justifiquen, se podrá iniciar un procedimiento de verificación de datos, de comprobación limitada o de inspección.

Artículo 125. Terminación del procedimiento de devolución.

◄ *LGT 127* ►

1. Cuando proceda reconocer el derecho a la devolución solicitada, el órgano competente dictará acuerdo que se entenderá notificado por la recepción de la transferencia bancaria o, en su caso, del cheque.

De acuerdo con lo dispuesto en el artículo 81.3.a) de la Ley 58/2003, de 17 de diciembre, General Tributaria, cuando la devolución reconocida sea objeto de retención cautelar total o parcial deberá notificarse la adopción de la medida cautelar junto con el acuerdo de devolución.

El reconocimiento de la devolución solicitada no impedirá la posterior comprobación de la obligación tributaria mediante los procedimientos de comprobación o investigación.

2. Cuando se abonen intereses de demora de acuerdo con lo previsto en el artículo 31.2 de la Ley 58/2003, de 17 de diciembre, General Tributaria, la base sobre la que se aplicará el tipo de interés tendrá como límite el importe de la devolución solicitada en la autoliquidación, comunicación de datos o solicitud.

3. Cuando existan defectos, errores, discrepancias o circunstancias que originen el inicio de un procedimiento de verificación de datos, de comprobación limitada o de inspección, el procedimiento de devolución terminará con la notificación de inicio del correspondiente procedimiento, que será efectuada por el órgano competente en cada caso.

En el procedimiento iniciado de acuerdo con lo dispuesto en el párrafo anterior, se determinará la procedencia e importe de la devolución y, en su caso, otros aspectos de la situación tributaria del obligado.

4. Cuando la Administración tributaria acuerde la devolución en un procedimiento de verificación de datos, de comprobación limitada o de inspección por el que se haya puesto fin al procedimiento de devolución, deberán satisfacerse los intereses de demora que procedan de acuerdo con lo dispuesto en el artículo 31.2 de la Ley 58/2003, de 17 de diciembre, General Tributaria. A efectos del cálculo de los intereses de demora no se computarán los periodos de dilación por causa no imputable a la Administración a que se refiere el artículo 104 de este reglamento y que se produzcan en el curso de dichos procedimientos.

Sección 2.ª Procedimiento para la rectificación de autoliquidaciones, declaraciones, comunicaciones de datos o solicitudes de devolución

Subsección 1.ª Procedimiento para la rectificación de autoliquidaciones

◀ *LGT 120.3* ▶

Artículo 126. Iniciación del procedimiento de rectificación de autoliquidaciones.

1. Las solicitudes de rectificación de autoliquidaciones se dirigirán al órgano competente de acuerdo con la normativa de organización específica.

2. La solicitud sólo podrá hacerse una vez presentada la correspondiente autoliquidación y antes de que la Administración tributaria haya practicado la liquidación definitiva o, en su defecto, antes de que haya prescrito el derecho de la Administración tributaria para determinar la deuda tributaria mediante la liquidación o el derecho a solicitar la devolución correspondiente.

El obligado tributario no podrá solicitar la rectificación de su autoliquidación cuando se esté tramitando un procedimiento de comprobación o investigación cuyo objeto incluya la obligación tributaria a la que se refiera la autoliquidación presentada, sin perjuicio de su derecho a realizar las alegaciones y presentar los documentos que considere oportunos en el procedimiento que se esté tramitando que deberán ser tenidos en cuenta por el órgano que lo tramite.

3. Cuando la Administración tributaria haya practicado una liquidación provisional, el obligado tributario podrá solicitar la rectificación de su autoliquidación únicamente si la liquidación provisional ha sido practicada por consideración o motivo distinto del que se invoque en la solicitud del obligado tributario.

Se considerará que entre la solicitud de rectificación y la liquidación provisional concurre consideración o motivo distinto cuando la solicitud de rectificación afecte a elementos de la obligación tributaria que no hayan sido regularizados mediante la liquidación provisional.

4. Además de lo dispuesto en el artículo 88.2, en la solicitud de rectificación de una autoliquidación deberán constar:

a) Los datos que permitan identificar la autoliquidación que se pretende rectificar.

b) En caso de que se solicite una devolución, deberá hacerse constar el medio elegido por el que haya de realizarse la devolución, pudiendo optar entre los previstos en el artículo 132. Cuando el beneficiario de la devolución no hubiera señalado medio de pago y esta no se pudiera realizar mediante transferencia a una entidad de crédito, se efectuará mediante cheque cruzado.

5. La solicitud deberá acompañarse de la documentación en que se basa la solicitud de rectificación y los justificantes, en su caso, del

ingreso efectuado por el obligado tributario.

Artículo 127. Tramitación del procedimiento de rectificación de autoliquidaciones.

1. En la tramitación del expediente se comprobarán las circunstancias que determinan la procedencia de la rectificación. Cuando junto con la rectificación se solicite la devolución de un ingreso efectuado, indebido o no, se comprobarán las siguientes circunstancias:

a) La realidad del ingreso, cuando proceda, y su falta de devolución.

b) Que se cumplan los requisitos exigidos en el artículo 14.2.b) del Reglamento general de desarrollo de la Ley 58/2003, de 17 de diciembre, General Tributaria, en materia de revisión en vía administrativa, aprobado por el Real Decreto 520/2005, de 13 de mayo, en el caso de retenciones o ingresos a cuenta.

c) Que se cumplan los requisitos exigidos en el artículo 14.2.c) del Reglamento general de desarrollo de la Ley 58/2003, de 17 de diciembre, General Tributaria, en materia de revisión en vía administrativa, aprobado por el Real Decreto 520/2005, de 13 de mayo, cuando se refiera a tributos que deban ser legalmente repercutidos a otras personas o entidades.

d) La procedencia de su devolución, el titular del derecho a obtener la devolución y su cuantía.

2. A efectos de lo previsto en el apartado anterior, la Administración podrá examinar la documentación presentada y contrastarla con los datos y antecedentes que obren en su poder. También podrá realizar requerimientos al propio obligado en relación con la rectificación de su autoliquidación, incluidos los que se refieran a la justificación documental de operaciones financieras que tengan incidencia en la rectificación solicitada. Asimismo, podrá efectuar requerimientos a terceros para que aporten la información que se encuentren obligados a suministrar con carácter general o para que la ratifiquen mediante la presentación de los correspondientes justificantes.

3. En este procedimiento se podrán solicitar los informes que se consideren necesarios.

4. Finalizadas las actuaciones se notificará al interesado la propuesta de resolución para que en el plazo de 15 días, contados a partir del día siguiente al de la notificación de la propuesta, alegue lo que convenga a su derecho, salvo que la rectificación que se acuerde coincida con la solicitada por el interesado, en cuyo caso se notificará sin más trámite la liquidación que se practique.

Artículo 128. Terminación del procedimiento de rectificación de autoliquidaciones.

1. El procedimiento finalizará mediante resolución en la que se acordará o no la rectificación de la autoliquidación. El acuerdo será motivado cuando sea denegatorio o cuando la rectificación acordada no coincida con la solicitada por el interesado.

En el supuesto de que se acuerde rectificar la autoliquidación, la resolución acordada por la Administración tributaria incluirá una liquidación provisional cuando afecte a algún elemento determinante de la cuantificación de la deuda tributaria efectuada por el obligado tributario. La Administración tributaria no podrá efectuar una nueva liquidación en relación con el objeto de la rectificación de la autoliquidación, salvo que en un procedimiento de comprobación o investigación posterior se descubran nuevos hechos o circunstancias que resulten de actuaciones distintas de las realizadas y especificadas en la resolución del procedimiento de rectificación.

2. Cuando se reconozca el derecho a obtener una devolución, se determinará el titular del derecho y el importe de la devolución, así como los intereses de demora que, en su caso, deban abonarse. La base sobre la que se aplicará el tipo de interés tendrá como límite el importe de la devolución reconocida.

3. De conformidad con el artículo 100.1 de la Ley 58/2003, de 17 de diciembre, General Tributaria, cuando el obligado tributario inicie un procedimiento de rectificación de su autoliquidación, y se acuerde el inicio de un procedimiento de comprobación o investigación que incluya la obligación tributaria a la que se refiere el procedimiento de rectificación, éste finalizará con la notificación de inicio del procedimiento de comprobación o investigación.

4. El plazo máximo para notificar la resolución de este procedimiento será de seis meses. Transcurrido dicho plazo sin haberse realizado la notificación expresa del acuerdo adoptado, la solicitud podrá entenderse desestimada.

Artículo 129. Especialidades en el procedimiento de rectificación de autoliquidaciones relativas a retenciones, ingresos a cuenta o cuotas soportadas.

1. Cuando una autoliquidación presentada hubiese dado lugar a un ingreso indebido de retenciones, ingresos a cuenta o cuotas repercutidas a otros obligados tributarios, la legitimación para solicitar la rectificación, así como el derecho a obtener su devolución, se regulará por lo dispuesto en los artículos 32 y 221.4 de la Ley 58/2003, de 17 de diciembre, General Tributaria, y en las disposiciones reglamentarias dictadas en su desarrollo.

Diego Leitrado

2. Los obligados tributarios que hubiesen soportado indebidamente retenciones, ingresos a cuenta o cuotas repercutidas podrán solicitar y obtener la devolución de acuerdo con lo previsto en el artículo 14 del Reglamento general de desarrollo de la Ley 58/2003, de 17 de diciembre, General Tributaria, en materia de revisión en vía administrativa, aprobado por el Real Decreto 520/2005, de 13 de mayo. Para ello, podrán solicitar la rectificación de la autoliquidación en la que se realizó el ingreso indebido conforme al apartado 4 de este artículo.

A efectos del requisito previsto en el artículo 14.2.c).4.º del Reglamento general de desarrollo de la Ley 58/2003, de 17 de diciembre, General Tributaria, en materia de revisión en vía administrativa, aprobado por el Real Decreto 520/2005, de 13 de mayo, se entenderá que el obligado tributario no tiene derecho a la deducción de las cuotas soportadas, cuando en un procedimiento de comprobación o inspección se declare que no procede la deducción de dichas cuotas por haber sido indebidamente repercutidas y el acto que hubiera puesto fin a dicho procedimiento hubiera adquirido firmeza.

3. Cuando se trate de cuotas indebidamente repercutidas por el Impuesto sobre el Valor Añadido, el obligado tributario que efectuó la repercusión podrá optar por solicitar la rectificación de su autoliquidación o por regularizar la situación tributaria en los términos previstos en el párrafo b) del artículo 89.cinco de la Ley 37/1992, de 28 de diciembre, del Impuesto sobre el Valor Añadido.

4. Cuando la rectificación de la autoliquidación hubiese sido solicitada por el obligado tributario que soportó indebidamente retenciones, ingresos a cuenta o cuotas repercutidas, se aplicará lo dispuesto en los artículos anteriores, con las siguientes especialidades:

a) La resolución del procedimiento corresponderá al órgano que según la normativa de organización específica, fuera competente respecto del obligado tributario que presentó la autoliquidación cuya rectificación se solicita.

En los Impuestos Especiales la resolución del procedimiento corresponderá al órgano que según la normativa de organización específica fuera competente respecto del establecimiento del obligado tributario que efectuó la repercusión, excepto en el caso de centralización autorizada de los ingresos en que será competente el que, según la normativa de organización específica, corresponda al obligado tributario que efectuó la repercusión.

En aquellos casos en los que a la vista de la solicitud presentada y de la documentación que se deba acompañar para fundamentar la misma resulte acreditado que no concurren los requisitos para

152

proceder a la rectificación de la autoliquidación, la resolución corresponderá al órgano que según la normativa de organización específica fuera competente respecto del obligado tributario que inició el procedimiento. En estos casos no será de aplicación lo previsto en el párrafo d) de este apartado.

b) La solicitud podrá hacerse desde que la actuación de retención, la detracción del ingreso a cuenta o la actuación de repercusión haya sido comunicada fehacientemente al solicitante o, en su defecto, desde que exista constancia de que este ha tenido conocimiento de ello.

Cuando la solicitud de rectificación se presente antes de la finalización del plazo de declaración en que hubiera de presentarse la autoliquidación cuya rectificación se solicita, se considerará como periodo de interrupción justificada a efectos del cómputo del plazo para resolver el procedimiento el tiempo transcurrido desde la fecha de presentación hasta la fecha de finalización de dicho plazo de declaración.

c) En la solicitud, además de las circunstancias previstas en el artículo 126.4 de este reglamento, se harán constar el nombre y apellidos o razón social o denominación completa y número de identificación fiscal del retenedor o persona o entidad que efectuó el ingreso a cuenta repercutido o del obligado tributario que efectuó la repercusión.

La solicitud deberá acompañarse de los documentos justificantes de la retención, ingreso a cuenta o repercusión indebidamente soportados.

d) En la tramitación del procedimiento se notificará la solicitud de rectificación al retenedor o al obligado tributario que efectuó y repercutió el ingreso a cuenta o que efectuó la repercusión, que deberán comparecer dentro del plazo de 10 días, contados a partir del día siguiente al de la notificación del requerimiento, y aportar todos los documentos y antecedentes requeridos y cualquier otro que estimen oportuno.

Posteriormente, las actuaciones se pondrán de manifiesto, sucesivamente, al solicitante y al presentador de la autoliquidación, por periodos de 15 días, contados a partir del día siguiente al de la notificación de la apertura de dichos plazos, para formular alegaciones y aportar las pruebas oportunas. A estos efectos, se podrán hacer extractos de los justificantes o documentos o utilizar otros métodos que permitan mantener la confidencialidad de aquellos datos que no les afecten.

e) La liquidación provisional o la resolución denegatoria que ponga término al procedimiento se notificará a todos los obligados tributarios.

f) En el supuesto de que la resolución estimatoria fuera recurrida por el retenedor, por el obligado tributario que efectuó y repercutió el ingreso a cuenta o que realizó la repercusión, aquella no será ejecutiva en tanto no adquiera firmeza.

Subsección 2.ª Procedimiento para la rectificación de declaraciones, comunicaciones de datos y solicitudes de devolución

Artículo 130. Especialidades del procedimiento para la rectificación de declaraciones, comunicaciones de datos y solicitudes de devolución.

1. Una vez que la Administración tributaria haya dictado una liquidación provisional en el caso de las declaraciones reguladas en el artículo 128 de la Ley 58/2003, de 17 de diciembre, General Tributaria, o haya acordado la devolución o dictado la resolución denegatoria en los casos de comunicaciones de datos o de solicitudes de devolución, el obligado tributario podrá solicitar la rectificación de la declaración, comunicación de datos o solicitud de devolución presentada con anterioridad, cuando considere que su contenido ha perjudicado de cualquier modo sus intereses legítimos o cuando pudiera proceder una liquidación por importe superior o una menor devolución.

Cuando la Administración tributaria haya practicado una liquidación provisional, el obligado tributario podrá solicitar la rectificación únicamente si la liquidación provisional ha sido practicada por consideración o motivo distinto del que se invoque en la solicitud del obligado tributario. Se considerará que entre la solicitud de rectificación y la liquidación provisional concurre consideración o motivo distinto cuando la solicitud de rectificación afecte a elementos de la obligación tributaria que no hayan sido regularizados mediante la liquidación provisional.

2. Cuando de la rectificación resulte una cantidad a ingresar, se exigirán los intereses de demora que correspondan en cada caso. A efectos del cálculo de los intereses de demora no se computará el tiempo transcurrido desde la presentación de la declaración inicial hasta la finalización del plazo de pago en periodo voluntario correspondiente a la liquidación que se practicó con relación a dicha declaración inicial.

3. En las solicitudes de rectificación a que se refiere este artículo se aplicarán las normas establecidas en los artículos 126 a 128.

Sección 3.ª Procedimiento para la ejecución de las devoluciones tributarias

Artículo 131. Ejecución de las devoluciones tributarias.

1. Cuando se hubiera reconocido el derecho a una devolución derivada de la normativa del tributo o a una devolución de ingresos indebidos, se procederá a la ejecución de la devolución.

Cuando para efectuar la devolución se hubieran solicitado garantías de acuerdo con lo previsto en la ley, la ejecución de la devolución quedará condicionada a la aportación de las garantías solicitadas.

2. Cuando se haya declarado el derecho a la devolución en la resolución de un recurso o reclamación económico-administrativa, en sentencia u otra resolución judicial o en cualquier otro acuerdo que anule o revise liquidaciones u otros actos administrativos, el órgano competente procederá de oficio a ejecutar o cumplir las resoluciones de recursos o reclamaciones económico-administrativas o las resoluciones judiciales o el correspondiente acuerdo o resolución administrativa en los demás supuestos. A estos efectos, para que los órganos competentes de la Administración procedan a cuantificar y efectuar la devolución bastará copia compulsada del correspondiente acuerdo o resolución administrativa o el testimonio de la sentencia o resolución judicial.

3. También se entenderá reconocido el derecho a la devolución cuando así resulte de la resolución de un procedimiento amistoso en aplicación de un convenio internacional para evitar la doble imposición.

4. Cuando el derecho a la devolución se transmita a los sucesores, se atenderá a la normativa específica que determine los titulares del derecho y la cuantía que a cada uno corresponda.

5. Salvo lo dispuesto en el apartado anterior, la transmisión del derecho a una devolución tributaria por actos o negocios entre particulares no surtirá efectos ante la Administración, conforme a lo dispuesto en el artículo 17.4 de la Ley 58/2003, de 17 de diciembre, General Tributaria.

Artículo 132. Pago o compensación de las devoluciones tributarias.

1. El pago de la cantidad a devolver se realizará mediante transferencia bancaria o mediante cheque cruzado a la cuenta bancaria que el obligado tributario o su representante legal autorizado indiquen como de su titularidad en la autoliquidación tributaria,

comunicación de datos o en la solicitud correspondiente, sin que el obligado tributario pueda exigir responsabilidad alguna en el caso en que la devolución se envíe al número de cuenta bancaria por él designado.

2. Una vez reconocido el derecho a la devolución, podrá procederse a su compensación a petición del obligado o de oficio de acuerdo con el procedimiento y plazos establecidos en el Reglamento General de Recaudación, aprobado por el Real Decreto 939/2005, de 29 de julio, y su normativa de desarrollo. En este caso, sobre el importe de la devolución que sea objeto de compensación, el interés de demora a favor del obligado tributario se devengará hasta la fecha en que se produzca la extinción del crédito como consecuencia de la compensación.

3. Cuando en la ejecución de las devoluciones se hubiese producido algún error material, de hecho o aritmético, la entidad de crédito retrocederá, en su caso, el importe procedente a la Administración tributaria ordenante o bien se exigirá directamente al perceptor su reintegro.

Sección 4.ª Procedimiento iniciado mediante declaración

Artículo 133. Procedimiento iniciado mediante declaración.

1. En los procedimientos iniciados mediante declaración del obligado tributario, el órgano competente de la Administración tributaria podrá realizar las actuaciones necesarias para practicar la liquidación de acuerdo con lo dispuesto en el artículo 129.2 de la Ley 58/2003, de 17 de diciembre, General Tributaria. Cuando se requieran datos o documentos al obligado tributario se le otorgará un plazo de 10 días, contados a partir del día siguiente al de la notificación del requerimiento, para su aportación, salvo que la normativa específica establezca otro plazo. Asimismo, la Administración tributaria podrá hacer requerimientos a terceros.

2. Cuando la Administración tributaria vaya a tener en cuenta datos distintos a los declarados por el obligado tributario, deberá notificar previamente la propuesta de liquidación de acuerdo con lo dispuesto en el artículo 129.3 de la Ley 58/2003, de 17 de diciembre, General Tributaria.

3. La liquidación que se dicte tendrá carácter provisional. La Administración tributaria no podrá efectuar una nueva regularización en relación con el objeto comprobado, salvo que en un procedimiento de comprobación o investigación posterior se descubran nuevos hechos o circunstancias que resulten de actuaciones distintas de las realizadas y especificadas en la resolución.

Artículo 134. Especialidades del procedimiento iniciado mediante declaración en el ámbito aduanero.

1. En el supuesto de que el procedimiento de liquidación se haya iniciado mediante una declaración en aduana para el despacho de las mercancías situadas en recintos aduaneros y lugares habilitados al efecto, la Administración realizará las actuaciones necesarias para practicar la liquidación que corresponda conforme a los datos declarados y los que se deduzcan de las mercancías presentadas a despacho.

2. Cuando la Administración, para la práctica de la liquidación, haya tomado en consideración datos o elementos distintos de los declarados por el interesado, se observarán las siguientes reglas:

a) La Administración formulará la correspondiente propuesta de liquidación en la que se consignarán los hechos y fundamentos de derecho que la motiven, así como su cuantificación, y la notificará al interesado.

b) En el mismo acto en el que le sea notificada la referida propuesta de liquidación, el interesado podrá formular las alegaciones que tenga por conveniente y aportar, en su caso, los documentos o justificantes que considere oportuno dentro de los 10 días siguientes al de la notificación o manifestar expresamente que no efectúa alegaciones ni aporta nuevos documentos o justificantes.

c) Cuando el interesado manifieste expresamente que no efectúa alegaciones ni aporta nuevos documentos o justificantes, la Administración podrá autorizar el levante de la mercancía, previo ingreso o afianzamiento, en su caso, del importe de la liquidación practicada.

d) Cuando el interesado formule alegaciones o aporte nuevos documentos o justificantes, la Administración dispondrá de un plazo de 10 días, desde su formulación o aportación por el interesado, para practicar la liquidación. En este caso, el levante se podrá autorizar previo ingreso o afianzamiento del importe de la liquidación que practique la Administración.

e) Lo establecido en este apartado se entiende sin perjuicio de los recursos o reclamaciones que en su momento puedan proceder contra la liquidación que finalmente dicte la Administración.

3. Cuando la Administración, para la práctica de la liquidación, no haya tomado en consideración datos o elementos distintos de los aportados por el declarante, la liquidación se considerará, en su caso, producida y notificada con el levante de las mercancías.

4. En lo no previsto en los apartados anteriores, se estará a lo dispuesto en su normativa específica.

5. Cuando el procedimiento iniciado con la declaración en aduana para el despacho de las mercancías no lleve aparejada la práctica de una liquidación, la Administración dictará, en su caso, los actos administrativos que procedan en los mismos casos, plazos, condiciones y circunstancias que los previstos en los apartados anteriores para practicar liquidaciones.

6. Las liquidaciones dictadas según los números anteriores pueden ser objeto de nueva comprobación en los términos a que se hace referencia en el artículo 78 del Reglamento (CE) n.º 2913/1992, del Consejo, de 12 de octubre, por el que se aprueba el Código aduanero comunitario.

Artículo 135. Caducidad del procedimiento iniciado mediante declaración.

1. Cuando se produzca la caducidad del procedimiento por incumplimiento del plazo máximo de duración del mismo, la Administración tributaria, dentro del plazo de prescripción, podrá iniciar un nuevo procedimiento de liquidación de acuerdo con lo dispuesto en el artículo 128.2 de la Ley 58/2003, de 17 de diciembre, General Tributaria.

En este caso, se notificará una comunicación al obligado tributario con el contenido previsto en el artículo 87 de este reglamento.

2. En las liquidaciones que se dicten, cuando el procedimiento se inicie mediante la notificación de la comunicación a que se refiere el apartado 1 anterior, no se exigirán intereses de demora desde la presentación de la declaración hasta la finalización del plazo para el pago en periodo voluntario abierto con la notificación de la liquidación.

Sección 5.ª Procedimiento para el reconocimiento de beneficios fiscales de carácter rogado

Artículo 136. Procedimiento para el reconocimiento por la Administración tributaria de beneficios fiscales de carácter rogado.

1. El procedimiento para el reconocimiento de beneficios fiscales se iniciará a instancia del obligado tributario mediante solicitud dirigida al órgano competente para su concesión y se acompañará de los documentos y justificantes exigibles y de los que el obligado tributario considere convenientes.

2. La comprobación de los requisitos para la concesión de un

beneficio fiscal se realizará de acuerdo con los datos y documentos que se exijan en la normativa reguladora del beneficio fiscal y los datos que declaren o suministren terceras personas o que pueda obtener la Administración tributaria mediante requerimiento al propio obligado y a terceros.

3. Con carácter previo a la notificación de la resolución se deberá notificar al obligado tributario la propuesta de resolución cuando vaya a ser denegatoria para que, en un plazo de 10 días contados a partir del día siguiente al de la notificación de dicha propuesta, alegue lo que convenga a su derecho.

4. El procedimiento para el reconocimiento de beneficios fiscales terminará por resolución en la que se reconozca o se deniegue la aplicación del beneficio fiscal.

El plazo máximo para notificar la resolución del procedimiento será el que establezca la normativa reguladora del beneficio fiscal y, en su defecto, será de seis meses. Transcurrido el plazo para resolver sin que se haya notificado la resolución expresa, la solicitud podrá entenderse desestimada, salvo que la normativa aplicable establezca otra cosa.

Artículo 137. Efectos del reconocimiento de beneficios fiscales de carácter rogado.

1. El reconocimiento de los beneficios fiscales surtirá efectos desde el momento que establezca la normativa aplicable o, en su defecto, desde el momento de su concesión.

El reconocimiento de beneficios fiscales será provisional cuando esté condicionado al cumplimiento de condiciones futuras o a la efectiva concurrencia de determinados requisitos no comprobados en el expediente. Su aplicación estará condicionada a la concurrencia en todo momento de las condiciones y requisitos previstos en la normativa aplicable.

2. Salvo disposición expresa en contrario, una vez concedido un beneficio fiscal no será preciso reiterar la solicitud para su aplicación en periodos futuros, salvo que se modifiquen las circunstancias que justificaron su concesión o la normativa aplicable.

Los obligados tributarios deberán comunicar al órgano que reconoció la procedencia del beneficio fiscal cualquier modificación relevante de las condiciones o requisitos exigibles para la aplicación del beneficio fiscal. Dicho órgano podrá declarar, previa audiencia del obligado tributario por un plazo de 10 días, contados a partir del día siguiente al de la notificación de la apertura de dicho plazo, si procede o no la continuación de la aplicación del beneficio fiscal. De igual forma se procederá cuando la Administración tributaria conozca por cualquier medio la modificación de las condiciones o los requisitos para la aplicación del beneficio fiscal.

3. El incumplimiento de los requisitos exigidos para la aplicación del beneficio fiscal determinará la pérdida del derecho a su aplicación desde el momento que establezca la normativa específica o, en su defecto, desde que dicho incumplimiento se produzca, sin necesidad de declaración administrativa previa.

Tratándose de beneficios fiscales cuya aplicación dependa de condiciones futuras, el incumplimiento de estas obligará a la regularización del beneficio fiscal indebidamente aplicado conforme a lo dispuesto en el artículo 122.2, párrafo segundo, de la Ley 58/2003, de 17 de diciembre, General Tributaria. A estos efectos, cuando se trate de tributos sin periodo impositivo o de liquidación, el obligado tributario deberá presentar una autoliquidación en el plazo de un mes desde la pérdida del derecho a la aplicación de la exención, deducción o incentivo fiscal y deberá ingresar, junto con la cuota resultante o cantidad derivada de la exención, deducción o incentivo fiscal, los intereses de demora correspondientes.

4. Cuando la Administración regularice la aplicación de un beneficio fiscal de acuerdo con lo dispuesto en el artículo 115.3 de la Ley 58/2003, de 17 de diciembre, General Tributaria, deberá comunicar esta circunstancia al órgano que reconoció dicho beneficio fiscal.

Sección 6.ª La cuenta corriente tributaria

◀ *LGT 71.3* ▶

Subsección 1.ª Disposiciones generales

Artículo 138. Obligados tributarios que pueden acogerse al sistema de cuenta corriente en materia tributaria.

1. Podrán acogerse al sistema de cuenta corriente en materia tributaria los obligados tributarios que reúnan los siguientes requisitos:

a) Que ejerzan actividades empresariales o profesionales y que, como consecuencia de dicho ejercicio, deban presentar periódicamente autoliquidaciones por el Impuesto sobre el Valor Añadido o autoliquidaciones por retenciones e ingresos a cuenta de rendimientos del trabajo, de actividades profesionales, agrícolas y ganaderas y de premios.

b) Que el importe de los créditos reconocidos durante el ejercicio inmediatamente anterior al de la solicitud de la cuenta corriente sea equivalente, al menos, al 40 por ciento de las deudas tributarias devengadas durante el mismo periodo de tiempo. A efectos de este cálculo, únicamente se tendrán en cuenta los créditos y las deudas tributarias a los que se refiere el artículo 139.

c) Que se verifique la concurrencia de las siguientes circunstancias:

1.ª Estar dados de alta en el Censo de Empresarios, Profesionales y Retenedores, cuando se trate de personas o entidades obligados a estar en dicho censo, y estar dado de alta en el Impuesto sobre Actividades Económicas, cuando se trate de sujetos pasivos no exentos de dicho impuesto.

2.ª Haber presentado las autoliquidaciones cuyo plazo reglamentario de presentación hubiese vencido en los doce meses anteriores a la fecha de presentación de la solicitud de inclusión en el sistema de cuenta corriente en materia tributaria, correspondientes al Impuesto sobre la Renta de las Personas Físicas, al Impuesto sobre Sociedades o al Impuesto sobre la Renta de no Residentes cuando se trate de obligados tributarios que obtengan rentas mediante establecimiento permanente, según se trate de personas o entidades sujetas a alguno de dichos impuestos, así como las correspondientes autoliquidaciones y declaraciones informativas por los pagos a cuenta que en cada caso procedan.

3.ª Haber presentado las autoliquidaciones y la declaración resumen anual del Impuesto sobre el Valor Añadido, así como la declaración anual de operaciones con terceras personas y las declaraciones recapitulativas de operaciones intracomunitarias, cuyo plazo reglamentario de presentación hubiese vencido en los 12 meses anteriores a la fecha de presentación de la solicitud.

4.ª No mantener con la Administración tributaria del Estado deudas o sanciones tributarias en periodo ejecutivo, salvo que se trate de deudas o sanciones tributarias que se encuentren aplazadas, fraccionadas o cuya ejecución estuviese suspendida.

5.ª No tener pendientes de ingreso responsabilidades civiles derivadas de delito contra la Hacienda pública declaradas por sentencia firme.

d) Que no hayan renunciado al sistema de cuenta corriente en materia tributaria o que no haya sido revocado el acuerdo de su inclusión en el sistema de cuenta corriente en materia tributaria durante el año natural en el que se presente la solicitud ni durante el año natural anterior.

2. Para acogerse a este sistema, los obligados tributarios que reúnan los requisitos previstos en el apartado anterior deberán solicitarlo a la Agencia Estatal de Administración Tributaria en el

plazo y con los requisitos previstos en el artículo 140.

Artículo 139. Deudas y créditos objeto de anotación en el sistema de cuenta corriente en materia tributaria.

1. Serán objeto de anotación en la cuenta corriente tributaria, a efectos de proceder a su compensación, los créditos y las deudas tributarias previstos en este artículo.

2. Se anotarán los importes de los créditos reconocidos a los obligados tributarios acogidos a este sistema por devoluciones tributarias derivadas de la normativa del tributo acordadas durante el periodo en que resulte aplicable dicho sistema correspondientes a los siguientes tributos:

a) Impuesto sobre la Renta de las Personas Físicas.

b) Impuesto sobre Sociedades.

c) Impuesto sobre la Renta de no Residentes cuando se trate de obligados tributarios que obtengan rentas mediante establecimiento permanente.

d) Impuesto sobre el Valor Añadido.

En el caso de las devoluciones solicitadas después de la apertura de la cuenta y todavía no acordadas, la anotación en la cuenta se producirá una vez que haya transcurrido el plazo legalmente previsto para efectuar la devolución sin que esta se haya llevado a cabo, de conformidad con lo previsto en la normativa aplicable.

3. Se anotarán con signo contrario los importes de las deudas tributarias que resulten de las autoliquidaciones cuyo plazo de declaración o ingreso finalice durante el periodo en que resulte aplicable el sistema de cuenta corriente en materia tributaria, presentadas por el obligado tributario correspondientes a los siguientes conceptos tributarios:

a) Impuesto sobre la Renta de las Personas Físicas.

b) Impuesto sobre Sociedades.

c) Impuesto sobre la Renta de no Residentes cuando se trate de obligados tributarios que obtengan rentas mediante establecimiento permanente.

d) Impuesto sobre el Valor Añadido.

e) Pagos a cuenta del Impuesto sobre la Renta de las Personas Físicas, del Impuesto sobre Sociedades o del Impuesto sobre la Renta de no Residentes cuando se trate de obligados tributarios que obtengan rentas mediante establecimiento permanente.

4. No podrán ser objeto de anotación en la cuenta corriente tributaria los créditos y deudas tributarias que a continuación se indican:

a) Los que se deriven de autoliquidaciones presentadas fuera de plazo.

b) Las deudas que se deriven de liquidaciones provisionales o definitivas practicadas por los órganos de la Administración tributaria.

c) Las devoluciones reconocidas en los procedimientos especiales de revisión previstos en la Ley 58/2003, de 17 de diciembre, General Tributaria, y en la resolución de recursos y reclamaciones económico-administrativas.

d) Las deudas tributarias devengadas en concepto del Impuesto sobre el Valor añadido en las operaciones de importación, excepto en los casos en que se haya optado por la aplicación del diferimiento del ingreso de las cuotas del Impuesto sobre el Valor Añadido relativas a dichas operaciones liquidadas por la Aduana a que se refiere el artículo 167.Dos de la Ley 37/1992, de 28 de diciembre, del Impuesto sobre el Valor Añadido.

5. La aplicación de este sistema de cuenta corriente es incompatible, durante el periodo de duración de la cuenta, en relación con los créditos y débitos acogidos al mismo, con el procedimiento establecido para la compensación en el Reglamento General de Recaudación, aprobado por el Real Decreto 939/2005, de 29 de julio.

Subsección 2.ª Procedimiento para la inclusión en el sistema de cuenta corriente en materia tributaria

Artículo 140. Procedimiento para la inclusión en el sistema de cuenta corriente en materia tributaria.

1. El procedimiento para acogerse al sistema de cuenta corriente en materia tributaria se iniciará mediante solicitud del obligado tributario que deberá presentarse durante el mes de octubre del año natural inmediato anterior a aquel en el que el sistema de cuenta corriente deba surtir efectos.

La solicitud se presentará en el modelo que se apruebe mediante Orden del Ministro de Economía y Hacienda en el que se determinarán los lugares de presentación.

2. Recibida la solicitud se realizarán las actuaciones que resulten necesarias para verificar el cumplimiento de los requisitos establecidos en esta sección.

Si a la vista de la documentación aportada se considerase que se cumplen todos los requisitos para acceder a la inclusión, se dictará directamente resolución. En caso contrario, se notificará la propuesta de resolución y se concederá al obligado tributario un plazo de 15 días, contados a partir del día siguiente al de la notificación de la propuesta, para efectuar alegaciones.

3. El procedimiento para acogerse al sistema de cuenta corriente en materia tributaria concluirá mediante resolución motivada en el plazo de tres meses.

Transcurrido dicho plazo o, en su caso, llegado el primer día del año natural en el que debiera aplicarse el sistema de cuenta corriente sin que se haya notificado la correspondiente resolución, se podrá entender desestimada la solicitud.

4. La resolución que acuerde la inclusión en el sistema de cuenta corriente en materia tributaria surtirá efectos a partir del primer día del año natural para el que el obligado tributario hubiese solicitado acogerse al sistema o, en caso de que la resolución se produzca en fecha posterior, a partir del día en que se acuerde la misma.

Subsección 3.ª Efectos y finalización del sistema de cuenta corriente tributaria

Artículo 141. Efectos sobre los créditos y débitos tributarios.

1. La aplicación del sistema de cuenta corriente en materia tributaria determinará que la totalidad de los créditos y débitos tributarios que deban acogerse al mismo se computen para la liquidación de la cuenta, con efectos desde el día en que tenga lugar el vencimiento del plazo de autoliquidación e ingreso de la deuda tributaria o en el que se acuerde la correspondiente devolución derivada de la normativa del tributo.

2. Los créditos y débitos que deban ser objeto de anotación no serán exigibles individualizadamente durante la vigencia de la cuenta corriente tributaria, sino únicamente por el saldo resultante de la misma tras la liquidación.

Artículo 142. Determinación del saldo de la cuenta corriente y exigibilidad del mismo.

1. Para determinar el saldo de la cuenta corriente tributaria se extinguirán por compensación los créditos y deudas anotados, surgiendo un nuevo crédito o deuda tributaria por el importe del saldo deudor o acreedor de la cuenta.

2. La determinación del saldo de la cuenta corriente tributaria se efectuará los días 31 de marzo, 30 de junio, 30 de septiembre y 31 de diciembre de cada año en los que se encuentre vigente, sin perjuicio de lo dispuesto en el artículo 143.4 de este reglamento.

3. El crédito o la deuda tributaria resultante de la determinación del saldo por el órgano competente se notificará al obligado tributario, quien dispondrá a su vez de un plazo de 10 días, contados a partir del día siguiente al de la notificación de la apertura de dicho

plazo, para formular alegaciones en relación con dicha determinación y aportar los documentos y justificantes que estime pertinentes.

Transcurrido el plazo de alegaciones se dictará liquidación provisional en el plazo de 15 días. En el caso de que de la liquidación resultara una cantidad a devolver, la Administración acordará su pago mediante transferencia a la cuenta bancaria que haya designado el obligado tributario. En el caso de que de la liquidación provisional resultase una cantidad a ingresar, el obligado tributario procederá a su ingreso en los plazos previstos en el artículo 62.2 de la Ley 58/2003, de 17 de diciembre, General Tributaria para las liquidaciones practicadas por la Administración.

Los saldos deudores de importe inferior a la cantidad que se determine mediante Orden del Ministro de Economía y Hacienda no serán exigibles.

4. Lo previsto en este artículo se entenderá sin perjuicio de la facultad de la Administración tributaria para comprobar o investigar la situación tributaria del obligado en relación con los créditos y deudas anotadas en la cuenta corriente tributaria por los procedimientos previstos en la Ley 58/2003, de 17 de diciembre, General Tributaria, y en este reglamento.

Artículo 143. Finalización del sistema de cuenta corriente en materia tributaria.

1. La duración del sistema de cuenta corriente en materia tributaria será, con carácter general, indefinido y se aplicará en tanto no concurra alguna de las siguientes circunstancias:

a) Que el obligado tributario renuncie expresamente a su aplicación.

b) Que proceda la revocación por la Administración.

2. La renuncia a la aplicación del sistema de cuenta corriente en materia tributaria se comunicará por el obligado tributario en el modelo, forma y lugar que se determinen mediante Orden del Ministro de Economía y Hacienda y producirá efectos a partir del primer día del trimestre siguiente a aquel en que se hubiera comunicado a la Administración tributaria, sin perjuicio de la liquidación del saldo del periodo en curso.

La exclusión del obligado tributario del sistema será declarada por los órganos competentes para acordar la inclusión.

3. El acuerdo de inclusión en el sistema de cuenta corriente en materia tributaria se revocará por cualquiera de las siguientes causas:

a) Por la muerte o la incapacitación del obligado tributario, salvo que en este último caso continúe el ejercicio de las actividades por medio de representante, o por la disolución de la entidad.

b) Por dejar de cumplir durante cada año natural en que se aplique el sistema los requisitos previstos en el artículo 138.

Simultáneamente a la determinación del saldo del último trimestre natural del año se verificará el cumplimiento de los requisitos mencionados.

Las autoliquidaciones a considerar para la determinación del cumplimiento de las obligaciones tributarias a que se refiere el artículo 138.1.c) serán aquellas cuyo plazo de presentación haya concluido en el año natural que acaba de finalizar.

c) Por la iniciación de un procedimiento concursal contra el obligado tributario.

d) Por la falta de pago en periodo voluntario de las liquidaciones de los saldos de la cuenta.

e) Por presentar durante el periodo de aplicación del sistema de cuenta corriente en materia tributaria solicitudes de devolución derivadas de la normativa del tributo o autoliquidaciones a compensar que resulten total o parcialmente improcedentes y que hayan sido objeto de sanción, aunque esta no sea firme en vía administrativa.

4. Antes de acordar la revocación se notificará al obligado la propuesta de resolución en la que se citará de forma expresa la causa que concurre y se le concederá un plazo de 10 días, contados a partir del día siguiente al de la notificación de dicha propuesta, para que efectúe alegaciones.

La resolución que acuerde la revocación determinará el saldo de la cuenta y su exigibilidad en la forma prevista en el artículo 142.

La revocación será acordada por los órganos competentes para acordar la inclusión en el sistema.

Sección 7.ª Actuaciones y procedimientos de comprobación de obligaciones formales

Subsección 1.ª Actuaciones y procedimientos de comprobación censal

Artículo 144. Actuaciones de comprobación censal.

1. La comprobación de la veracidad de los datos comunicados en las declaraciones censales de alta, modificación y baja reguladas en los artículos 9 a 11, ambos inclusive, se realizará de acuerdo con los datos comunicados o declarados por el propio obligado tributario, con los datos que obren en poder de la Administración, así como mediante el examen físico y documental de los hechos y

circunstancias en las oficinas, despachos, locales y establecimientos del obligado tributario. A estos efectos, los órganos competentes tendrán las facultades previstas en el artículo 172.

2. La Administración tributaria podrá requerir la presentación de las declaraciones censales, la aportación de la documentación que deba acompañarlas, su ampliación y la subsanación de los defectos advertidos, y podrá incorporar de oficio los datos que deban figurar en los censos.

3. Cuando se pongan de manifiesto omisiones o inexactitudes en la información que figure en el censo, la rectificación de la situación censal del obligado tributario se realizará de acuerdo con lo dispuesto en los artículos 145 y 146.

4. Se podrá acordar la baja cautelar en los Registros de operadores intracomunitarios y de exportadores y otros operadores económicos en régimen comercial de las personas o entidades incluidos en ellos mediante acuerdo motivado del delegado o del director de departamento competente de la Agencia Estatal de Administración Tributaria, previo informe del órgano proponente, en los siguientes supuestos:

a) Cuando en una actuación o procedimiento tributario se constate la inexistencia de la actividad económica o del objeto social declarado o de su desarrollo en el domicilio comunicado, o que en el domicilio fiscal no se desarrolla la gestión administrativa y la dirección efectiva de los negocios.

b) Cuando el obligado tributario hubiera resultado desconocido en la notificación de cualquier actuación o procedimiento de aplicación de los tributos.

c) Cuando se constate la posible intervención del obligado tributario en operaciones de comercio exterior o intracomunitario, de las que pueda derivarse el incumplimiento de la obligación tributaria o la obtención indebida de beneficios o devoluciones fiscales en relación con el Impuesto sobre el Valor Añadido.

En los supuestos previstos en los párrafos a), b) y c) anteriores, la baja cautelar se convertirá en definitiva cuando se efectúe la rectificación censal del obligado tributario conforme a lo dispuesto en los artículos 145 y 146.

Cuando las circunstancias que permiten acordar la baja cautelar en los Registros de operadores intracomunitarios y de exportadores y otros operadores económicos en régimen comercial concurran en el momento de la solicitud de inclusión en tales registros, el delegado competente de la Agencia Estatal de Administración Tributaria denegará, mediante acuerdo motivado, dicha inclusión.

5. Los acuerdos de baja regulados en el apartado anterior y en el

artículo 146 no eximen al obligado tributario del cumplimiento de las obligaciones tributarias pendientes.

Artículo 145. Procedimiento de rectificación censal.

1. El procedimiento de rectificación de la situación censal podrá iniciarse mediante requerimiento de la Administración para que el obligado tributario aclare o justifique la discrepancia observada o los datos relativos a su declaración censal o mediante la notificación de la propuesta de resolución cuando la Administración tributaria cuente con datos suficientes para formularla.

Cuando los hechos a que se refiere el artículo 144.4 de este reglamento se constaten en actuaciones realizadas fuera de un procedimiento de aplicación de los tributos, el procedimiento de rectificación de la situación censal deberá iniciarse en el plazo de un mes desde el acuerdo de baja cautelar en los Registros de operadores intracomunitarios y de exportadores y otros operadores económicos en régimen comercial. A efectos de entender cumplido el plazo del mes, será suficiente acreditar que se ha realizado un intento de notificación del inicio del procedimiento en dicho plazo. La falta de inicio del procedimiento en dicho plazo determinará el levantamiento de la medida cautelar.

2. En la tramitación del procedimiento, la Administración podrá realizar las actuaciones reguladas en los apartados 1 y 2 del artículo anterior.

Cuando el obligado tributario manifieste su disconformidad con los datos que obren en poder de la Administración, se aplicará lo dispuesto en el artículo 108.4 de la Ley 58/2003, de 17 de diciembre, General Tributaria.

3. Una vez notificada la propuesta de resolución, se concederá al obligado tributario un plazo de 10 días, contados a partir del siguiente al de la notificación de dicha propuesta, para que alegue lo que convenga a su derecho.

4. El procedimiento de rectificación censal terminará de alguna de las siguientes formas:

a) Por resolución en la que se rectifiquen los datos censales del obligado tributario. La resolución deberá ser, en todo caso, motivada con una referencia sucinta a los hechos y fundamentos de derecho que se hayan tenido en cuenta en la misma.

b) Por la subsanación, aclaración o justificación de la discrepancia o del dato objeto del requerimiento por el obligado tributario sin que sea necesario dictar resolución expresa. De dicha circunstancia se dejará constancia expresa en diligencia.

c) Por caducidad, una vez transcurrido el plazo regulado en el artículo 104 de la Ley 58/2003, de 17 de diciembre, General Tributaria, sin haberse notificado la resolución expresa que ponga fin al procedimiento.

d) Por el inicio de un procedimiento de comprobación limitada o de inspección que incluya el objeto del procedimiento de rectificación de la situación censal.

Artículo 146. Rectificación de oficio de la situación censal.

1. La Administración tributaria podrá rectificar de oficio la situación censal del obligado tributario sin necesidad de instruir el procedimiento regulado el artículo anterior en los siguientes supuestos:

a) Cuando así se derive de actuaciones o procedimientos de aplicación de los tributos en los que haya sido parte el propio obligado tributario y en los que se hayan realizado actuaciones de control censal, siempre que en dicha rectificación no sean tenidos en cuenta otros hechos ni otras alegaciones y pruebas que los constatados en dichos procedimientos.

b) Cuando las personas o entidades a las que se haya asignado un número de identificación fiscal provisional no aporten, en el plazo establecido en el artículo 24.3 de este reglamento o, en su caso, en el plazo otorgado en el requerimiento efectuado a que se refiere dicho artículo, la documentación necesaria para obtener el número de identificación fiscal definitivo, salvo que en dichos plazos justifiquen debidamente la imposibilidad de su aportación, la Administración tributaria podrá darles de baja en los Registros de operadores intracomunitarios y de exportadores y otros operadores económicos en régimen comercial.

c) Cuando concurran los supuestos regulados en el artículo 131.1 del texto refundido de la Ley del Impuesto sobre Sociedades, aprobado por Real Decreto Legislativo 4/2004, de 5 de marzo. En este supuesto, además, la Administración tributaria podrá dar de baja al obligado tributario en los Registros de operadores intracomunitarios y de devolución mensual.

d) Cuando durante un periodo superior a un año y después de realizar al menos tres intentos de notificación hubiera resultado imposible la práctica de notificaciones al obligado tributario en el domicilio fiscal o cuando se hubieran dado de baja deudas por insolvencia durante tres periodos impositivos o de liquidación, se podrá acordar la baja en los Registros de operadores intracomunitarios y de exportadores y otros operadores económicos en régimen comercial.

e) Cuando conforme a lo dispuesto en el artículo 21.3 de este reglamento proceda la rectificación censal.

2. La modificación efectuada conforme a lo dispuesto en el apartado anterior deberá ser comunicada al obligado tributario, salvo que durante un periodo superior a un año hubiera resultado imposible la práctica de notificaciones en el domicilio fiscal declarado.

Artículo 147. Revocación del número de identificación fiscal.

1. La Administración tributaria podrá revocar el número de identificación fiscal asignado, cuando en el curso de las actuaciones de comprobación realizadas conforme a lo dispuesto en el artículo 144.1 y 2 de este reglamento o en las demás actuaciones y procedimientos de comprobación o investigación, se acredite alguna de las siguientes circunstancias:

a) Las previstas en el artículo 146.1 b), c) o d) de este reglamento.

b) Que mediante las declaraciones a que hacen referencia los artículos 9 y 10 de este reglamento se hubiera comunicado a la Administración tributaria el desarrollo de actividades económicas inexistentes.

c) Que la sociedad haya sido constituida por uno o varios fundadores sin que en el plazo de tres meses desde la solicitud del número de identificación fiscal se inicie la actividad económica ni tampoco los actos que de ordinario son preparatorios para el ejercicio efectivo de la misma, salvo que se acredite suficientemente la imposibilidad de realizar dichos actos en el mencionado plazo.

En el supuesto regulado en el artículo 4.2.l), el plazo anteriormente señalado comenzará a contar desde que se hubiese presentado la declaración censal de modificación en los términos establecidos en el artículo 12.2, tercer párrafo.

d) Que se constate que un mismo capital ha servido para constituir una pluralidad de sociedades, de forma que, de la consideración global de todas ellas, se deduzca que no se ha producido el desembolso mínimo exigido por la normativa aplicable.

e) Que se comunique el desarrollo de actividades económicas, de la gestión administrativa o de la dirección de los negocios, en un domicilio aparente o falso, sin que se justifique la realización de dichas actividades o actuaciones en otro domicilio diferente.

2. El acuerdo de revocación requerirá la previa audiencia al obligado tributario por un plazo de 10 días, contados a partir del día siguiente al de la notificación de la apertura de dicho plazo, salvo que dicho acuerdo se incluya en la propuesta de resolución a que se refiere el artículo 145.3 de este reglamento.

3. La revocación deberá publicarse en el Boletín Oficial del Estado y notificarse al obligado tributario.

La publicación deberá efectuarse en las mismas fechas que las previstas en el artículo 112.1 de la Ley 58/2003, de 17 de diciembre, General Tributaria, para las notificaciones por comparecencia.

4. La publicación de la revocación del número de identificación fiscal en el "Boletín Oficial del Estado" producirá los efectos previstos en el apartado 4 de la disposición adicional sexta de la Ley 58/2003, de 17 de diciembre, General Tributaria.

5. La revocación del número de identificación fiscal determinará que no se emita el certificado de estar al corriente de las obligaciones tributarias regulado en el artículo 74 de este reglamento.

6. Procederá la denegación del número de identificación fiscal cuando antes de su asignación concurra alguna de las circunstancias que habilitarían para acordar la revocación.

7. La revocación del número de identificación fiscal determinará la baja de los Registros de Operadores Intracomunitarios y de Exportadores y otros operadores económicos.

8. La Administración tributaria podrá rehabilitar el número de identificación fiscal mediante acuerdo que estará sujeto a los mismos requisitos de publicidad establecidos para la revocación en el apartado 3 de este artículo.

Las solicitudes de rehabilitación del número de identificación fiscal sólo serán tramitadas si se acompañan de documentación que acredite cambios en la titularidad del capital de la sociedad, con identificación de las personas que han pasado a tener el control de la sociedad, así como documentación que acredite cuál es la actividad económica que la sociedad va a desarrollar. Careciendo de estos requisitos, las solicitudes se archivarán sin más trámite.

La falta de resolución expresa de la solicitud de rehabilitación de un número de identificación fiscal en el plazo de tres meses determinará que la misma se entienda denegada.

Subsección 2.ª Actuaciones de comprobación del domicilio fiscal

Artículo 148. Comprobación del domicilio fiscal.

Corresponde a la Agencia Estatal de Administración Tributaria la comprobación del domicilio fiscal en el ámbito de los tributos del Estado, incluidos los cedidos.

Artículo 149. Iniciación y tramitación del procedimiento de comprobación del domicilio fiscal.

1. El procedimiento de comprobación del domicilio fiscal se iniciará de oficio por acuerdo del órgano que se establezca en la norma de organización específica, por propia iniciativa o a solicitud de cualquier otro órgano de la misma o de otra Administración tributaria afectada. Dicha solicitud se acompañará de un informe sobre los antecedentes que fuesen relevantes.

2. El órgano competente para tramitar el procedimiento de comprobación del domicilio deberá solicitar informe al órgano a cuyo ámbito territorial se promueva el nuevo domicilio, salvo que ya figure en el expediente por haber promovido el inicio del procedimiento.

En el caso de que la comprobación del domicilio fiscal pudiera dar lugar al cambio de domicilio fiscal a una comunidad autónoma diferente, se notificará esta circunstancia a las Administraciones tributarias de las comunidades autónomas afectadas para que en el plazo de 15 días, contados desde el día siguiente al de la notificación de la apertura de dicho plazo, puedan solicitar que el expediente se tramite con las especialidades a que se refiere el artículo 152.

3. La comprobación del domicilio fiscal se realizará de acuerdo con los datos comunicados o declarados por el propio obligado tributario, con los datos que obren en poder de la Administración, con los datos y justificantes que se requieran al propio obligado tributario o a terceros, así como mediante el examen físico y documental de los hechos y circunstancias en las oficinas, despachos, locales y establecimientos del obligado tributario. A estos efectos, los órganos competentes tendrán las facultades previstas en el artículo 172.

4. Tramitado el expediente se formulará propuesta de resolución que será notificada al obligado tributario para que en el plazo de 15 días, contados a partir del día siguiente al de la notificación de dicha propuesta, pueda alegar y presentar los documentos y justificantes que estime oportunos.

Artículo 150. Terminación del procedimiento de comprobación del domicilio fiscal.

1. La resolución que ponga fin al procedimiento será motivada. El plazo para notificar la resolución será de seis meses.

2. Será competente para resolver el procedimiento de comprobación del domicilio fiscal el órgano competente de acuerdo con la norma de organización específica.

3. La resolución adoptada en el procedimiento de comprobación del domicilio fiscal confirmará o rectificará el declarado y será comunicada a los órganos implicados de la Agencia Estatal de Administración Tributaria y notificada a las Administraciones

tributarias afectadas y al obligado tributario.

4. El procedimiento podrá finalizar asimismo por caducidad, de acuerdo con lo dispuesto en el artículo 104 de la Ley 58/2003, de 17 de diciembre, General Tributaria.

Artículo 151. Efectos de la comprobación del domicilio fiscal.

1. El inicio de un procedimiento de comprobación del domicilio fiscal no impedirá la continuación de los procedimientos de aplicación de los tributos iniciados de oficio o a instancia del interesado que se estuviesen tramitando.

2. Durante los tres años siguientes a la fecha de la notificación de la resolución del procedimiento de comprobación del domicilio fiscal en la que se haya rectificado el declarado, las comunicaciones de cambio de domicilio fiscal que realice el obligado tributario, cuando supongan el traslado a una comunidad autónoma distinta, tendrán el carácter de mera solicitud y deberán acompañarse de medios de prueba que acrediten la alteración de las circunstancias que motivaron la resolución.

En el plazo de un mes desde la presentación de la comunicación del cambio de domicilio fiscal, la Administración tributaria deberá notificar al obligado tributario un acuerdo por el que se confirme el domicilio fiscal comprobado previamente, por el que se inicie un nuevo procedimiento de comprobación del domicilio fiscal o por el que se admita el cambio de domicilio fiscal. En este último caso, el cambio de domicilio tendrá efectos a partir del día siguiente al de la notificación de dicho acuerdo. Transcurrido un mes desde la presentación de la comunicación del cambio de domicilio sin que se haya notificado el acuerdo que proceda, dicha comunicación tendrá efectos frente a la Administración tributaria a partir del día siguiente al de finalización de dicho plazo.

Artículo 152. Especialidades del procedimiento de comprobación del domicilio fiscal iniciado a solicitud de una comunidad autónoma.

1. Cuando la Administración tributaria de una comunidad autónoma considere que, en relación con los tributos cedidos, el domicilio fiscal que figura en el Censo de Obligados Tributarios no es el que corresponde, podrá solicitar que se inicie el procedimiento de comprobación del domicilio fiscal.

La comunidad autónoma indicará el lugar en el que entiende localizado el domicilio fiscal del obligado tributario y podrá acompañar toda la documentación probatoria que estime oportuna.

La Agencia Estatal de Administración Tributaria iniciará el

procedimiento de comprobación del domicilio fiscal en el plazo de un mes desde que la solicitud de inicio tenga entrada en el órgano competente para acordar dicho inicio.

2. La propuesta de resolución se notificará al obligado tributario y, en su caso, a las Administraciones tributarias afectadas, cuando dicha propuesta dé lugar a un cambio de domicilio fiscal a una comunidad autónoma distinta a la del domicilio declarado, para que en un plazo de 15 días, contados a partir del día siguiente al de la notificación de la propuesta, presenten las alegaciones que consideren oportunas. No será necesario notificar dicha propuesta al obligado tributario cuando la propuesta de resolución confirme el domicilio declarado.

3. Cuando se produzcan diferencias de criterio entre distintas Administraciones tributarias, su resolución requerirá informe favorable de las Administraciones tributarias de las comunidades autónomas afectadas por la propuesta de resolución. Si no hay informe favorable de dichas Administraciones tributarias, la resolución corresponderá a las Juntas Arbitrales reguladas en los artículos 24 de la Ley Orgánica 8/1980, de 22 de septiembre, de Financiación de las Comunidades Autónomas, 51 de la Ley 25/2003, de 15 de julio, por la que se aprueba la modificación del Convenio Económico entre el Estado y la Comunidad Foral de Navarra, y 66 de la Ley 12/2002, de 23 de mayo, por la que se aprueba el Concierto Económico con la Comunidad Autónoma del País Vasco.

4. La resolución adoptada será vinculante para todas las Administraciones tributarias que hubieran intervenido en la tramitación del procedimiento.

Subsección 3.ª Actuaciones de control de presentación de declaraciones

Artículo 153. Control de presentación de declaraciones, autoliquidaciones y comunicaciones de datos.

1. Corresponde a la Administración tributaria el control del cumplimiento de la obligación de presentar declaraciones, autoliquidaciones y comunicaciones de datos en los siguientes supuestos:

a) Cuando resulten obligados a ello de acuerdo con su situación censal.

b) Cuando se ponga de manifiesto por la presentación de otras declaraciones, autoliquidaciones o comunicaciones de datos del propio obligado tributario.

c) Cuando se derive de información que obre en poder de la Administración procedente de terceras personas.

d) Cuando se ponga de manifiesto en el curso de otras actuaciones o procedimientos de aplicación de los tributos.

2. En el supuesto previsto en el apartado 1.a) la Administración tributaria podrá requerir al obligado tributario para que presente la autoliquidación o declaración omitida o, en su caso, comunique la correspondiente modificación o baja censal.

3. En el supuesto previsto en el apartado 1.b), la Administración tributaria entenderá que existe omisión en la presentación de la declaración o autoliquidación y podrá requerir su presentación, entre otros casos, cuando la obligación de presentar una declaración, autoliquidación o comunicación de datos se derive de la presentación por el propio obligado de declaraciones o autoliquidaciones a cuenta o cuando se omita la presentación de comunicaciones de datos o de declaraciones exigidas con carácter general en cumplimiento de la obligación de suministro de información y se hayan presentado declaraciones o autoliquidaciones periódicas asociadas a aquella.

4. En el supuesto previsto en el apartado 1.c), se considerará que se ha omitido la presentación de declaraciones o autoliquidaciones y podrá requerirse su presentación.

Cuando el obligado tributario alegue inexactitud o falsedad de dicha información se podrá requerir al tercero para que ratifique la información suministrada.

5. En los casos en que no se atienda el requerimiento o en los que, atendiéndose este, se presente una declaración o autoliquidación en la que se aprecien discrepancias respecto de los importes declarados o autoliquidados por el obligado tributario o por terceros, podrá iniciarse el correspondiente procedimiento de comprobación o investigación.

6. El procedimiento de control de presentación de declaraciones, autoliquidaciones y comunicaciones de datos terminará de alguna de las siguientes formas:

a) Por la presentación de la declaración, autoliquidación o comunicación de datos omitidas.

b) Por la justificación de la no sujeción o exención en el cumplimiento de la obligación de presentación. De dicha circunstancia se dejará constancia expresa en diligencia.

c) Por el inicio de un procedimiento de comprobación o investigación.

d) Por caducidad, una vez transcurrido el plazo de tres meses sin haberse notificado resolución expresa que ponga fin al procedimiento.

Subsección 4.ª Actuaciones de control de otras obligaciones formales

Artículo 154. Control de otras obligaciones formales.

1. El procedimiento para la comprobación del cumplimiento de obligaciones tributarias formales distintas de las reguladas en las subsecciones anteriores se iniciará de oficio.

La Administración tributaria podrá realizar las actuaciones previstas en los párrafos b), c) y d) del artículo 136.2 de la Ley 58/2003, de 17 de diciembre, General Tributaria.

2. Una vez concluidas las actuaciones de comprobación, se dará audiencia al obligado tributario, por un plazo de 10 días contados a partir del día siguiente al de la notificación de la apertura de dicho plazo.

3. Finalizado el trámite de audiencia, se procederá a documentar el resultado de las actuaciones de comprobación en diligencia que deberá incluir, al menos, el siguiente contenido:

a) Obligación tributaria o elementos de la misma comprobados y ámbito temporal objeto de la comprobación.

b) Especificación de las actuaciones concretas realizadas.

c) Relación de hechos que motivan la diligencia.

4. La diligencia se incorporará al expediente sancionador que, en su caso, se inicie o que se hubiera iniciado como consecuencia del procedimiento, sin perjuicio de la remisión que deba efectuarse cuando resulte necesario para la iniciación de otro procedimiento de aplicación de los tributos.

5. El procedimiento de comprobación de otras obligaciones formales terminará de alguna de las siguientes formas:

a) Por diligencia.

b) Por caducidad, una vez transcurrido el plazo regulado en el artículo 104 de la Ley 58/2003, de 17 de diciembre, General Tributaria, sin haberse formalizado la diligencia que pone fin al procedimiento.

c) Por el inicio de un procedimiento de comprobación limitada o de inspección que incluya el objeto del procedimiento.

6. Finalizado el procedimiento de comprobación de otras obligaciones formales mediante diligencia, la Administración tributaria no podrá efectuar una nueva regularización en relación con el objeto comprobado al que se refiere el apartado 3.a) de este artículo, salvo que en un procedimiento de comprobación limitada o inspección posterior se descubran nuevos hechos o circunstancias que resulten de actuaciones distintas de las realizadas y especificadas en dicha diligencia.

Sección 8.ª Procedimiento de verificación de datos

◄ *LGT 131-133* ►

Artículo 155. Iniciación y tramitación del procedimiento de verificación de datos.

◄ *LGT 132* ►

1. La Administración podrá iniciar un procedimiento de verificación de datos en los supuestos previstos en el artículo 131 de la Ley 58/2003, de 17 de diciembre, General Tributaria.

2. Con carácter previo a la apertura, en su caso, del plazo de alegaciones, la Administración tributaria podrá acordar de forma motivada la ampliación o reducción del alcance de las actuaciones. Dicho acuerdo deberá notificarse al obligado tributario.

3. Con carácter previo a la resolución en la que se corrijan los defectos advertidos o a la práctica de la liquidación provisional, la Administración deberá notificar al obligado tributario la propuesta de resolución o de liquidación para que en un plazo de 10 días, contados a partir del día siguiente al de la notificación de la propuesta, alegue lo que convenga a su derecho.

Artículo 156. Terminación del procedimiento de verificación de datos.

◄ *LGT 133* ►

1. Cuando el procedimiento termine por la subsanación, aclaración o justificación de la discrepancia o del dato objeto del requerimiento por parte del obligado tributario, se hará constar en diligencia esta circunstancia y no será necesario dictar resolución expresa.

2. Cuando la liquidación resultante del procedimiento de verificación de datos sea una cantidad a devolver, la liquidación de intereses de demora deberá efectuarse de la siguiente forma:

a) Cuando se trate de una devolución de ingresos indebidos, se liquidarán a favor del obligado tributario intereses de demora en los términos del artículo 32.2 de la Ley 58/2003, de 17 de diciembre, General Tributaria.

b) Cuando se trate de una devolución derivada de la normativa de un tributo, se liquidarán intereses de demora a favor del obligado tributario de acuerdo con lo previsto el artículo 31 de la Ley 58/2003, de 17 de diciembre, General Tributaria, y en el artículo 125 de este reglamento.

Sección 9.ª Procedimiento de comprobación de valores

Subsección 1.ª La comprobación de valores

◀ *LGT 57 y 34* ▶

Artículo 157. Comprobación de valores.

1. La Administración tributaria podrá comprobar el valor de las rentas, productos, bienes y demás elementos determinantes de la obligación tributaria de acuerdo con lo dispuesto en el artículo 57 de la Ley 58/2003, de 17 de diciembre, General Tributaria, salvo que el obligado tributario haya declarado de acuerdo con:

a) El valor que le haya sido comunicado al efecto por la Administración tributaria en los términos previstos en el artículo 90 de la Ley 58/2003, de 17 de diciembre, General Tributaria, y en el artículo 69 de este reglamento.

b) Los valores publicados por la propia Administración actuante en aplicación de alguno de los medios previstos en el artículo 57.1 de la Ley 58/2003, de 17 de diciembre, General Tributaria.

2. Lo dispuesto en esta sección se entenderá sin perjuicio de lo establecido en la normativa de cada tributo.

Artículo 158. Medios de comprobación de valores.

1. La aplicación del medio de valoración consistente en la estimación por referencia a los valores que figuren en los registros oficiales de carácter fiscal a que se refiere el artículo 57.1.b) de la Ley 58/2003, de 17 de diciembre, General Tributaria, exigirá que la metodología técnica utilizada para el cálculo de los coeficientes multiplicadores, los coeficientes resultantes de dicha metodología y el periodo de tiempo de validez hayan sido objeto de aprobación y publicación por la Administración tributaria que los vaya a aplicar. En el ámbito de competencias del Estado la aprobación corresponderá al Ministro de Economía y Hacienda mediante orden.

2. Cuando en la comprobación de valores se utilice el medio de valoración consistente en precios medios de mercado, la Administración tributaria competente podrá aprobar y publicar la metodología o el sistema de cálculo utilizado para determinar dichos precios medios en función del tipo de bienes, así como los valores resultantes. En el ámbito de competencias del Estado la aprobación corresponderá al Ministro de Economía y Hacienda mediante orden.

3. Cuando en la comprobación de valores se utilice el medio de valoración consistente en dictamen de perito de la Administración, este deberá tener titulación suficiente y adecuada al tipo de bien a valorar.

Tratándose de una valoración que se refiera a un bien o derecho individualizado se harán constar las características físicas, económicas y jurídicas que según la normativa aplicable hayan de considerarse para determinar el valor del bien o derecho.

4. A efectos de lo dispuesto en el artículo 57.1.h) de la Ley 58/2003, de 17 de diciembre, General Tributaria, el valor de los bienes transmitidos determinante de la obligación tributaria podrá ser comprobado por la Administración Tributaria atendiendo al precio o valor declarado correspondiente a otras transmisiones del mismo bien realizadas dentro del plazo de un año desde la fecha del devengo del impuesto en el que surta efecto, siempre que se mantengan sustancialmente las circunstancias de carácter físico, jurídico y económico determinantes de dicho valor.

Artículo 159. Actuaciones de comprobación de valores.

1. La comprobación de valores también podrá realizarse como una actuación concreta en alguno de los siguientes procedimientos:

a) Procedimiento iniciado mediante declaración.

b) Procedimiento de comprobación limitada.

c) Procedimiento de inspección.

2. Cuando la comprobación de valores se realice en alguno de los procedimientos a que se refiere el apartado anterior y dicha comprobación no se realice por el órgano que tramita el procedimiento, el valor comprobado se incorporará al procedimiento del que trae causa.

3. Cuando la comprobación de valores se realice conforme a lo previsto en el apartado 1 anterior, será de aplicación lo dispuesto en el artículo 134 de la Ley 58/2003, de 17 de diciembre, General Tributaria, y en la subsección siguiente de este reglamento, salvo lo relativo al plazo máximo de resolución, que será el del procedimiento que se esté tramitando.

Cuando las actuaciones de comprobación de valores se realicen en un procedimiento de inspección, las facultades de la Administración tributaria serán las reconocidas por la Ley 58/2003, de 17 de diciembre, General Tributaria, y por este reglamento a los órganos de inspección.

4. Cualquiera que sea el procedimiento en el que se realice la comprobación de valores, los obligados tributarios tendrán derecho a promover la tasación pericial contradictoria en los términos previstos en el artículo 135 de la Ley 58/2003, de 17 de diciembre, General Tributaria y en la subsección 3.ª siguiente de este reglamento.

5. No se considerarán actuaciones de comprobación de valores aquellas en las que el valor de las rentas, productos, bienes o elementos de la obligación tributaria resulte directamente de una ley o

de un reglamento.

Subsección 2.ª Procedimiento de comprobación de valores

Artículo 160. Procedimiento para la comprobación de valores.

1. En este procedimiento la Administración tributaria podrá proceder al examen de los datos en poder de la Administración, de los consignados por los obligados tributarios en sus declaraciones y de los justificantes presentados o que se requieran al efecto, así como requerir al obligado tributario o a terceros la información necesaria para efectuar la valoración.

Asimismo, la Administración podrá efectuar el examen físico y documental de los bienes y derechos objeto de valoración. A estos efectos, los órganos competentes tendrán las facultades previstas en el artículo 172 de este reglamento.

2. En el dictamen de peritos, será necesario el reconocimiento personal del bien valorado por el perito cuando se trate de bienes singulares o de aquellos de los que no puedan obtenerse todas sus circunstancias relevantes en fuentes documentales contrastadas. La negativa del poseedor del bien a dicho reconocimiento eximirá a la Administración tributaria del cumplimiento de este requisito.

3. La propuesta de valoración resultante de la comprobación de valores realizada mediante cualquiera de los medios a que se refiere el artículo 57 de la Ley 58/2003, de 17 de diciembre, General Tributaria, deberá ser motivada. A los efectos de lo previsto en el artículo 103.3 de dicha ley, la propuesta de valoración recogerá expresamente la normativa aplicada y el detalle de su aplicación. En particular, deberá contener los siguientes extremos:

a) En la estimación por referencia a los valores que figuren en los registros oficiales de carácter fiscal deberá especificarse el valor tomado como referencia y los parámetros, coeficientes y demás elementos de cuantificación utilizados para determinar el valor.

b) En la utilización de precios medios de mercado deberá especificarse la adaptación de los estudios de precios medios de mercado y del sistema de cálculo al caso concreto.

c) En los dictámenes de peritos se deberán expresar de forma concreta los elementos de hecho que justifican la modificación del valor declarado, así como la valoración asignada. Cuando se trate de bienes inmuebles se hará constar expresamente el módulo unitario básico aplicado, con expresión de su procedencia y modo de determinación, y todas las circunstancias relevantes, tales como superficie, antigüedad u otras, que hayan sido tomadas en consideración para la determinación del valor comprobado, con expresión concreta de su incidencia en el valor final y la fuente de su procedencia.

4. La valoración administrativa servirá de base a la liquidación provisional que se practique, sin perjuicio de que se pueda iniciar un procedimiento de verificación de datos, de comprobación limitada o de inspección respecto de otros elementos de la obligación tributaria.

Subsección 3.ª Tasación pericial contradictoria

◀ LGT 135 ▶

Artículo 161. Iniciación y tramitación del procedimiento de tasación pericial contradictoria.

1. Cuando se solicite la tasación pericial contradictoria, será necesaria la valoración realizada por un perito de la Administración en el supuesto en que la comprobación del valor se hubiese efectuado por un medio distinto del dictamen de peritos de la Administración. A estos efectos, el órgano competente remitirá a los servicios técnicos correspondientes una relación de los bienes y derechos a valorar. En el plazo de 15 días, el personal con título adecuado a la naturaleza de los mismos formulará por duplicado la correspondiente hoja de aprecio, en la que deberán constar el resultado de la valoración realizada y los criterios empleados.

Únicamente se entenderá que los obligados tributarios promueven la tasación pericial contradictoria, si los motivos de oposición a la valoración sólo se refieren a la cuantificación de sus elementos técnicos, tales como el módulo unitario básico, la depreciación por antigüedad o los coeficientes y cifras en que se concretan las demás circunstancias consideradas en la cuantificación, salvo que el obligado tributario manifieste expresamente que no desea promover la tasación pericial contradictoria sino la impugnación del acto administrativo.

2. El órgano competente notificará al obligado tributario la valoración a que se refiere el apartado anterior o, en aquellos casos en los que la comprobación de valores se hubiera efectuado mediante el dictamen de peritos de la Administración, la que ya figure en el expediente, y se le concederá un plazo de 10 días, contados a partir del día siguiente al de la notificación de la valoración, para que pueda proceder al nombramiento de un perito, que deberá tener título adecuado a la naturaleza de los bienes y derechos a valorar.

Transcurrido el plazo de 10 días sin haberse designado el perito por el obligado tributario, se entenderá que desiste de su derecho a promover la tasación pericial contradictoria y se dará por terminado el procedimiento. En este caso, la liquidación que se dicte tomará el valor comprobado que hubiera servido de base a la liquidación inicial y no podrá promoverse una nueva tasación pericial contradictoria.

3. Una vez designado el perito por el obligado tributario, se le entregará la relación de bienes y derechos para que en el plazo de 1 mes, contado a partir del día siguiente al de la recepción de la relación, formule la correspondiente hoja de aprecio, la cual deberá estar motivada.

Transcurrido el plazo de 1 mes sin haber presentado la valoración, se entenderá que desiste de su derecho a promover la tasación pericial contradictoria y se dará por terminado el procedimiento. En este caso, la liquidación que se dicte tomará el valor comprobado que hubiera servido de base a la liquidación inicial y no podrá promoverse una nueva tasación pericial contradictoria.

4. El órgano competente para designar un perito tercero será el que se determine en la normativa de organización específica.

La Administración tributaria competente podrá establecer honorarios estandarizados para los peritos terceros que deban ser designados de acuerdo con lo previsto en el artículo 135.3 de la Ley 58/2003, de 17 de diciembre, General Tributaria. Será necesaria la aceptación de la designación por el perito elegido por sorteo. Dicha aceptación determinará, asimismo, la aceptación de los honorarios aprobados por la Administración.

5. Una vez aceptada la designación por el perito tercero, se le entregará la relación de los bienes y derechos a valorar y las copias de las hojas de aprecio de los peritos anteriores. En el plazo de 1 mes, contado a partir del día siguiente al de la entrega, deberá confirmar alguna de las valoraciones anteriores o realizar una nueva valoración, sin perjuicio de los límites previstos en el artículo 135.4 de la Ley 58/2003, de 17 de diciembre, General Tributaria.

En el caso de que el perito tercero no emita la valoración en el plazo establecido en el párrafo anterior, se podrá dejar sin efecto su designación, sin perjuicio de las responsabilidades que resulten exigibles por la falta de emisión del dictamen en plazo. En el caso de que se deje sin efecto la designación, se deberá notificar esta circunstancia al perito tercero y al obligado tributario, y se procederá, en su caso, a la liberación de los depósitos de sus honorarios y al nombramiento de otro perito tercero por orden correlativo.

Artículo 162. Terminación del procedimiento de tasación pericial contradictoria.

1. El procedimiento de tasación pericial contradictoria terminará de alguna de las siguientes formas:

a) Por la entrega en la Administración tributaria de la valoración efectuada por el perito tercero.

b) Por el desistimiento del obligado tributario en los términos previstos en los apartados 2 y 3 del artículo anterior.

c) Por no ser necesaria la designación del perito tercero de acuerdo con lo previsto en el artículo 135.2 de la Ley 58/2003, de 17 de diciembre, General Tributaria.

d) Por la falta del depósito de honorarios por cualquiera de las partes en los términos previstos en el artículo 135.3, cuarto párrafo, de la Ley 58/2003, de 17 de diciembre, General Tributaria.

e) Por caducidad en los términos previstos en el artículo 104.3 de la Ley 58/2003, de 17 de diciembre, General Tributaria.

2. En el supuesto previsto en el apartado 1.c) de este artículo, la liquidación que se dicte tomará la valoración que resulte de la tasación efectuada por el perito del obligado tributario de acuerdo con lo previsto en el artículo 135.2 de la Ley 58/2003, de 17 de diciembre, General Tributaria, y no podrá efectuarse una nueva comprobación de valor por la Administración tributaria sobre los mismos bienes o derechos.

3. En el supuesto previsto en el apartado 1.d) de este artículo, la liquidación que se dicte tomará la valoración que corresponda de acuerdo con lo previsto en el artículo 135.3 de la Ley 58/2003, de 17 de diciembre, General Tributaria, y no podrá promoverse nuevamente la tasación pericial contradictoria por parte del obligado tributario o, en su caso, no podrá efectuarse una nueva comprobación de valor por la Administración tributaria sobre los mismos bienes o derechos.

4. En el supuesto previsto en el apartado 1.e) de este artículo, la liquidación que se dicte tomará el valor comprobado que hubiera servido de base a la liquidación inicial y no podrá promoverse nuevamente la tasación pericial contradictoria.

5. Una vez terminado el procedimiento, la Administración tributaria competente notificará en el plazo de 1 mes la liquidación que corresponda a la valoración que deba tomarse como base en cada caso, así como la de los intereses de demora que correspondan

El incumplimiento del plazo al que se refiere el párrafo anterior determinará que no se exijan intereses de demora desde que se produzca dicho incumplimiento.

Con la notificación de la liquidación se iniciará el plazo previsto en el artículo 62.2 de la Ley 58/2003, de 17 de diciembre, General Tributaria, para que el ingreso sea efectuado, así como el cómputo del plazo para interponer el recurso o reclamación económico-administrativa contra la liquidación en el caso de que dicho plazo hubiera sido suspendido por la presentación de la solicitud de tasación pericial contradictoria.

Sección 10.ª Procedimiento de comprobación limitada

◀ LGT 136-140 ▶

Artículo 163. Iniciación del procedimiento de comprobación limitada.

◀ LGT 137 ▶

Se podrá iniciar el procedimiento de comprobación limitada, entre otros, en los siguientes supuestos:

a) Cuando en relación con las autoliquidaciones, declaraciones, comunicaciones de datos o solicitudes presentadas por el obligado tributario, se adviertan errores en su contenido o discrepancias entre los datos declarados o justificantes aportados y los elementos de prueba que obren en poder de la Administración tributaria.

b) Cuando en relación con las autoliquidaciones, declaraciones, comunicaciones de datos o solicitudes presentadas por el obligado tributario proceda comprobar todos o algún elemento de la obligación tributaria.

c) Cuando de acuerdo con los antecedentes que obren en poder de la Administración, se ponga de manifiesto la obligación de declarar o la realización del hecho imponible o del presupuesto de hecho de una obligación tributaria sin que conste la presentación de la autoliquidación o declaración tributaria.

Artículo 164. Tramitación del procedimiento de comprobación limitada.

◀ LGT 138 ▶

1. Con carácter previo a la apertura del plazo de alegaciones, la Administración tributaria podrá acordar de forma motivada la ampliación o reducción del alcance de las actuaciones. Dicho acuerdo deberá notificarse al obligado tributario.

2. A efectos de lo dispuesto en el artículo 136.2.c) de la Ley 58/2003, de 17 de diciembre, General Tributaria, la Administración tributaria podrá requerir el libro diario simplificado a que se refiere el artículo 29.3 de este reglamento.

3. A efectos de lo dispuesto en el artículo 136.4 de la Ley 58/2003, de 17 de diciembre, General Tributaria, cuando el procedimiento de comprobación limitada incluya comprobaciones censales o relativas a la aplicación de métodos objetivos de

tributación, las actuaciones que se refieran a dichas comprobaciones podrán realizarse en las oficinas, despachos, locales y establecimientos del obligado tributario en los supuestos en que sea necesario el examen físico de los hechos o circunstancias objeto de comprobación. A estos efectos, los órganos competentes tendrán las facultades previstas en el artículo 172 de este reglamento.

4. Con carácter previo a la resolución, la Administración deberá notificar al obligado tributario la propuesta de resolución o de liquidación para que en un plazo de 10 días, contados a partir del día siguiente al de la notificación de la propuesta, alegue lo que convenga a su derecho.

Se podrá prescindir del trámite de alegaciones cuando la resolución contenga manifestación expresa de que no procede regularizar la situación tributaria como consecuencia de la comprobación realizada.

5. En relación con cada obligación tributaria objeto del procedimiento podrá dictarse una única resolución respecto de todo el ámbito temporal objeto de la comprobación a fin de que la deuda resultante se determine mediante la suma algebraica de las liquidaciones referidas a los distintos periodos impositivos o de liquidación comprobados.

Artículo 165. Terminación del procedimiento de comprobación limitada.

◀ LGT 139 ▶

Cuando la liquidación resultante del procedimiento de comprobación limitada sea una cantidad a devolver, la liquidación de intereses de demora deberá efectuarse de la siguiente forma:

a) Cuando se trate de una devolución de ingresos indebidos, se liquidarán a favor del obligado tributario intereses de demora en los términos del artículo 32.2 de la Ley 58/2003, de 17 de diciembre, General Tributaria.

b) Cuando se trate de una devolución derivada de la normativa de un tributo, se liquidarán intereses de demora a favor del obligado tributario de acuerdo con lo previsto el artículo 31 de la Ley 58/2003, de 17 de diciembre, General Tributaria, y en el artículo 125 de este reglamento.

TÍTULO V

Actuaciones y procedimiento de inspección

CAPÍTULO I

Disposiciones generales

Sección 1.ª Funciones de la inspección de los tributos

Artículo 166. Atribución de funciones inspectoras a los órganos administrativos.

1. A efectos de lo dispuesto en este reglamento, se entiende por órganos de inspección tributaria los de carácter administrativo que ejerzan las funciones previstas en el artículo 141 de la Ley 58/2003, de 17 de diciembre, General Tributaria, así como aquellos otros que tengan atribuida dicha condición en las normas de organización específica.

2. En el ámbito de competencias del Estado, el ejercicio de las funciones de inspección tributaria corresponderá a:

a) Los órganos con funciones inspectoras de la Agencia Estatal de Administración Tributaria en los términos establecidos en la normativa aplicable.

b) Los órganos de la Dirección General del Catastro que tengan atribuida la inspección catastral de acuerdo con lo dispuesto en el texto refundido de la Ley del Catastro Inmobiliario, aprobado por Real Decreto Legislativo 1/2004, de 5 de marzo, en la forma que se determine mediante Orden del Ministro de Economía y Hacienda, y sin perjuicio de las posibles actuaciones conjuntas que puedan realizarse con las entidades locales.

3. Los órganos con funciones inspectoras de la Agencia Estatal de Administración Tributaria ejercerán sus funciones respecto de los siguientes tributos:

a) Aquellos cuya aplicación corresponda a la Administración tributaria del Estado, así como sobre los recargos establecidos sobre tales tributos a favor de otros entes públicos.

b) Los tributos cedidos de acuerdo con lo dispuesto en el artículo 46.3 de la Ley 21/2001, de 27 de diciembre, por la que se regulan las medidas fiscales y administrativas del nuevo sistema de financiación de las Comunidades Autónomas de régimen común y Ciudades con Estatuto de Autonomía, así como, en su caso, con lo dispuesto en las leyes reguladoras del régimen de cesión de tributos del Estado y de fijación del alcance y condiciones de dicha cesión a cada comunidad autónoma.

c) El Impuesto sobre Actividades Económicas de acuerdo con lo dispuesto en la normativa reguladora de las Haciendas Locales.

Artículo 167. Colaboración de los órganos de inspección con otros órganos y Administraciones.

1. Las actuaciones inspectoras podrán realizarse mediante colaboración entre las distintas Administraciones tributarias, de oficio o a solicitud de la otra Administración.

Cuando los órganos de inspección de una Administración tributaria conozcan hechos o circunstancias con trascendencia tributaria para otras Administraciones tributarias, los pondrán en conocimiento de estas y los acompañarán de los elementos probatorios que procedan.

Las actuaciones inspectoras que tenga que efectuar una entidad local fuera de su territorio serán realizadas por los órganos competentes de su comunidad autónoma cuando deban realizarse en el ámbito territorial de esta, y por los órganos de la Administración tributaria del Estado o de la comunidad autónoma competente por razón del territorio en otro caso, previa solicitud del presidente de la corporación local.

Las actuaciones inspectoras que tenga que efectuar una comunidad autónoma fuera de su territorio serán realizadas, a solicitud de esta, por los órganos de inspección de la Administración tributaria del Estado o de la comunidad autónoma competente por razón de territorio, en función de las competencias correspondientes.

Los resultados de las actuaciones inspectoras a que se refieren los párrafos anteriores se documentarán en diligencia, a la que podrá acompañarse un informe si se estima conveniente, que se remitirá directamente al órgano competente de la Administración pública correspondiente.

2. Los órganos de inspección comunicarán a otros órganos de la misma Administración tributaria cuantos datos conozcan con trascendencia para el adecuado desempeño de las funciones que tengan encomendadas. A estos efectos, tendrán en cuenta sus respectivas competencias funcionales o territoriales.

Los órganos de inspección deberán prestar la colaboración necesaria a otros órganos inspectores de la misma Administración tributaria.

Artículo 168. Inspecciones coordinadas con las comunidades autónomas.

1. Las Administraciones tributarias del Estado y de las comunidades autónomas podrán realizar actuaciones y procedimientos de inspección coordinados, cada una en su ámbito de competencias y de forma independiente, en relación con aquellos obligados tributarios que presenten un interés común o complementario para la aplicación de los tributos cuya inspección les corresponda.

Los órganos de las distintas Administraciones tributarias que intervengan en las actuaciones y procedimientos inspectores coordinados podrán realizar actuaciones concretas de modo simultáneo.

Las Administraciones tributarias implicadas tendrán acceso a toda la información y elementos de prueba obtenidos en las diferentes actuaciones y procedimientos de inspección coordinados en cuanto resulten relevantes para la resolución del procedimiento iniciado, para su ampliación o para el inicio de otros procedimientos de acuerdo con sus respectivas competencias.

2. La Administración tributaria que se proponga la realización de estas actuaciones o procedimientos dirigirá escrito motivado a la otra Administración con indicación de los obligados tributarios, conceptos y periodos que pretende comprobar y señalará los conceptos y periodos que solicita que se comprueben por la otra Administración. La Administración tributaria destinataria de la propuesta comunicará, en el plazo de un mes desde que reciba el escrito, si acepta o no la propuesta.

3. En la comunicación del inicio de las actuaciones al obligado tributario o del inicio del procedimiento de inspección que se notifique en último lugar, o en ambas si se inician simultáneamente, se informará al obligado tributario de que se trata de actuaciones coordinadas.

4. Las actuaciones y procedimientos inspectores coordinados se finalizarán de forma independiente por cada Administración tributaria. Las resoluciones o, en su caso, las liquidaciones que se practiquen en cada uno de ellos sólo serán recurribles de forma independiente.

Artículo 169. Personal inspector.

1. Las actuaciones inspectoras se realizarán por los funcionarios y demás personal al servicio de la Administración tributaria que desempeñen los correspondientes puestos de trabajo integrados en los órganos con funciones de inspección tributaria y, en su caso, por aquellos a que se refiere el artículo 61.2.

Corresponde a cada Administración tributaria, de acuerdo con la normativa que le sea aplicable, determinar en los distintos órganos con funciones inspectoras los puestos de trabajo que tengan a su cargo el desempeño de tales funciones y concretar sus características y atribuciones específicas.

2. Las actuaciones preparatorias y las de comprobación o prueba de hechos o circunstancias con trascendencia tributaria podrán encomendarse al personal al servicio de la Administración tributaria que no tenga la condición de funcionario.

Sección 2.ª Planificación de las actuaciones inspectoras

Artículo 170. Planes de inspección.

1. La planificación comprenderá las estrategias y objetivos generales de las actuaciones inspectoras y se concretará en el conjunto de planes y programas definidos sobre sectores económicos, áreas de actividad, operaciones y supuestos de hecho, relaciones jurídico-tributarias u otros, conforme a los que los órganos de inspección deberán desarrollar su actividad.

2. Cada Administración tributaria integrará en el Plan de control tributario a que se refiere el artículo 116 de la Ley 58/2003, de 17 de diciembre, General Tributaria, el plan o los planes parciales de inspección, que se basarán en los criterios de riesgo fiscal, oportunidad, aleatoriedad u otros que se estimen pertinentes.

3. En el ámbito de la inspección catastral, corresponderá a la Dirección General del Catastro la aprobación de los planes de inspección, conforme a lo establecido en el texto refundido de la Ley del Catastro Inmobiliario, aprobado por Real Decreto Legislativo 1/2004, de 5 de marzo, en las disposiciones dictadas en su desarrollo y en este reglamento.

4. En el ámbito de las competencias de la Agencia Estatal de Administración Tributaria, el plan o los planes parciales de inspección se elaboraran anualmente basándose en las directrices del Plan de control tributario, en el que se tendrán en cuenta las propuestas de los órganos inspectores territoriales, y se utilizará el oportuno apoyo informático.

5. El plan o los planes parciales de inspección recogerán los programas de actuación, ámbitos prioritarios y directrices que sirvan para seleccionar a los obligados tributarios sobre los que deban iniciarse actuaciones inspectoras en el año de que se trate.

6. El plan o los planes parciales de inspección en curso de ejecución podrán ser objeto de revisión, de oficio o a propuesta de los órganos territoriales.

7. Los planes de inspección, los medios informáticos de

tratamiento de información y los demás sistemas de selección de los obligados tributarios que vayan a ser objeto de actuaciones inspectoras tendrán carácter reservado, no serán objeto de publicidad o de comunicación ni se pondrán de manifiesto a los obligados tributarios ni a órganos ajenos a la aplicación de los tributos.

8. La determinación por el órgano competente para liquidar de los obligados tributarios que vayan a ser objeto de comprobación en ejecución del correspondiente plan de inspección tiene el carácter de acto de mero trámite y no será susceptible de recurso o reclamación económico-administrativa.

Para la determinación de los obligados tributarios que vayan a ser objeto de comprobación se podrán tener en cuenta las propuestas formuladas por los órganos con funciones en la aplicación de los tributos.

9. Respecto de los tributos cedidos por el Estado a las comunidades autónomas, estas dispondrán de plena autonomía para elaborar sus propios planes de inspección con adecuación a su respectiva estructura orgánica. No obstante, en el caso de que se hayan aprobado planes conjuntos de actuaciones inspectoras de acuerdo con lo previsto en el artículo 50.1 de la Ley 21/2001, de 27 de diciembre, por la que se regulan las medidas fiscales y administrativas del nuevo sistema de financiación de las Comunidades Autónomas de régimen común y Ciudades con Estatuto de Autonomía, las correspondientes Administraciones tributarias deberán adecuar sus respectivos planes de inspección a los criterios generales establecidos en los planes conjuntos por ellas aprobados, en relación con aquellas cuestiones o aspectos previstos en los mismos.

Sección 3.ª Facultades de la inspección de los tributos

◀ LGT 142 ▶

Artículo 171. Examen de la documentación de los obligados tributarios.

1. Para realizar las actuaciones inspectoras, se podrán examinar, entre otros, los siguientes documentos de los obligados tributarios:

a) Declaraciones, autoliquidaciones, comunicaciones de datos o solicitudes presentadas por los obligados tributarios relativas a cualquier tributo.

b) Contabilidad de los obligados tributarios, que comprenderá tanto los registros y soportes contables como las hojas previas o accesorias que amparen o justifiquen las anotaciones contables.

c) Libros registro establecidos por las normas tributarias.

d) Facturas, justificantes y documentos sustitutivos que deban emitir o conservar los obligados tributarios.

e) Documentos, datos, informes, antecedentes y cualquier otro documento con trascendencia tributaria.

2. La documentación y los demás elementos a que se refiere este artículo se podrán analizar directamente. Se exigirá, en su caso, la visualización en pantalla o la impresión en los correspondientes listados de datos archivados en soportes informáticos o de cualquier otra naturaleza.

Asimismo, se podrá obtener copia en cualquier soporte de los datos, libros o documentos a los que se refiere el apartado anterior, sin perjuicio de lo dispuesto en el artículo 34.1.h) de la Ley 58/2003, de 17 de diciembre, General Tributaria.

3. Los obligados tributarios deberán poner a disposición del personal inspector la documentación a la que se refiere el apartado 1.

Cuando el personal inspector requiera al obligado tributario para que aporte datos, informes o antecedentes que no deban hallarse a disposición de dicho personal, se concederá un plazo no inferior a 10 días, contados a partir del siguiente al de la notificación del requerimiento, para cumplir con este deber de colaboración.

Artículo 172. Entrada y reconocimiento de fincas.

1. Los funcionarios y demás personal al servicio de la Administración tributaria que desarrollen actuaciones inspectoras tienen la facultad de entrada y reconocimiento de los lugares a que se refiere el artículo 142.2 de la Ley 58/2003, de 17 de diciembre, General Tributaria, cuando aquellas así lo requieran.

2. En el ámbito de la Agencia Estatal de Administración Tributaria, cuando el obligado tributario o la persona bajo cuya custodia se encontraran los mencionados lugares se opusiera a la entrada de los funcionarios de inspección, se precisará autorización escrita del delegado o del director de departamento del que dependa el órgano actuante, sin perjuicio de la adopción de las medidas cautelares que procedan.

En el ámbito de la Dirección General del Catastro la autorización a que se refiere el párrafo anterior corresponderá al Director General.

3. Cuando la entrada o reconocimiento afecte al domicilio constitucionalmente protegido de un obligado tributario, se precisará el consentimiento del interesado o autorización judicial.

◀ *LGT 113 y 142.2.3° párrafo* ▶

4. En la entrada y reconocimiento judicialmente autorizados, los funcionarios de inspección podrán adoptar las medidas cautelares que estimen necesarias.

Una vez finalizada la entrada y reconocimiento, se comunicará al órgano jurisdiccional que las autorizaron las circunstancias, incidencias y resultados.

5. A efectos de lo dispuesto en este artículo, y sin perjuicio de lo dispuesto en el apartado 3 anterior, se considerará que el obligado tributario o la persona bajo cuya custodia se encuentren los lugares a que se refiere el artículo 142.2 de la Ley 58/2003, de 17 de diciembre, General Tributaria, prestan su conformidad a la entrada y reconocimiento cuando ejecuten los actos normalmente necesarios que dependan de ellos para que las actuaciones puedan llevarse a cabo.

Si se produce la revocación del consentimiento del obligado tributario para la permanencia en los lugares en los que se estén desarrollando las actuaciones, los funcionarios de inspección, antes de la finalización de estas, podrán adoptar las medidas cautelares reguladas en el artículo 146 de la Ley 58/2003, de 17 de diciembre, General Tributaria.

Artículo 173. Obligación de atender a los órganos de inspección.

1. Los obligados tributarios deberán atender a los órganos de inspección y les prestarán la debida colaboración en el desarrollo de sus funciones.

Tratándose de un grupo que tribute en régimen de consolidación fiscal, en relación con el Impuesto sobre Sociedades, deberán atender a los órganos de inspección tanto la sociedad dominante del grupo como las entidades dependientes.

2. Cuando el personal inspector se persone sin previa comunicación en el lugar donde deban practicarse las actuaciones, el obligado tributario o su representante deberán atenderles si estuviesen presentes. En su defecto, deberá colaborar en las actuaciones cualquiera de las personas encargadas o responsables de tales lugares, sin perjuicio de que en el mismo momento y lugar se pueda requerir la continuación de las actuaciones en el plazo que se señale y adoptar las medidas cautelares que resulten procedentes.

3. El obligado tributario o su representante deberán hallarse presentes en las actuaciones inspectoras cuando a juicio del órgano de inspección sea preciso para la adecuada práctica de aquellas.

4. En los puertos, estaciones de ferrocarril y de los demás transportes terrestres, en los aeropuertos o en los mercados centrales, mataderos, lonjas y lugares de naturaleza análoga, se permitirá

libremente la entrada del personal inspector a sus estaciones, muelles, oficinas y demás instalaciones para la toma de datos de facturaciones, entradas y salidas u otros similares, y se podrá requerir a los empleados para que ratifiquen los datos y antecedentes tomados.

5. Asimismo, el personal inspector está facultado para:

a) Recabar información de los trabajadores o empleados sobre cuestiones relativas a las actividades en que participen.

b) Realizar mediciones o tomar muestras, así como obtener fotografías, croquis o planos. Estas operaciones podrán ser realizadas por el personal inspector en los términos del artículo 169.

c) Recabar el dictamen de peritos. A tal fin, en los órganos con funciones de inspección podrá prestar sus servicios el personal facultativo.

d) Exigir la exhibición de objetos determinantes de la exacción de un tributo.

e) Verificar los sistemas de control interno de la empresa, cuando pueda facilitar la comprobación de la situación tributaria del obligado.

f) Verificar y analizar los sistemas y equipos informáticos mediante los que se lleve a cabo, total o parcialmente, la gestión de la actividad económica.

Sección 4.ª Lugar de las actuaciones inspectoras

Artículo 174. Lugar de las actuaciones inspectoras.

◀ LGT 151 ▶

1. Las actuaciones inspectoras podrán desarrollarse en cualquiera de los lugares establecidos en el artículo 151.1 de la Ley 58/2003, de 17 de diciembre, General Tributaria, según determinen los órganos de inspección.

2. Las actuaciones relativas al análisis de la documentación a que se refiere el artículo 142.1 de la Ley 58/2003, de 17 de diciembre, General Tributaria, deberán practicarse en el lugar donde legalmente deban hallarse los libros de contabilidad o documentos, con las siguientes excepciones:

a) Cuando exista previa conformidad del obligado tributario, que se hará constar en diligencia, podrán examinarse en las oficinas de la Administración tributaria o en cualquier otro lugar en el que así se acuerde.

b) Cuando se hubieran obtenido copias en cualquier soporte de los libros y documentos a que se refiere el artículo 142.1 de la Ley 58/2003, de 17 de diciembre, General Tributaria, podrán examinarse en las oficinas de la Administración tributaria.

c) Cuando se trate de registros y documentos establecidos por normas de carácter tributario o de los justificantes exigidos por estas, se podrá requerir su presentación en las oficinas de la Administración tributaria para su examen.

d) Cuando las actuaciones de inspección no tengan relación con el desarrollo de una actividad económica, se podrá requerir la presentación en las oficinas de la Administración tributaria correspondiente de los documentos y justificantes necesarios para la debida comprobación de su situación tributaria, siempre que estén establecidos o sean exigidos por normas de carácter tributario o se trate de justificantes necesarios para probar los hechos o las circunstancias consignados en las declaraciones tributarias.

3. Los órganos de inspección en cuyo ámbito de competencia territorial se encuentre el domicilio fiscal del obligado tributario podrán examinar todos los libros, documentos o justificantes que deban ser aportados aunque se refieran a bienes, derechos o actividades que radiquen, aparezcan o se desarrollen en un ámbito territorial distinto.

Del mismo modo, los órganos de inspección cuya competencia territorial no corresponda al domicilio fiscal del obligado tributario podrán desarrollar en cualquiera de los demás lugares a que se refiere el artículo 151 de la Ley 58/2003, de 17 de diciembre, General Tributaria, las actuaciones que procedan en relación con dicho obligado.

Sección 5.ª Documentación de las actuaciones inspectoras

◀ LGT 143-144 ▶

Artículo 175. Normas generales.

Las actuaciones inspectoras se documentarán en comunicaciones, diligencias, informes, actas y demás documentos en los que se incluyan actos de liquidación y otros acuerdos resolutorios, en los términos establecidos en este reglamento.

Artículo 176. Actas de inspección.

1. En las actas de inspección a que se refiere el artículo 143.2 de la Ley 58/2003, de 17 de diciembre, General Tributaria, se consignarán, además de las menciones contenidas en el artículo 153 de dicha ley, los siguientes extremos:

a) Nombre y apellidos de los funcionarios que las suscriban.

b) La fecha de inicio de las actuaciones, las ampliaciones de plazo que, en su caso, se hubieran producido y el cómputo de las interrupciones justificadas y de las dilaciones no imputables a la Administración acaecidas durante las actuaciones.

c) La presentación o no de alegaciones por el obligado tributario durante el procedimiento o en el trámite de audiencia y, en el caso de que las hubiera efectuado, la valoración jurídica de las mismas por el funcionario que suscribe el acta. No obstante, cuando se suscriba un acta de disconformidad, la valoración de las alegaciones presentadas podrá incluirse en el informe a que se refieren los artículos 157.2 de la Ley 58/2003, de 17 de diciembre, General Tributaria, y 188.2 de este reglamento.

d) El carácter provisional o definitivo de la liquidación que derive del acta. En el caso de liquidación provisional se harán constar las circunstancias que determinan dicho carácter y los elementos de la obligación tributaria a que se haya extendido la comprobación.

e) En el caso de actas con acuerdo deberá hacerse constar, además de lo señalado en el artículo 155.2 de la Ley 58/2003, de 17 de diciembre, General Tributaria, la fecha en que el órgano competente ha otorgado la preceptiva autorización y los datos identificativos del depósito o de la garantía constituidos por el obligado tributario.

2. Cuando el obligado tributario esté sujeto a obligaciones contables y registrales en relación con la obligación tributaria y periodo comprobado, deberá hacerse constar en el acta la situación de los libros o registros obligatorios, con expresión, en su caso, de los defectos o anomalías que tengan trascendencia para la resolución del procedimiento o para determinar la existencia o calificación de infracciones tributarias.

3. En relación con cada obligación tributaria podrá extenderse una única acta respecto de todo el ámbito temporal objeto de la comprobación a fin de que la deuda resultante se determine mediante la suma algebraica de las liquidaciones referidas a los distintos periodos comprobados.

4. Los órganos de inspección extenderán las actas en los modelos oficiales aprobados al efecto por cada Administración tributaria.

Si por su extensión no pudieran recogerse en el modelo de acta todas las circunstancias que deban constar en ella, estas se reflejarán en un anexo que formará parte del acta a todos los efectos y que se formalizará también en modelo oficial.

◀ *LGT 153 Contenido de las Actas* ▶

CAPÍTULO II

Procedimiento de inspección

◀ *LGT 145-159* ▶

Sección 1.ª Iniciación del procedimiento de inspección

Artículo 177. Iniciación de oficio del procedimiento de inspección.

◀ *LGT 147.1.a* ▶

1. El procedimiento de inspección podrá iniciarse mediante comunicación notificada al obligado tributario para que se persone en el lugar, día y hora que se le señale y tenga a disposición de los órganos de inspección o aporte la documentación y demás elementos que se estimen necesarios, en los términos del artículo 87.

2. Cuando se estime conveniente para la adecuada práctica de las actuaciones, de acuerdo con lo previsto en el artículo 172 de este reglamento, y sin perjuicio de lo dispuesto en el artículo 147.2 de la Ley 58/2003, de 17 de diciembre, General Tributaria, el procedimiento de inspección podrá iniciarse sin previa comunicación mediante personación en la empresa, oficinas, dependencias, instalaciones, centros de trabajo o almacenes del obligado tributario o donde exista alguna prueba de la obligación tributaria, aunque sea parcial. En este caso, las actuaciones se entenderán con el obligado tributario si estuviese presente y, de no estarlo, con los encargados o responsables de tales lugares.

Artículo 178. Extensión y alcance de las actuaciones del procedimiento de inspección.

◀ *LGT 148* ▶

1. Las actuaciones del procedimiento inspector se extenderán a una o varias obligaciones y periodos impositivos o de liquidación, y podrán tener alcance general o parcial en los términos del artículo 148 de la Ley 58/2003, de 17 de diciembre, General Tributaria.

2. Las actuaciones del procedimiento de inspección tendrán carácter general, salvo que se indique otra cosa en la comunicación de inicio del procedimiento inspector o en el acuerdo al que se refiere el apartado 5 de este artículo que deberá ser comunicado.

3. Las actuaciones del procedimiento inspector tendrán carácter parcial en los siguientes supuestos:

a) Cuando las actuaciones inspectoras no afecten a la totalidad de los elementos de la obligación tributaria en el periodo objeto de comprobación.

b) Cuando las actuaciones se refieran al cumplimiento de los requisitos exigidos para la obtención de beneficios o incentivos fiscales, así como cuando las actuaciones tengan por objeto la comprobación del régimen tributario aplicable.

c) Cuando tengan por objeto la comprobación de una solicitud de devolución siempre que se limite exclusivamente a constatar que el contenido de la declaración, autoliquidación o solicitud presentada se ajusta formalmente a lo anotado en la contabilidad, registros y justificantes contables o extracontables del obligado tributario, sin perjuicio de la posterior comprobación completa de su situación tributaria.

4. La extensión y el alcance general o parcial de las actuaciones deberán hacerse constar al inicio de estas mediante la correspondiente comunicación. Cuando el procedimiento de inspección se extienda a distintas obligaciones tributarias o periodos, deberá determinarse el alcance general o parcial de las actuaciones en relación con cada obligación y periodo comprobado. En caso de actuaciones de alcance parcial deberán comunicarse los elementos que vayan a ser comprobados o los excluidos de ellas.

5. Cuando en el curso del procedimiento se pongan de manifiesto razones que así lo aconsejen, el órgano competente podrá acordar de forma motivada:

a) La modificación de la extensión de las actuaciones para incluir obligaciones tributarias o periodos no comprendidos en la comunicación de inicio o excluir alguna obligación tributaria o periodo de los señalados en dicha comunicación.

b) La ampliación o reducción del alcance de las actuaciones que se estuvieran desarrollando respecto de las obligaciones tributarias y periodos inicialmente señalados. Asimismo, se podrá acordar la inclusión o exclusión de elementos de la obligación tributaria que esté siendo objeto de comprobación en una actuación de alcance parcial.

Artículo 179. Solicitud del obligado tributario de una inspección de alcance general.

◀ LGT 149 ▶

1. La solicitud a que se refiere el artículo 149 de la Ley 58/2003, de 17 de diciembre, General Tributaria, deberá formularse mediante escrito dirigido al órgano competente para liquidar o comunicarse expresamente al actuario, quien deberá recoger esta manifestación en diligencia y dará traslado de la solicitud al órgano competente para liquidar. Esta solicitud incluirá el contenido previsto en el artículo

88.2 de este reglamento.

2. Recibida la solicitud, el órgano competente para liquidar acordará si la inspección de carácter general se va a realizar como ampliación del alcance del procedimiento ya iniciado o mediante el inicio de otro procedimiento.

3. La inadmisión de la solicitud por no cumplir los requisitos establecidos en el artículo 149 de la Ley 58/2003, de 17 de diciembre, General Tributaria, deberá estar motivada y será notificada al obligado tributario. Contra el acuerdo de inadmisión no podrá interponerse recurso de reposición ni reclamación económico-administrativa, sin perjuicio de que pueda reclamarse contra el acto o actos administrativos que pongan fin al procedimiento de inspección.

Sección 2.ª Tramitación del procedimiento de inspección

Artículo 180. Tramitación del procedimiento inspector.

1. En el curso del procedimiento de inspección se realizarán las actuaciones necesarias para la obtención de los datos y pruebas que sirvan para fundamentar la regularización de la situación tributaria del obligado tributario o para declararla correcta.

2. La dirección de las actuaciones inspectoras corresponde a los órganos de inspección. Los funcionarios que tramiten el procedimiento decidirán el lugar, día y hora en que dichas actuaciones deban realizarse.

Se podrá requerir la comparecencia del obligado tributario en las oficinas de la Administración tributaria o en cualquier otro de los lugares a que se refiere el artículo 151 de la Ley 58/2003, de 17 de diciembre, General Tributaria.

Cuando exista personación, previa comunicación o sin ella, en el domicilio fiscal, oficinas, dependencias, instalaciones o almacenes del obligado tributario, se deberá prestar la debida colaboración y proporcionar el lugar y los medios auxiliares necesarios para el ejercicio de las funciones inspectoras.

3. Al término de las actuaciones de cada día que se hayan realizado en presencia del obligado tributario, el personal inspector que esté desarrollando las actuaciones podrá fijar el lugar, día y hora para su reanudación, que podrá tener lugar el día hábil siguiente. No obstante, los requerimientos de comparecencia en las oficinas de la Administración tributaria no realizados en presencia del obligado tributario deberán habilitar para ello un plazo mínimo de 10 días, contados a partir del día siguiente al de la notificación del requerimiento.

4. Sin perjuicio del ejercicio de las facultades y funciones

inspectoras, las actuaciones del procedimiento deberán practicarse de forma que se perturbe lo menos posible el desarrollo normal de las actividades laborales o económicas del obligado tributario.

Artículo 181. Medidas cautelares.

1. Los funcionarios que estén desarrollando las actuaciones en el procedimiento de inspección podrán adoptar las medidas cautelares que sean necesarias para el aseguramiento de los elementos de prueba en los términos previstos en el artículo 146 de la Ley 58/2003, de 17 de diciembre, General Tributaria.

2. El precinto se realizará mediante la ligadura sellada o por cualquier otro medio que permita el cierre o atado de libros, registros, equipos electrónicos, sobres, paquetes, cajones, puertas de estancias o locales u otros elementos de prueba, a fin de que no se abran sin la autorización y control de los órganos de inspección.

El depósito consistirá en poner dichos elementos de prueba bajo la custodia o guarda de la persona física o jurídica que se determine por la Administración.

La incautación consistirá en la toma de posesión de elementos de prueba de carácter mueble y se deberán adoptar las medidas que fueran precisas para su adecuada conservación.

Los documentos u objetos depositados o incautados podrán, en su caso, ser previamente precintados.

3. Para la adopción de las medidas cautelares, se podrá recabar el auxilio y colaboración que se consideren precisos de las autoridades competentes y sus agentes, que deberán prestarlo en los términos del artículo 142.4 de la Ley 58/2003, de 17 de diciembre, General Tributaria.

4. La adopción de las medidas cautelares deberá documentarse mediante diligencia en la que junto a la medida adoptada y el inventario de los bienes afectados se harán constar sucintamente las circunstancias y la finalidad que determinan su adopción y se informará al obligado tributario de su derecho a formular alegaciones en los términos del apartado siguiente. Dicha diligencia se extenderá en el mismo momento en el que se adopte la medida cautelar, salvo que ello no sea posible por causas no imputables a la Administración, en cuyo caso se extenderá en cuanto desaparezcan las causas que lo impiden, y se remitirá inmediatamente copia al obligado tributario.

Cuando la medida consista en el depósito se dejará constancia de la identidad del depositario, de su aceptación expresa y de que ha quedado advertido sobre el deber de conservar a disposición de los órganos de inspección en el mismo estado en que se le entregan los elementos depositados y sobre las responsabilidades civiles o penales en las que pudiera incurrir en caso de incumplimiento.

5. En el plazo improrrogable de cinco días, contados a partir del día siguiente al de la notificación de la medida cautelar, el obligado tributario podrá formular alegaciones ante el órgano competente para liquidar, que deberá ratificar, modificar o levantar la medida adoptada mediante acuerdo debidamente motivado en el plazo de 15 días desde su adopción, que deberá comunicarse al obligado.

El acuerdo a que se refiere el párrafo anterior no podrá ser objeto de recurso o reclamación económico-administrativa, sin perjuicio de que se pueda plantear la procedencia o improcedencia de la adopción de las medidas cautelares en los recursos y reclamaciones que, en su caso puedan interponerse contra la resolución que ponga fin al procedimiento de inspección.

6. Cuando las medidas cautelares adoptadas se levanten se documentará esta circunstancia en diligencia, que deberá comunicarse al obligado.

La apertura de precintos se efectuará en presencia del obligado tributario, salvo que concurra causa debidamente justificada.

Artículo 182. Horario de las actuaciones del procedimiento inspector.

◀ *LGT 152* ▶

1. Las actuaciones inspectoras que se desarrollen en las oficinas públicas podrán realizarse fuera del horario oficial de apertura al público de dichas oficinas o de la jornada de trabajo vigente cuando lo requieran las circunstancias de dichas actuaciones o medie el consentimiento del obligado tributario.

2. Cuando las actuaciones inspectoras se desarrollen en los locales del obligado tributario, podrán realizarse fuera de la jornada laboral de oficina o de la actividad en los siguientes supuestos:

a) Cuando medie el consentimiento del obligado tributario.

b) Cuando sin el consentimiento del obligado tributario se considere necesario para que no desaparezcan, se destruyan o alteren elementos de pruebas o las circunstancias del caso requieran que las actuaciones de inspección se efectúen con una especial celeridad que exija su desarrollo fuera de la jornada laboral y se obtenga, en ambos supuestos, la previa autorización del órgano competente de la Administración tributaria.

En el ámbito de la Agencia Estatal de Administración Tributaria, la autorización a que se refiere el párrafo anterior corresponderá al delegado o al director de departamento del que dependa el órgano actuante

En el ámbito de la Dirección General del Catastro la autorización a que se refiere el párrafo anterior corresponderá al Director General.

El obligado tributario podrá exigir que se le entregue copia de la autorización.

Artículo 183. Trámite de audiencia previo a las actas de inspección.

Cuando el órgano de inspección considere que se han obtenido los datos y las pruebas necesarios para fundamentar la propuesta de regularización o para considerar correcta la situación tributaria del obligado, se notificará el inicio del trámite de audiencia previo a la formalización de las actas de conformidad o de disconformidad, que se regirá por lo dispuesto en el artículo 96.

En la misma notificación de apertura del trámite de audiencia podrá fijarse el lugar, fecha y hora para la formalización de las actas a que se refiere el artículo 185.

Sección 3.ª Duración del procedimiento inspector

Artículo 184. Ampliación del plazo de duración del procedimiento de inspección.

1. En los términos previstos en este artículo se podrá acordar la ampliación del plazo de duración del procedimiento de inspección previsto en el artículo 150.1 de la Ley 58/2003, de 17 de diciembre, General Tributaria, cuando concurra, en relación con cualquiera de las obligaciones tributarias o periodos a los que se extienda el procedimiento, alguna de las circunstancias a que se refieren los apartados 1 y 4 del citado artículo. Dicho acuerdo afectará a la totalidad de las obligaciones tributarias y periodos a los que se extienda el procedimiento.

2. A efectos de lo dispuesto en el artículo 150.1.a) de la Ley 58/2003, de 17 de diciembre, General Tributaria, se entenderá que las actuaciones revisten especial complejidad en los siguientes supuestos:

a) Cuando el volumen de operaciones del obligado tributario sea igual o superior al requerido para la obligación de auditar sus cuentas.

b) Cuando se compruebe la actividad de un grupo de personas o entidades vinculadas y sea necesario realizar actuaciones respecto a diversos obligados tributarios.

c) Cuando los hechos, actos, elementos, actividades, explotaciones, valores y demás circunstancias determinantes de la obligación tributaria se realicen fuera del ámbito territorial de la sede del órgano actuante y sea necesaria la realización de actuaciones de comprobación fuera de dicho ámbito territorial.

d) Cuando el obligado tributario esté integrado en un grupo que tribute en régimen de consolidación fiscal que esté siendo objeto de comprobación inspectora.

e) Cuando el obligado tributario esté sujeto a tributación en régimen de transparencia fiscal internacional o participe en una entidad sujeta a un régimen de imputación de rentas que esté siendo objeto de comprobación inspectora.

f) Cuando el incumplimiento sustancial de las obligaciones contables o registrales del obligado tributario o la desaparición o falta de aportación de los libros o registros determine una mayor dificultad en la comprobación.

g) Cuando se investigue a los obligados tributarios por su posible intervención en una red o trama organizada cuya finalidad presunta sea defraudar o eludir la tributación que corresponda u obtener indebidamente devoluciones o beneficios fiscales. En especial, se incluirá en este supuesto la investigación de tramas presuntamente organizadas para la defraudación del Impuesto sobre el Valor Añadido vinculadas a las operaciones de comercio exterior o intracomunitario.

h) Cuando se investigue a los obligados tributarios por la posible realización de operaciones simuladas, la utilización de facturas, justificantes u otros documentos falsos o falseados o la intervención de personas o entidades interpuestas con la finalidad de eludir la tributación que correspondería al verdadero titular de los bienes, derechos o rentas.

i) Cuando la comprobación se refiera a personas o entidades relacionadas económicamente entre sí que participen en la producción o distribución de un determinado bien o servicio, siempre que la actuación inspectora se dirija a la comprobación de las distintas fases del proceso de producción o distribución.

j) Cuando para comprobar la procedencia de aplicar un beneficio fiscal sea necesario verificar el cumplimiento de requisitos o regímenes tributarios previstos para otro tributo.

3. A efectos de lo dispuesto en el artículo 150.1.b) de la Ley 58/2003, de 17 de diciembre, General Tributaria, se entenderá que el obligado tributario ha ocultado a la Administración tributaria alguna de las actividades empresariales o profesionales que realice, cuando no haya presentado declaración respecto a dichas actividades o estas sean distintas de las declaradas por el obligado tributario en la correspondiente declaración censal.

Se considerará actividad distinta de la declarada la prevista en un grupo de la tarifa del Impuesto sobre Actividades Económicas diferente de aquel en el que el obligado tributario se encuentre dado de alta o la que se desarrolle en una unidad de local no incluida en la correspondiente declaración censal, con independencia, en ambos casos, de que el obligado tributario esté o no exento de dicho impuesto.

También se considerará actividad distinta la que hubiera dado lugar a la inscripción en un código de actividad y de establecimiento en el ámbito de los impuestos especiales diferente de aquel en que se encuentre dado de alta el obligado tributario.

4. Cuando el órgano de inspección que esté desarrollando las actuaciones estime que concurre alguna de las circunstancias que justifican la ampliación del plazo de duración del procedimiento de inspección, lo notificará al obligado tributario y le concederá un plazo de 10 días, contados a partir del día siguiente al de la notificación de la apertura de dicho plazo, para que efectúe alegaciones. Transcurrido dicho plazo dirigirá, en su caso, la propuesta de ampliación, debidamente motivada, al órgano competente para liquidar junto con las alegaciones formuladas.

No podrá solicitarse la ampliación del plazo de duración del procedimiento hasta que no hayan transcurrido al menos seis meses desde su inicio. A estos efectos no se deducirán del cómputo de este plazo los periodos de interrupción justificada y las dilaciones por causa no imputable a la Administración.

Cuando dichas circunstancias sean apreciadas por el órgano competente para liquidar, se notificarán al obligado tributario y se le concederá idéntico plazo de alegaciones antes de dictar el correspondiente acuerdo sin que en este supuesto resulte necesario que hayan transcurrido seis meses desde el inicio del procedimiento.

5. La competencia para ampliar el plazo de duración del procedimiento corresponderá al órgano competente para liquidar mediante acuerdo motivado. En dicho acuerdo se concretará el período de tiempo por el que se amplía el plazo, que no podrá exceder de 12 meses.

El acuerdo de ampliación se notificará al obligado tributario y no será susceptible de recurso o reclamación económico-administrativa, sin perjuicio de que se pueda plantear la procedencia o improcedencia de la ampliación del plazo con ocasión de los recursos y reclamaciones que, en su caso, puedan interponerse contra la resolución que finalmente se dicte.

6. El cómputo del plazo de seis meses de interrupción injustificada establecido en el artículo 150.2 de la Ley 58/2003, de 17 de diciembre, General Tributaria, se iniciará de nuevo por la

realización de cualquier actuación respecto de alguna de las obligaciones tributarias o períodos objeto del procedimiento.

7. La reanudación de actuaciones con conocimiento formal del obligado tributario tras la interrupción injustificada o la realización de actuaciones después de transcurrido el plazo máximo de duración del procedimiento, tendrán efectos interruptivos de la prescripción respecto de la totalidad de las obligaciones tributarias y períodos a que se refiera el procedimiento.

Sección 4.ª Terminación del procedimiento de inspección

Subsección 1.ª Actas de inspección

◀ *LGT 153-157* ▶

Artículo 185. Formalización de las actas.

1. Concluido, en su caso, el trámite de audiencia, se procederá a documentar el resultado de las actuaciones de comprobación e investigación en las actas de inspección.

En aquellos supuestos en los que la competencia para dictar el acto de liquidación corresponda a una Administración tributaria distinta de la que haya llevado a cabo las actuaciones de comprobación e investigación, el órgano competente para liquidar de la Administración tributaria que hubiera realizado estas actuaciones deberá autorizar previamente y de forma expresa la suscripción del acta. Esta autorización deberá ser solicitada una vez finalizado el trámite de audiencia previo a la suscripción del acta.

2. Las actas serán firmadas por el funcionario y por el obligado tributario. Si el obligado tributario no supiera o no pudiera firmarlas, si no compareciera en el lugar y fecha señalados para su firma o si se negara a suscribirlas, serán firmadas sólo por el funcionario y se hará constar la circunstancia de que se trate.

De cada acta se entregará un ejemplar al obligado tributario, que se entenderá notificada por su firma. Si aquel no hubiera comparecido, las actas deberán ser notificadas conforme lo dispuesto en la Ley 58/2003, de 17 de diciembre, General Tributaria, y se considerará como dilación no imputable a la Administración el tiempo transcurrido desde la fecha fijada para la firma de las actas hasta la fecha de notificación de las mismas. Si el obligado tributario compareciese y se negase a suscribir las actas se considerará rechazada la notificación a efectos de lo previsto en el artículo 111 de dicha ley.

Cuando el interesado no comparezca o se niegue a suscribir las actas, deberán formalizarse actas de disconformidad.

3. En los supuestos regulados en los artículos 106 y 107 de este reglamento, la firma de un acta con acuerdo o de conformidad exigirá la aceptación de todos los obligados tributarios que hayan comparecido en el procedimiento.

4. Las actas de inspección no pueden ser objeto de recurso o reclamación económico-administrativa, sin perjuicio de los que procedan contra las liquidaciones tributarias resultantes de aquellas.

Artículo 186. Tramitación de las actas con acuerdo.

1. Cuando de los datos y antecedentes obtenidos en las actuaciones de comprobación e investigación, el órgano inspector entienda que pueda proceder la conclusión de un acuerdo por concurrir alguno de los supuestos señalados en el artículo 155 de la Ley 58/2003, de 17 de diciembre, General Tributaria, lo pondrá en conocimiento del obligado tributario. Tras esta comunicación, el obligado tributario podrá formular una propuesta con el fin de alcanzar un acuerdo.

2. Una vez desarrolladas las oportunas actuaciones para fijar los posibles términos del acuerdo, el órgano inspector solicitará la correspondiente autorización para la suscripción del acta con acuerdo del órgano competente para liquidar.

3. La fecha y el lugar de formalización del acta se comunicarán al obligado tributario junto con los datos necesarios y los trámites a realizar para la constitución del depósito o garantía a que se refiere el artículo 155.3.b) de la Ley 58/2003, de 17 de diciembre, General Tributaria.

4. La autorización del órgano competente para liquidar deberá ser expresa y anterior o simultánea a la suscripción del acta, y se adjuntará a esta.

5. Antes de proceder a la firma del acta, el obligado tributario deberá acreditar fehacientemente la constitución del depósito o garantía en los siguientes términos:

a) En el caso de constitución de depósito, mediante la aportación del justificante de constitución del depósito en la Caja General de Depósitos o en sus sucursales. Dicho depósito deberá cubrir el importe total de la deuda tributaria y, en su caso, de la sanción.

b) En el caso de formalización de aval o seguro de caución, mediante la aportación del certificado de la entidad de crédito o sociedad de garantía recíproca o de la entidad aseguradora. La garantía deberá cubrir el importe total de la deuda tributaria, de la sanción y el 20 por ciento de ambas cantidades. Será de duración indefinida y permanecerá vigente hasta que se produzca la extinción del importe garantizado.

La garantía deberá constituirse a disposición del órgano competente para liquidar. Si posteriormente no se pagase el importe consignado en el acta con acuerdo, el documento en que se formalice la garantía deberá ponerse a disposición del órgano competente para su recaudación.

Una vez satisfecha la deuda sin haber sido necesaria la ejecución de la garantía, se procederá de oficio a su devolución.

6. Si en el momento señalado para la firma del acta no se hubiese aportado por el obligado tributario el justificante de la constitución del depósito o garantía se entenderá que ha desistido de la formalización del acta con acuerdo.

7. Una vez firmada el acta se entenderá dictada y notificada la liquidación de acuerdo con la propuesta formulada en ella, si transcurrido el plazo de 10 días, contados a partir del día siguiente al de la fecha del acta, no se ha notificado al obligado tributario una liquidación del órgano competente para liquidar rectificando los errores materiales.

En el caso de que se hubiese notificado liquidación rectificando los errores materiales, se seguirán los siguientes trámites:

a) Si la liquidación es inferior al importe del depósito, se procederá a aplicar este al pago de la deuda y a liberar el resto.

b) Si la liquidación es superior al importe del depósito, se aplicará este al pago de la deuda y se entregará documento de ingreso por la diferencia.

c) Si la liquidación es superior al importe de la garantía, se entregará documento de ingreso por el importe de la liquidación.

8. Cuando el obligado tributario suscriba un acta con acuerdo que no afecte a todos los elementos regularizados de la obligación tributaria, se procederá de la siguiente forma:

a) Si se manifestase la conformidad al resto de los elementos regularizados no incluidos en el acta con acuerdo, la propuesta de liquidación contenida en el acta de conformidad incluirá todos los elementos regularizados de la obligación tributaria. La cuota tributaria incluida en la propuesta de liquidación contenida en el acta con acuerdo minorará la contenida en el acta de conformidad.

b) Si se manifestase la disconformidad al resto de los elementos regularizados no incluidos en el acta con acuerdo, la propuesta de liquidación contenida en el acta de disconformidad incluirá todos los elementos regularizados de la obligación tributaria. La cuota tributaria incluida en la propuesta de la liquidación contenida en el acta con acuerdo minorará la contenida en el acta de disconformidad.

c) Si respecto a los elementos regularizados de la obligación tributaria no incluidos en el acta con acuerdo se otorgase la conformidad parcial, se procederá de la siguiente manera:

1.º Si de la propuesta derivada de los hechos a los que el obligado tributario haya prestado su conformidad no resultara una cantidad a devolver, se formalizarán simultáneamente, además del acta con acuerdo, dos actas relacionadas entre sí en los siguientes términos:

Un acta de conformidad que contendrá los elementos regularizados de la obligación tributaria a los que el obligado tributario haya prestado su conformidad.

Un acta de disconformidad que incluirá la totalidad de los elementos regularizados de la obligación tributaria. Las cuotas tributarias incluidas en las propuestas de liquidación contenidas en el acta de conformidad y en el acta con acuerdo minorarán la contenida en el acta de disconformidad.

2.º Si de la propuesta derivada de los hechos a los que el obligado tributario haya prestado su conformidad resultara una cantidad a devolver, se formalizará una única acta de disconformidad en la que se harán constar los elementos regularizados de la obligación tributaria a los que el obligado tributario presta su conformidad a efectos de la aplicación de la reducción de la sanción prevista en el artículo 188.1 de la Ley 58/2003, de 17 de diciembre, General Tributaria. La cuota tributaria incluida en la propuesta de liquidación contenida en el acta con acuerdo minorará la contenida en el acta de disconformidad.

Artículo 187. Tramitación de las actas de conformidad.

1. Cuando el obligado tributario preste su conformidad a los hechos y a las propuestas de regularización y liquidación incorporadas en el acta, se hará constar en ella dicha conformidad.

2. Cuando el obligado tributario preste su conformidad parcial a los hechos y a las propuestas de regularización y liquidación formuladas se procederá de la siguiente forma:

a) Si de la propuesta derivada de los hechos a los que el obligado tributario presta su conformidad no resultara una cantidad a devolver, se formalizarán simultáneamente dos actas relacionadas entre sí en los siguientes términos:

1.º Un acta de conformidad que contendrá los elementos regularizados de la obligación tributaria a los que el obligado tributario haya prestado su conformidad.

2.º Un acta de disconformidad que incluirá la totalidad de los elementos regularizados de la obligación tributaria. La cuota tributaria incluida en la propuesta de liquidación contenida en el acta de conformidad minorará la contenida en el acta de disconformidad.

b) Si de la propuesta derivada de los hechos a los que el obligado tributario presta su conformidad resultara una cantidad a devolver, se formalizará una única acta de disconformidad en la que se harán constar los elementos regularizados de la obligación tributaria a los que el obligado tributario presta su conformidad a efectos de la aplicación de la reducción de la sanción prevista en el artículo 188.1 de la Ley 58/2003, de 17 de diciembre, General Tributaria.

3. Una vez firmada el acta de conformidad, se entenderá dictada y notificada la liquidación de acuerdo con la propuesta formulada en ella si transcurrido el plazo de un mes, contado desde el día siguiente al de la fecha del acta, no se ha notificado al obligado tributario acuerdo del órgano competente para liquidar con alguno de los contenidos previstos en el artículo 156.3 de la Ley 58/2003, de 17 de diciembre, General Tributaria, en cuyo caso se procederá de la siguiente forma:

a) Si se confirma la propuesta de liquidación contenida en el acta o se rectifican errores materiales, se notificará el acuerdo al obligado tributario. El procedimiento finalizará con dicha notificación.

b) Si se estima que en la propuesta de liquidación ha existido error en la apreciación de los hechos o indebida aplicación de las normas jurídicas, se notificará al obligado tributario acuerdo de rectificación conforme a los hechos aceptados por este en el acta y se concederá un plazo de 15 días, contados a partir del día siguiente al de la notificación de la apertura de dicho plazo, para que formule alegaciones. Transcurrido dicho plazo se dictará la liquidación que corresponda, que deberá ser notificada.

c) Si se ordena completar el expediente mediante la realización de actuaciones complementarias, se dejará sin efecto el acta formalizada, se notificará esta circunstancia al obligado tributario y se realizarán las actuaciones que procedan cuyo resultado se documentará en un acta que sustituirá a todos los efectos a la anteriormente formalizada y se tramitará según proceda.

4. El obligado tributario no podrá revocar la conformidad manifestada en el acta, sin perjuicio de su derecho a recurrir contra la liquidación resultante de esta y a presentar alegaciones de acuerdo con lo dispuesto en el apartado 3.b) de este artículo.

5. Si resultase una deuda a ingresar, se entregará junto con el acta el documento de ingreso. Para el inicio de los plazos de pago previstos en el artículo 62.2 de la Ley 58/2003, de 17 de diciembre, General Tributaria, se tendrá en cuenta la fecha en que se entienda dictada y notificada la liquidación, salvo que se dicte expresamente

liquidación en cuyo caso se estará a la fecha de su notificación.

Artículo 188. Tramitación de las actas de disconformidad.

1. Cuando el obligado tributario se niegue a suscribir el acta, la suscriba pero no preste su conformidad a las propuestas de regularización y de liquidación contenidas en el acta o no comparezca en la fecha señalada para la firma de las actas, se formalizará un acta de disconformidad, en la que se hará constar el derecho del obligado tributario a presentar las alegaciones que considere oportunas dentro del plazo de los 15 días, contados a partir del día siguiente al de la fecha en que se haya producido la negativa a suscribir, se haya suscrito o, si no se ha comparecido, se haya notificado el acta.

2. En el acta de disconformidad se expresarán con el detalle que sea preciso los hechos y fundamentos de derecho en que se base la propuesta de regularización. Los fundamentos de derecho serán además objeto de desarrollo en un informe ampliatorio que se entregará al obligado tributario de forma conjunta con el acta.

También se recogerá en el acta de forma expresa la disconformidad manifestada por el obligado tributario o las circunstancias que determinan su tramitación como acta de disconformidad, sin perjuicio de que en su momento pueda alegar cuanto convenga a su derecho.

3. Una vez recibidas las alegaciones formuladas por el obligado tributario o concluido el plazo para su presentación, el órgano competente para liquidar, a la vista del acta, del informe y de las alegaciones en su caso presentadas, dictará el acto administrativo que corresponda que deberá ser notificado.

Si el órgano competente para liquidar acordase la rectificación de la propuesta contenida en el acta por considerar que en ella ha existido error en la apreciación de los hechos o indebida aplicación de las normas jurídicas y dicha rectificación afectase a cuestiones no alegadas por el obligado tributario, notificará el acuerdo de rectificación para que en el plazo de 15 días, contados a partir del día siguiente al de la notificación de la apertura de dicho plazo, efectúe alegaciones y manifieste su conformidad o disconformidad con la nueva propuesta formulada en el acuerdo de rectificación. Transcurrido dicho plazo se dictará la liquidación que corresponda, que deberá ser notificada.

4. El órgano competente para liquidar podrá acordar que se complete el expediente en cualquiera de sus extremos. Dicho acuerdo se notificará al obligado tributario y se procederá de la siguiente forma:

a) Si como consecuencia de las actuaciones complementarias se considera necesario modificar la propuesta de liquidación se dejará sin efecto el acta incoada y se formalizará una nueva acta que sustituirá a todos los efectos a la anterior y se tramitará según corresponda.

b) Si se mantiene la propuesta de liquidación contenida en el acta de disconformidad, se concederá al obligado tributario un plazo de 15 días, contados a partir del día siguiente al de la notificación de la apertura de dicho plazo, para la puesta de manifiesto del expediente y la formulación de las alegaciones que estime oportunas. Una vez recibidas las alegaciones o concluido el plazo para su realización, el órgano competente para liquidar dictará el acto administrativo que corresponda que deberá ser notificado.

Subsección 2.ª Formas de terminación del procedimiento inspector

Artículo 189. Formas de terminación del procedimiento inspector.

1. El procedimiento inspector terminará mediante liquidación del órgano competente para liquidar, por el acto de alteración catastral o por las demás formas previstas en este artículo.

2. Las actuaciones que se refieran a la comprobación del Impuesto sobre Sociedades de una entidad en régimen de consolidación fiscal que no sea la dominante del grupo terminarán conforme lo dispuesto en el artículo 195.

3. Cuando el objeto del procedimiento inspector sea la comprobación e investigación de la aplicación de métodos objetivos de tributación y se constate la exclusión de la aplicación de dichos métodos por el incumplimiento de los requisitos establecidos en la normativa específica, el procedimiento podrá terminar por el inicio de un procedimiento de comprobación limitada cuando el órgano que estuviese realizando dicha comprobación carezca de competencia para su continuación.

4. Cuando haya prescrito el derecho de la Administración para determinar la deuda tributaria, cuando se trate de un supuesto de no sujeción, cuando el obligado tributario no esté sujeto a la obligación tributaria o cuando por otras circunstancias no proceda la formalización de un acta, el procedimiento terminará mediante acuerdo del órgano competente para liquidar a propuesta del órgano que hubiese desarrollado las actuaciones del procedimiento de inspección, que deberá emitir informe en el que constarán los hechos acreditados en el expediente y las circunstancias que determinen esta forma de terminación del procedimiento.

5. Las actuaciones de comprobación de obligaciones formales

terminarán mediante diligencia o informe, salvo que la normativa tributaria establezca otra cosa.

Artículo 190. Clases de liquidaciones derivadas de las actas de inspección.

1. Las liquidaciones derivadas de un procedimiento de inspección tendrán carácter definitivo o provisional de acuerdo con lo dispuesto en el artículo 101 de la Ley 58/2003, de 17 de diciembre, General Tributaria, y en este artículo.

Las liquidaciones derivadas de las actuaciones de comprobación e investigación de alcance parcial tendrán siempre el carácter de provisionales.

Las liquidaciones derivadas de las actuaciones de comprobación e investigación de alcance general tendrán el carácter de definitivas, salvo en los casos a que se refieren los apartados 2, 3 y 4 de este artículo, en los que tendrán el carácter de provisionales.

2. De acuerdo con lo dispuesto en el artículo 101.4.a) de la Ley 58/2003, de 17 de diciembre, General Tributaria, las liquidaciones derivadas de un procedimiento de inspección podrán tener carácter provisional cuando alguno de los elementos de la obligación tributaria se determine en función de los correspondientes a otras obligaciones que no hubieran sido comprobadas, o que hubieran sido regularizadas mediante liquidación provisional o mediante liquidación definitiva que no fuera firme. Se entenderá, entre otros supuestos, que se producen estas circunstancias:

a) Cuando se dicten liquidaciones respecto del Impuesto sobre la Renta de las Personas Físicas, Impuesto sobre la Renta de no Residentes o Impuesto sobre el Patrimonio en tanto no se hayan comprobado las autoliquidaciones del mismo año natural por el Impuesto sobre el Patrimonio y el impuesto sobre la renta que proceda.

b) Cuando se dicten liquidaciones respecto del Impuesto sobre la Renta de no Residentes y no se haya comprobado el impuesto directo del pagador de los correspondientes rendimientos.

c) Cuando se compruebe la actividad de un grupo de personas o entidades vinculadas y no se haya finalizado la comprobación de todas ellas.

d) Cuando se dicte liquidación que anule o minore la deuda tributaria inicialmente autoliquidada como consecuencia de la regularización de algunos elementos de la obligación tributaria porque deba ser imputado a otro obligado tributario o a un tributo o período distinto del regularizado, siempre que la liquidación resultante de esta imputación no haya adquirido firmeza.

3. Asimismo, de acuerdo con lo dispuesto en el artículo 101.4.a) de la Ley 58/2003, de 17 de diciembre, General Tributaria, las liquidaciones derivadas de un procedimiento de inspección podrán tener carácter provisional cuando existan elementos de la obligación tributaria cuya comprobación con carácter definitivo no hubiera sido posible durante el procedimiento por concurrir alguna de las siguientes causas:

a) Cuando exista una reclamación judicial o proceso penal que afecte a los hechos comprobados.

b) Cuando no se haya podido finalizar la comprobación e investigación de los elementos de la obligación tributaria como consecuencia de no haberse obtenido los datos solicitados a terceros.

c) Cuando se compruebe la procedencia de una devolución y las actuaciones inspectoras se hayan limitado en los términos previstos en el artículo 178.3.c) de este reglamento.

d) Cuando se realicen actuaciones de comprobación e investigación por los servicios de intervención en materia de impuestos especiales.

4. De acuerdo con lo dispuesto el artículo 101.4.b) de la Ley 58/2003, de 17 de diciembre, General Tributaria, las liquidaciones derivadas de un procedimiento de inspección podrán tener carácter provisional, además de en los supuestos previstos en dicho párrafo, en los siguientes:

a) Cuando se haya planteado un supuesto de conflicto en la aplicación de la norma tributaria y no constituya el objeto único de la regularización, siempre que sea posible la práctica de liquidación provisional por los restantes elementos de la obligación tributaria.

b) Cuando concluyan las actuaciones de comprobación e investigación en relación con parte de los elementos de la obligación tributaria, siempre que esta pueda ser desagregada. El procedimiento de inspección deberá continuar respecto de los demás elementos de la obligación tributaria.

c) Cuando en un procedimiento de inspección se realice una comprobación de valores de la que se derive una deuda a ingresar y se regularicen otros elementos de la obligación tributaria. En este supuesto se dictará una liquidación provisional como consecuencia de la comprobación de valores y otra que incluirá la totalidad de lo comprobado.

d) Cuando así se determine en otras disposiciones legales o reglamentarias.

5. Las liquidaciones provisionales minorarán los importes de las que posterior o simultáneamente se practiquen respecto de la obligación tributaria y período objeto de regularización.

6. Los elementos de la obligación tributaria comprobados e investigados en el curso de unas actuaciones que hubieran terminado con una liquidación provisional no podrán regularizarse nuevamente en un procedimiento inspector posterior, salvo que concurra alguna de las circunstancias a que se refieren los apartados 2 y 3 de este artículo y, exclusivamente, en relación con los elementos de la obligación tributaria afectados por dichas circunstancias.

7. Los elementos de la obligación tributaria a los que no se hayan extendido las actuaciones de comprobación e investigación podrán regularizarse en un procedimiento de comprobación o investigación posterior.

Artículo 191. Liquidación de los intereses de demora.

1. La liquidación derivada del procedimiento inspector incorporará los intereses de demora hasta el día en que se dicte o se entienda dictada la liquidación, sin perjuicio de lo establecido en el artículo 150.3 de la Ley 58/2003, de 17 de diciembre, General Tributaria, y de acuerdo con lo previsto en los apartados siguientes.

2. En el caso de actas con acuerdo los intereses de demora se calcularán hasta el día en que deba entenderse dictada la liquidación por el transcurso del plazo legalmente establecido.

En el caso de actas de conformidad, los intereses de demora se calcularán hasta el día en que deba entenderse dictada la liquidación por transcurso del plazo legalmente establecido.

En el caso de actas de disconformidad, los intereses de demora se calcularán hasta la conclusión del plazo establecido para formular alegaciones.

3. Las actas y los actos de liquidación practicados deberán especificar las bases de cálculo sobre las que se aplican los tipos de interés de demora, los tipos de interés y las fechas de comienzo y finalización de los períodos de devengo.

4. Cuando la liquidación resultante del procedimiento inspector sea una cantidad a devolver, la liquidación de intereses de demora deberá efectuarse de la siguiente forma:

a) Cuando se trate de una devolución de ingresos indebidos, se liquidarán a favor del obligado tributario intereses de demora en los términos del artículo 32.2 de la Ley 58/2003, de 17 de diciembre, General Tributaria.

b) Cuando se trate de una devolución derivada de la normativa de un tributo, se liquidarán intereses de demora a favor del obligado tributario de acuerdo con lo previsto el artículo 31 de la Ley 58/2003, de 17 de diciembre, General Tributaria, y en el artículo 125 de este reglamento.

Artículo 192. Comprobación de obligaciones formales.

1. Cuando el objeto del procedimiento de inspección sea comprobar e investigar el cumplimiento de obligaciones tributarias formales, se dará audiencia al obligado tributario por un plazo de 15 días, contados a partir del siguiente al de la notificación de la apertura de dicho plazo, una vez concluidas las actuaciones de comprobación e investigación.

2. Finalizado el trámite de audiencia, se procederá a documentar el resultado de las actuaciones de comprobación e investigación en diligencia o informe.

Cuando el procedimiento finalice mediante diligencia o informe, esta se incorporará al expediente sancionador que, en su caso, se inicie como consecuencia del procedimiento de inspección, sin perjuicio de la remisión que deba efectuarse cuando resulte necesario para la iniciación de otro procedimiento de aplicación de los tributos.

Sección 5.ª Disposiciones especiales del procedimiento inspector

Artículo 193. Estimación indirecta de bases o cuotas.

1. El método de estimación indirecta de bases o cuotas será utilizado por la Administración de acuerdo con lo dispuesto en los artículos 53 y 158 de la Ley 58/2003, de 17 de diciembre, General Tributaria, y en este artículo.

La estimación indirecta podrá aplicarse en relación con la totalidad o parte de los elementos integrantes de la obligación tributaria.

2. La apreciación de alguna o algunas de las circunstancias previstas en el artículo 53.1 de la Ley 58/2003, de 17 de diciembre, General Tributaria, no determinará por si sola la aplicación del método de estimación indirecta si, de acuerdo con los datos y antecedentes obtenidos a lo largo del desarrollo de las actuaciones inspectoras, pudiera determinarse la base o la cuota mediante el método de estimación directa u objetiva.

3. A efectos de lo dispuesto en el artículo 53.1 de la Ley 58/2003, de 17 de diciembre, General Tributaria, se entenderá que existe resistencia, obstrucción, excusa o negativa a la actuación inspectora cuando concurra alguna de las conductas reguladas en el artículo 203.1 de dicha ley.

4. A efectos de lo dispuesto en el artículo 53.1 de la Ley 58/2003, de 17 de diciembre, General Tributaria, se entenderá que existe incumplimiento sustancial de las obligaciones contables o registrales:

a) Cuando el obligado tributario incumpla la obligación de llevanza de la contabilidad o de los libros registro establecidos por la normativa tributaria. Se presumirá su omisión cuando no se exhiban a requerimiento de los órganos de inspección.

b) Cuando la contabilidad no recoja fielmente la titularidad de las actividades, bienes o derechos.

c) Cuando los libros o registros contengan omisiones, alteraciones o inexactitudes que oculten o dificulten gravemente la constatación de las operaciones realizadas.

d) Cuando aplicando las técnicas o criterios generalmente aceptados a la documentación facilitada por el obligado tributario no pueda verificarse la declaración o determinarse con exactitud las bases o rendimientos objeto de comprobación.

e) Cuando la incongruencia probada entre las operaciones contabilizadas o registradas y las que debieran resultar del conjunto de adquisiciones, gastos u otros aspectos de la actividad permita presumir, de acuerdo con lo dispuesto en el artículo 108.2 de la Ley 58/2003, de 17 de diciembre, General Tributaria, que la contabilidad o los libros registro son incorrectos.

5. A efectos de lo dispuesto en el artículo 53.2 de la Ley 58/2003, de 17 de diciembre, General Tributaria, serán de aplicación las siguientes reglas:

a) Tratándose de actividades económicas en el Impuesto sobre la Renta de las Personas Físicas, se tendrán en cuenta, preferentemente, los signos, índices o módulos establecidos para el método de estimación objetiva cuando se trate de contribuyentes que hayan renunciado a este último método de determinación de la base imponible, sin perjuicio de que, acreditada la existencia de rendimientos procedentes de actividades económicas por un importe superior al que deriva de la aplicación de los citados signos, índices o módulos, el rendimiento a integrar en la base imponible sea el realmente comprobado.

b) Tratándose del Impuesto sobre el Valor Añadido, se tendrán en cuenta, preferentemente, los índices, módulos y demás parámetros establecidos para el régimen simplificado cuando se trate de sujetos pasivos que hayan renunciado a este último régimen, sin perjuicio de que, demostrada la existencia de operaciones sujetas y no exentas que determinen cuotas devengadas por importe superior al que deriva de la aplicación de los citados signos, índices o módulos, las cuotas a integrar serán realmente las que deriven de las operaciones comprobadas y de acuerdo con lo establecido en el artículo 81.uno de la Ley 37/1992, de 28 de diciembre, del Impuesto sobre el Valor Añadido.

6. En el supuesto en el que las actas en que se proponga la regularización de la situación tributaria del obligado mediante la aplicación del método de estimación indirecta se suscriban en disconformidad, podrá elaborarse un único informe que recoja ambas circunstancias.

Artículo 194. Declaración de conflicto en la aplicación de la norma tributaria.

1. Cuando el órgano de inspección que esté tramitando el procedimiento estime que pueden concurrir las circunstancias previstas en el artículo 15 de la Ley 58/2003, de 17 de diciembre, General Tributaria, lo notificará al obligado tributario y le concederá un plazo de alegaciones de 15 días, contados a partir del día siguiente al de la notificación de la apertura de dicho plazo.

2. Una vez recibidas las alegaciones y, en su caso, practicadas las pruebas procedentes, el órgano que esté tramitando el procedimiento emitirá un informe sobre la concurrencia o no de las circunstancias previstas en el artículo 15 de la Ley 58/2003, de 17 de diciembre, General Tributaria, que se remitirá junto con el expediente al órgano competente para liquidar.

En caso de que el órgano competente para liquidar estimase que concurren dichas circunstancias remitirá a la Comisión consultiva a que se refiere el artículo 159 de la Ley 58/2003, de 17 de diciembre, General Tributaria, el informe y los antecedentes. La remisión se notificará al obligado tributario con indicación de la interrupción prevista en el apartado 3 de dicho artículo.

En caso de que el órgano competente para liquidar estimase motivadamente que no concurren dichas circunstancias devolverá la documentación al órgano de inspección que esté tramitando el procedimiento, lo que se notificará al obligado tributario.

3. La Comisión consultiva emitirá un informe en el que, de forma motivada, se indicará si procede o no la declaración del conflicto en la aplicación de la norma tributaria. Dicho informe se comunicará al órgano competente para liquidar que hubiese remitido el expediente, que ordenará su notificación al obligado tributario y la continuación del procedimiento de inspección.

En el caso de acordarse la ampliación del plazo para emitir el mencionado informe, el acuerdo deberá notificarse al obligado tributario y se dará traslado, asimismo, al órgano de inspección.

4. En el ámbito de competencias del Estado, la Comisión consultiva estará compuesta por dos representantes de la Dirección General de Tributos del Ministerio de Economía y Hacienda designados por resolución del Director General de Tributos, uno de

los cuales actuará como presidente con voto de calidad, salvo que el conflicto en la aplicación de la norma tributaria afecte a las normas dictadas por las comunidades autónomas en materia de tributos cedidos, en cuyo caso, los representantes del órgano competente para contestar las consultas tributarias escritas serán designados por resolución del titular de dicho órgano.

Los representantes de la Administración tributaria actuante serán:

a) Cuando la Administración tributaria actuante sea la Agencia Estatal de Administración Tributaria, dos representantes de esta designados por el director del departamento competente.

b) Cuando la Administración tributaria actuante sea una comunidad autónoma, dos representantes de la Administración tributaria autonómica.

c) Cuando la Administración tributaria actuante sea una entidad local, dos representantes de la entidad local.

En los supuestos anteriores, uno de los dos representantes de la Administración tributaria actuante podrá ser el órgano de inspección que estuviese tramitando el procedimiento o el órgano competente para liquidar que hubiese remitido el expediente.

5. La interrupción del cómputo del plazo de duración del procedimiento de acuerdo con lo previsto en este artículo no impedirá la práctica de las actuaciones inspectoras que durante dicha situación pudieran desarrollarse en relación con los elementos de la obligación tributaria no relacionados con los actos o negocios analizados por la Comisión consultiva.

Artículo 195. Entidades que tributen en régimen de consolidación fiscal.

1. La comprobación e investigación de la sociedad dominante y del grupo fiscal se realizará en un único procedimiento de inspección, que incluirá la comprobación de las obligaciones tributarias del grupo fiscal y de la sociedad dominante objeto del procedimiento.

2. En cada entidad dependiente que sea objeto de inspección como consecuencia de la comprobación de un grupo fiscal se desarrollará un único procedimiento de inspección. Dicho procedimiento incluirá la comprobación de las obligaciones tributarias que se derivan del régimen de tributación individual del Impuesto sobre Sociedades y las demás obligaciones tributarias objeto del procedimiento e incluirá actuaciones de colaboración respecto de la tributación del grupo por el régimen de consolidación fiscal.

3. De acuerdo con lo previsto en el artículo 68.1.a) de la Ley

58/2003, de 17 de diciembre, General Tributaria, el plazo de prescripción del Impuesto sobre Sociedades del grupo fiscal se interrumpirá:

a) Por cualquier actuación de comprobación e investigación realizada con la sociedad dominante respecto al Impuesto sobre Sociedades.

b) Por cualquier actuación de comprobación e investigación relativa al Impuesto sobre Sociedades realizada con cualquiera de las sociedades dependientes, siempre que la sociedad dominante tenga conocimiento formal de dichas actuaciones.

4. Las interrupciones justificadas y las dilaciones por causa no imputable a la Administración tributaria que se produzcan en el curso del procedimiento seguido con cualquiera de las entidades dependientes y que se refieran a la comprobación del Impuesto sobre Sociedades, afectarán al plazo de duración del procedimiento seguido cerca de la sociedad dominante y del grupo fiscal, siempre que la sociedad dominante tenga conocimiento formal de ello y desde ese momento.

5. La documentación del procedimiento seguido cerca de cada entidad dependiente se desglosará, a efectos de su tramitación, de la siguiente forma:

a) Un expediente relativo al Impuesto sobre Sociedades, en el que se incluirá la diligencia resumen a que se refiere el artículo 98.3.g) de este reglamento. Dicho expediente se remitirá al órgano que esté desarrollando las actuaciones de comprobación e investigación de la sociedad dominante y del grupo fiscal.

b) Otro expediente relativo a las demás obligaciones tributarias objeto del procedimiento.

6. La documentación del procedimiento seguido cerca de la entidad dominante se desglosará, a efectos de su tramitación, de la siguiente forma:

a) Un expediente relativo al Impuesto sobre Sociedades del grupo fiscal que incluirá las diligencias resumen a que se refiere el apartado anterior.

b) Otro expediente relativo a las demás obligaciones tributarias objeto del procedimiento.

Artículo 196. Declaración de responsabilidad en el procedimiento inspector.

1. Cuando en el curso de un procedimiento de inspección, el órgano actuante tenga conocimiento de hechos o circunstancias que pudieran determinar la existencia de responsables a los que se refiere

el artículo 41 de la Ley 58/2003, de 17 de diciembre, General Tributaria, se podrá acordar el inicio del procedimiento para declarar dicha responsabilidad. El inicio se notificará al obligado tributario con indicación de las obligaciones tributarias y períodos a los que alcance la declaración de responsabilidad y el precepto legal en que se fundamente.

Cuando el alcance de la responsabilidad incluya las sanciones será necesario que se haya iniciado previamente el procedimiento sancionador.

La derivación de la acción administrativa a los responsables subsidiarios requerirá la previa declaración de fallido del deudor principal y, si los hubiera, de los responsables solidarios. Los órganos de recaudación acreditarán, a petición de los de inspección, la condición de fallido de los deudores principales y responsables solidarios, de lo que se dejará constancia en la comunicación de inicio del procedimiento de declaración de responsabilidad.

2. El trámite de audiencia al responsable se realizará con posterioridad a la formalización del acta al deudor principal y, cuando la responsabilidad alcance a las sanciones, a la propuesta de resolución del procedimiento sancionador al sujeto infractor.

El responsable dispondrá de un plazo de 15 días, contados a partir del día siguiente al de la notificación de la apertura de dicho plazo, para formular las alegaciones y aportar la documentación que estime oportunas, tanto respecto del presupuesto de hecho de la responsabilidad como de las liquidaciones o sanciones a las que alcance dicho presupuesto.

Salvo el supuesto previsto en el apartado 4 de este artículo, el responsable no tendrá la condición de interesado en el procedimiento de inspección o en el sancionador y se tendrán por no presentadas las alegaciones que formule en dichos procedimientos.

3. El acuerdo de declaración de responsabilidad corresponderá al órgano competente para dictar la liquidación y habrá de dictarse con posterioridad al acuerdo de liquidación al deudor principal o, en su caso, de imposición de sanción al sujeto infractor.

El acuerdo de declaración de responsabilidad se notificará al responsable antes de la finalización del plazo voluntario de ingreso otorgado al deudor principal. De no efectuarse la notificación en dicho plazo se procederá de acuerdo con lo dispuesto en el artículo 124.3 del Reglamento General de Recaudación, aprobado por el Real Decreto 939/2005, de 29 de julio.

4. En aquellos supuestos en los que la ley disponga que no es necesario el acto previo de derivación de responsabilidad, las actuaciones inspectoras de comprobación e investigación podrán

realizarse directamente con el responsable. En estos supuestos, las actas se formalizarán y las liquidaciones se practicarán a nombre del responsable.

CAPÍTULO III

Otras actuaciones inspectoras

Artículo 197. Otras actuaciones inspectoras.

1. Las actuaciones de valoración podrán desarrollarse por los órganos de inspección a iniciativa propia o a petición de otros órganos de la misma u otra Administración tributaria. En particular, los órganos de inspección podrán practicar estas actuaciones a petición de las comunidades autónomas respecto de los tributos cedidos a estas.

2. Cuando así les sea solicitado y sin perjuicio de las competencias propias de otros órganos de la Administración, los órganos de inspección informarán y asesorarán en materias de carácter económico, financiero, jurídico o técnico relacionadas con el ejercicio de sus funciones a los demás órganos de las Administraciones tributarias, a los órganos dependientes del Ministerio de Economía y Hacienda, así como a cualquier organismo que lo solicite.

3. Los órganos de inspección podrán realizar los estudios individuales, sectoriales o territoriales de carácter económico o financiero que puedan ser de interés para la aplicación de los tributos, así como los análisis técnicos, químicos, informáticos o de cualquier otra naturaleza que se consideren necesarios.

4. Las actuaciones de intervención en materia de los impuestos especiales de fabricación se regirán por lo dispuesto en su normativa específica y, en lo no previsto en la misma, por las normas de este título con exclusión del artículo 179 de este reglamento.

Cuando como consecuencia de las actuaciones de comprobación o investigación que le son propias a los servicios de intervención, se pongan de manifiesto hechos que supongan el incumplimiento de las obligaciones establecidas en la normativa de los impuestos especiales, las actuaciones de intervención continuarán mediante la notificación al obligado tributario del inicio de actuaciones destinadas a la regularización tributaria, que deberán concluir en el plazo previsto en el articulo 150 de la Ley 58/2003, de 17 de diciembre, General Tributaria o, en su caso, mediante la iniciación del procedimiento sancionador.

5. Los órganos de inspección podrán realizar actuaciones

dirigidas a la aprobación de propuestas de valoración previa de operaciones, gastos, retribuciones, así como criterios de imputación temporal, conforme a la normativa específica que resulte aplicable.

6. Los órganos de inspección podrán desarrollar actuaciones de comprobación limitada, para lo que se ajustarán a lo dispuesto en los artículos 136 a 140, ambos inclusive, de la Ley 58/2003, de 17 de diciembre, General Tributaria, y en los artículos 163 a 165, ambos inclusive, de este reglamento.

7. En los supuestos en que las actuaciones de control censal sean desarrolladas por los órganos de inspección, estos podrán proponer, en su caso, a los órganos competentes, el acuerdo de baja cautelar, el inicio del procedimiento de rectificación censal, la rectificación de oficio de la situación censal o la revocación del número de identificación fiscal, regulados en los artículos 144 a 147, ambos inclusive, de este reglamento.

8. Para la ejecución de las resoluciones administrativas y judiciales, los órganos de inspección podrán desarrollar las actuaciones que sean necesarias pudiendo en, su caso, ejercer las facultades previstas en el artículo 142 de la Ley 58/2003, de 17 de diciembre, General Tributaria, y realizar las actuaciones de obtención de información pertinentes. No obstante, cuando de acuerdo con lo dispuesto en el artículo 66.4 del Reglamento general de desarrollo de la Ley 58/2003, de 17 de diciembre, General Tributaria, en materia de revisión en vía administrativa, aprobado por Real Decreto 520/2005, de 13 de mayo, las mencionadas resoluciones hayan ordenado la retroacción de actuaciones, estás se desarrollarán de acuerdo con lo dispuesto en el artículo 150.5 de la citada Ley.

TÍTULO VI

Actuaciones derivadas de la normativa sobre asistencia mutua

CAPÍTULO I

Disposiciones generales

Artículo 198. Finalidades de la asistencia mutua.

Conforme a lo dispuesto en los artículos 1.2 y 177 bis de la Ley 58/2003, de 17 de diciembre, General Tributaria, la asistencia mutua que la Administración tributaria preste o solicite a otros Estados o a entidades internacionales o supranacionales podrá tener por finalidad, entre otras, el intercambio de información y la recaudación de créditos.

Artículo 199. Funciones derivadas de la asistencia mutua.

Entre las funciones administrativas a las que se refiere el artículo 141.k) de la Ley 58/2003, de 17 de diciembre, General Tributaria, atribuidas a los órganos de inspección a través del artículo 166 de este reglamento, se encuentran aquéllas que deriven de la normativa sobre asistencia mutua, sin perjuicio de las competencias que, en relación con dicha asistencia mutua, puedan atribuirse a otros órganos de la Administración tributaria.

Artículo 200. Solicitudes de asistencia mutua efectuadas por otros Estados o entidades internacionales o supranacionales.

Con carácter general, las solicitudes que hayan sido recibidas conforme a la normativa sobre asistencia mutua no estarán sujetas a acto alguno de reconocimiento, adición o sustitución por parte de la Administración tributaria española, salvo que dicha normativa establezca otra cosa, sin perjuicio de la subsanación que de las mismas pueda instarse por parte de dicha Administración.

CAPÍTULO II

Normas comunes en asistencia mutua

Sección 1.ª Intercambio de información

Artículo 201. Formas de intercambio de información.

En el marco del artículo 177 ter.1 de la Ley 58/2003, de 17 de diciembre, General Tributaria, la Administración tributaria podrá facilitar información a otros Estados o entidades internacionales o supranacionales de las siguientes formas:

a) Previa solicitud de asistencia mutua de la autoridad competente del otro Estado o entidad, cualquiera que sea la naturaleza o la finalidad de dicha solicitud;

b) De forma automática en relación con determinadas categorías de información y de acuerdo con lo dispuesto en la normativa sobre asistencia mutua;

c) De forma espontánea en cumplimiento de la normativa sobre asistencia mutua cuando pueda ser útil al otro Estado o entidad.

Artículo 202. Formato de la documentación.

Cuando en cumplimiento de las obligaciones de asistencia mutua la Administración tributaria deba proporcionar documentación a otro Estado o entidad internacional o supranacional, la autoridad competente española podrá oponerse motivadamente a aportar la documentación original, salvo que la normativa sobre asistencia mutua disponga otra cosa.

Artículo 203. Cesión de datos procedentes de otros Estados o de entidades internacionales o supranacionales.

A efectos de determinar si la información suministrada a la Administración tributaria a la que se refiere el artículo 177 ter. 2 de la Ley 58/2003, de 17 de diciembre, General Tributaria, puede ser cedida a terceros en los supuestos del artículo 95.1 de dicha ley o a un tercer Estado o entidad internacional o supranacional, el órgano competente de la Agencia Estatal de Administración Tributaria recabará del Estado o entidad que suministró la información una autorización para proceder a dicha cesión.

La solicitud de autorización se podrá formular en el momento en el que se solicita la asistencia o con posterioridad a la recepción de la información.

No podrá efectuarse la cesión referida en tanto no se haya obtenido la autorización expresa del Estado o entidad internacional o supranacional que suministró la información.

La cesión se ajustará a los términos contenidos en la autorización.

Lo dispuesto en este artículo será aplicable siempre que la normativa sobre asistencia mutua aplicable no establezca otra cosa.

Sección 2.ª Colaboración administrativa en materia de asistencia mutua

Artículo 204. Tramitación de solicitudes de asistencia mutua.

1. De conformidad con el artículo 5.3 de la Ley 58/2003, de 17 de diciembre, General Tributaria, recibida una petición de asistencia mutua de otro Estado o entidad internacional o supranacional será la Agencia Estatal de Administración Tributaria la competente para su cumplimiento, que podrá requerir del órgano correspondiente, según el objeto de la asistencia, la colaboración necesaria. Dicho órgano deberá practicar los trámites o actuaciones derivadas de dicha colaboración.

2. Cuando la colaboración a la que se refiere el apartado anterior consista en el suministro de datos, informes, dictámenes, valoraciones o documentos, el órgano correspondiente al que se refiere el apartado anterior deberá remitir dicha información en el plazo máximo de 3 meses, salvo que la normativa sobre asistencia mutua establezca un

plazo inferior a 6 meses para la prestación de la asistencia. En este último caso, la Agencia Estatal de Administración Tributaria señalará un plazo para suministrar la información no superior a la mitad del establecido en la normativa sobre asistencia mutua para dar cumplimiento a la obligación de asistir al Estado o entidad requirente.

Si el órgano correspondiente no se hallase en condiciones de responder a la solicitud en el plazo establecido en el párrafo anterior, informará al órgano competente de la Agencia Estatal de Administración Tributaria, a la mayor brevedad posible, de los motivos que le impiden hacerlo, así como de la fecha en la que considera que podrá proporcionar una respuesta.

3. Todas las solicitudes de asistencia mutua a otros Estados o entidades internacionales o supranacionales que se soliciten conforme al artículo 177 bis.1 de la Ley 58/2003, de 17 de diciembre, General Tributaria, deberán ser tramitadas a través del órgano competente de la Agencia Estatal de Administración Tributaria, conforme al artículo 5.3 de la Ley 58/2003, de 17 de diciembre, General Tributaria.

Artículo 205. Tramitación de información en el intercambio automático.

Cuando en virtud de la normativa sobre asistencia mutua se deba transmitir de forma automática determinada información a otro Estado o entidad internacional o supranacional, la misma se comunicará, en todo caso, al órgano competente de la Agencia Estatal de Administración Tributaria para su remisión al otro Estado o entidad.

Artículo 206. Tramitación de información en el intercambio espontáneo.

Cuando en virtud de la normativa sobre asistencia mutua proceda el suministro espontáneo de información por parte de la Administración tributaria a otro Estado o entidad internacional o supranacional, cualquier órgano que disponga de información que, conforme a dicha normativa, se considere de utilidad a otro Estado o entidad internacional o supranacional, la comunicará de forma motivada al órgano competente de la Agencia Estatal de Administración Tributaria a efectos de su transmisión al Estado o entidad interesados.

Artículo 207. Medios de comunicación entre órganos.

Las comunicaciones necesarias para dar cumplimiento a lo dispuesto en los artículos anteriores se llevarán a cabo, preferentemente, por medios electrónicos, informáticos o telemáticos, en los términos establecidos en la Ley 58/2003, de 17 de diciembre, General Tributaria y en su normativa de desarrollo.

Disposición adicional primera. Normas de organización específica.

En el ámbito de la Agencia Estatal de Administración Tributaria, la norma de organización específica a que se refiere este reglamento deberá ser aprobada y publicada en el «Boletín Oficial del Estado» antes de la entrada en vigor del reglamento.

Disposición adicional segunda. Órganos competentes de las comunidades autónomas, de las ciudades de Ceuta y Melilla o de las entidades locales.

1. Los órganos competentes de las comunidades autónomas, de las ciudades con Estatuto de Autonomía de Ceuta y Melilla o de las entidades locales en materia de procedimientos de aplicación de los tributos se determinarán conforme a lo que establezca su normativa específica.

2. Las referencias realizadas a órganos de la Administración tributaria del Estado se entenderán aplicables, cuando sean competentes por razón de la materia, a los órganos equivalentes de las comunidades autónomas, de las ciudades con Estatuto de Autonomía de Ceuta y Melilla o de las entidades locales.

Disposición adicional tercera. Órganos competentes en el ámbito de la Dirección General del Catastro.

En el ámbito de la Dirección General del Catastro, las menciones de este reglamento al órgano competente para liquidar se entenderán realizadas al órgano competente para dictar el acto con el que finalice el procedimiento de comprobación o investigación en materia catastral.

Disposición adicional cuarta. Aplicación de las normas sobre declaraciones censales en los Territorios Históricos del País Vasco y en la Comunidad Foral de Navarra.

1. Los empresarios, profesionales y retenedores que tengan su domicilio fiscal en territorio común deberán presentar las declaraciones censales reguladas en este reglamento ante el órgano competente de la Administración tributaria del Estado, sin perjuicio de las obligaciones que les sean exigibles por las Administraciones tributarias de los Territorios Históricos del País Vasco o de la Comunidad Foral de Navarra.

2. Los empresarios, profesionales y retenedores que tengan su domicilio fiscal en territorio vasco o navarro deberán presentar las declaraciones censales reguladas en este reglamento ante el órgano competente de la Administración tributaria del Estado cuando hayan de presentar ante esta autoliquidaciones periódicas y sus correspondientes resúmenes anuales, o declaraciones anuales que incluyan rendimientos de actividades económicas, así como cuando se trate de sujetos pasivos del Impuesto sobre Actividades Económicas que desarrollen actividades económicas en territorio común.

Disposición adicional quinta. Obligaciones censales relativas al Impuesto sobre las Ventas Minoristas de Determinados Hidrocarburos.

1. La obligación de inscribir en el registro territorial los establecimientos de venta al público al por menor definidos en el artículo 9.cuatro.2 de la Ley 24/2001, de 27 de diciembre, de medidas fiscales, administrativas y del orden social, tendrá la consideración de obligación censal y se regirá por lo dispuesto en los apartados octavo y noveno de la Orden de 17 de junio por la que se aprueban las normas de gestión del Impuesto sobre las Ventas Minoristas de Determinados Hidrocarburos y, en lo no previsto en dicha norma, por las disposiciones de este reglamento relativas a las obligaciones de carácter censal.

2. La presentación de la solicitud de baja en el Censo de Empresarios, Profesionales y Retenedores, para los obligados tributarios incluidos en el registro territorial de establecimientos de venta al público al por menor definidos en el artículo 9.cuatro.2 de la Ley 24/2001, de 27 de diciembre, de medidas fiscales, administrativas y del orden social, producirá los efectos propios de la solicitud de baja en el citado registro respecto de los establecimientos de que sean titulares dichos obligados tributarios.

Disposición adicional sexta. Declaración anual de operaciones con terceras personas realizadas en Canarias, Ceuta y Melilla.

Las operaciones que se entiendan realizadas en Canarias, Ceuta y Melilla, según lo dispuesto en los artículos 68, 69 y 70 de la Ley 37/1992, de 28 de diciembre, del Impuesto sobre el Valor Añadido, se relacionarán en la declaración anual de operaciones con terceras personas según lo dispuesto en este reglamento. No será de aplicación lo dispuesto en el artículo 34.2.c) de este reglamento a este tipo de operaciones. A estos efectos, se entenderá por importe total de la contraprestación el que resulte de las normas vigentes de determinación de la base imponible del Impuesto General Indirecto Canario o del Impuesto sobre la Producción, los Servicios y la Importación en las Ciudades de Ceuta y Melilla, respectivamente.

A los efectos de la exclusión del deber de presentación de la declaración anual de operaciones, no será aplicable para las operaciones realizadas en Canarias, Ceuta y Melilla el requisito de inclusión en uno de los regímenes especiales del Impuesto sobre el Valor Añadido previstos en el artículo 32.1.b) de este reglamento.

Disposición adicional séptima. Declaración de operaciones con terceras personas de la Administración del Estado.

1. La remisión a la Administración tributaria de la información de operaciones con terceras personas a que se refiere este reglamento será canalizada, en el ámbito de la Administración General del Estado, por la Intervención General de la Administración del Estado, que centralizará y agrupará en un soporte único los datos sobre las operaciones realizadas con cargo al Presupuesto de gastos del Estado por el procedimiento de pago directo.

Con el alcance previsto en el artículo 33 de este reglamento, la información relativa a pagos directos comprenderá todas las obligaciones reconocidas en el ejercicio a que se refiere dicha información.

2. La Intervención General de la Administración del Estado remitirá al Departamento de Informática de la Agencia Estatal de Administración Tributaria por vía telemática un único fichero comprensivo de todas las personas o entidades con quienes se hayan efectuado operaciones por el procedimiento de pago directo.

3. La Intervención General de la Administración del Estado se responsabilizará de la remisión de los datos que se deduzcan del sistema de información contable de la Administración General del Estado.

Disposición adicional octava. Devolución de ingresos indebidos de derecho público.

1. Lo previsto en los artículos 131 y 132 de este reglamento se aplicará supletoriamente a las devoluciones de cantidades que constituyan ingresos de naturaleza pública, distintos de los tributos.

2. Las devoluciones de ingresos indebidos en relación con los derechos a la importación y a la exportación se regirán por los reglamentos de la Comunidad Europea que les sean específicamente aplicables. Las disposiciones contenidas en este reglamento tendrán carácter supletorio cuando lo permita el ordenamiento jurídico comunitario.

Disposición adicional novena. Convenios de colaboración suscritos con anterioridad a la entrada en vigor de este reglamento.

1. Los sujetos de la colaboración social en la gestión de los tributos que en la fecha de entrada en vigor de este reglamento tengan suscritos acuerdos de colaboración o adendas a los mismos para la presentación telemática de declaraciones, comunicaciones u otros documentos tributarios ante la Agencia Estatal de Administración Tributaria podrán continuar prestando su colaboración con arreglo a los citados acuerdos, siempre que se ajusten a lo dispuesto en este reglamento y en su normativa de desarrollo.

2. Cuando se establezcan nuevas vías de colaboración social en la gestión de los tributos, los colaboradores sociales a los que se refiere el apartado anterior podrán extender su colaboración conforme a los acuerdos ya suscritos y sus adendas, siempre que se ajusten a lo dispuesto en este reglamento y en la normativa que regule las nuevas vías de colaboración.

Disposición adicional décima. Aplicación del procedimiento de identificación y residencia de los residentes en la Unión Europea.

(Suprimida).

Disposición adicional undécima. Definición de empresario o profesional.

A efectos de lo dispuesto en el título II de este reglamento, tendrán la consideración de empresarios o profesionales quienes tengan tal condición de acuerdo con las disposiciones propias del Impuesto sobre el Valor Añadido, incluso cuando desarrollen su actividad fuera del territorio de aplicación de este impuesto.

Disposición adicional duodécima. Contestación a consultas tributarias relativas al Impuesto General Indirecto Canario y al Arbitrio sobre Importaciones y Entregas de Mercancías en las Islas Canarias.

En el ámbito del Impuesto General Indirecto Canario y del Arbitrio sobre Importaciones y Entregas de Mercancías en las Islas Canarias se aplicará lo dispuesto en el apartado tres de la disposición adicional décima de la Ley 20/1991, de 7 de junio, de modificación de los aspectos fiscales del Régimen Económico Fiscal de Canarias.

Disposición adicional decimotercera. Composición del activo en determinadas instituciones.

(Suprimida).

Disposición adicional decimocuarta. Facultades de los órganos de recaudación.

Las disposiciones de este reglamento dictadas en desarrollo de los artículos 142 y 146 de la Ley 58/2003, de 17 de diciembre, General Tributaria, serán de aplicación a los funcionarios que desempeñen funciones de recaudación.

Disposición adicional decimoquinta. Estandarización de los formatos de los ficheros a aportar a la Administración tributaria en el curso de los procedimientos de aplicación de los tributos.

El Ministro de Economía y Hacienda podrá establecer formatos estándares para el intercambio de ficheros con trascendencia contable y fiscal entre las personas y entidades que desarrollan actividades económicas y la Administración tributaria. Al objeto de garantizar la autenticidad e integridad de los ficheros aportados, la Administración tributaria podrá exigir que los ficheros requeridos sean firmados electrónicamente.

Del mismo modo podrán desarrollarse los requisitos exigibles en la llevanza de la contabilidad por medio de equipos electrónicos de procesamiento de datos al objeto de respetar los principios de inscripción, exactitud, integridad e irreversibilidad, trazabilidad y detalle.

Disposición adicional decimosexta. Habilitaciones sobre el procedimiento de pago de rendimientos de Deuda Pública del Estado.

1. Se habilita al Banco de España para que, de acuerdo con el procedimiento previsto en el apartado 7 del artículo 44 de este Reglamento, abone a las Entidades Gestoras las cantidades retenidas en exceso por la Dirección General del Tesoro y Política Financiera a los titulares de Deuda Pública del Estado.

2. El Ministro de Economía y Hacienda determinará la forma y plazos en que el Banco de España enviará la información pertinente a la Dirección General del Tesoro y Política Financiera y a la Administración tributaria para su comprobación por los procedimientos de intercambio de información previstos en el ordenamiento vigente.

3. El Ministro de Economía y Hacienda y el Banco de España

adoptarán las disposiciones necesarias para el desarrollo del procedimiento previsto en el artículo 44 de este Reglamento.

Disposición transitoria primera. Procedimiento para hacer efectiva la obligación de informar respecto de los valores a que se refiere la disposición transitoria segunda de la Ley 19/2003, de 4 de julio.

Tratándose de participaciones preferentes y de deuda comprendidas en el ámbito de aplicación de la disposición transitoria segunda de la Ley 19/2003, de 4 de julio, sobre régimen jurídico de los movimientos de capitales y de las transacciones económicas con el exterior y sobre determinadas medidas de prevención del blanqueo de capitales, se aplicará lo previsto en el Real Decreto 1285/1991, de 2 de agosto, por el que se establece el procedimiento de pago de intereses de Deuda del Estado en anotaciones a los no residentes que inviertan en España sin mediación de establecimiento permanente, respecto de las entidades financieras que intermedien en la emisión.

Disposición transitoria segunda. Tratamiento de determinados instrumentos de renta fija a los efectos de las obligaciones de información respecto de personas físicas residentes en otros Estados miembros de la Unión Europea.

(Suprimida)

Disposición transitoria tercera. Obligaciones de información de carácter general.

1. Lo dispuesto en la sección 2.ª del capítulo V del título II de este reglamento será aplicable a la información a suministrar correspondiente al año 2008, salvo lo dispuesto en los apartados siguientes.

2. La obligación de informar sobre las operaciones incluidas en los libros registro a que se refiere el artículo 36 de este reglamento, será exigible desde el 1 de enero de 2009 únicamente para aquellos sujetos pasivos del Impuesto sobre el Valor Añadido inscritos en el registro de devolución mensual regulado en el artículo 30 del Reglamento del Impuesto sobre el Valor Añadido, aprobado por el Real Decreto 1624/1992, de 29 de diciembre, y para aquellos sujetos pasivos del Impuesto General Indirecto Canario inscritos en el registro de devolución mensual regulado en el artículo 8 del Decreto 182/1992, de 15 de diciembre, por el que se aprueban las normas de gestión, liquidación, recaudación e inspección del Impuesto General Indirecto Canario y la revisión de los actos dictados en aplicación del

mismo. Para los restantes obligados tributarios, el cumplimiento de esta obligación será exigible por primera vez para la información a suministrar correspondiente al año 2014, de acuerdo con la forma, plazos y demás condiciones para el cumplimiento de la misma que establezca el Ministro de Economía y Hacienda.

3. Las obligaciones de información acerca de préstamos y créditos así como la referente a operaciones financieras relacionadas con bienes inmuebles reguladas en los artículos 38 y 54 de este reglamento, respectivamente, serán exigibles por primera vez para la información a suministrar correspondiente al año 2009. La información a suministrar relativa a operaciones realizadas en 2008, se limitará a la correspondiente a los préstamos hipotecarios concedidos para la adquisición de viviendas de acuerdo con lo establecido en el artículo 105.2.a) de la Ley 35/2006, de 28 de noviembre, del Impuesto sobre la Renta de las Personas Físicas y de modificación parcial de las leyes de los Impuestos sobre Sociedades, sobre la Renta de no Residentes y sobre el Patrimonio, en los términos desarrollados por la Orden de 30 de julio de 1999 por la que se aprueba el modelo 181 de declaración informativa de préstamos hipotecarios concedidos para la adquisición de viviendas.

Disposición transitoria cuarta. Declaración de las actividades económicas desarrolladas de acuerdo con la codificación prevista en la CNAE-2009.

En tanto no se produzca la oportuna modificación de lo dispuesto en la Disposición Adicional Quinta, apartado 3.e) de la Ley 58/2003, de 17 de diciembre, General Tributaria, la remisión a la codificación prevista en el Real Decreto 475/2007, de 13 de abril, por el que se aprueba la Clasificación Nacional de Actividades Económicas 2009 (CNAE-2009) contenida en el artículo 5.b).10.º de este reglamento, se entenderá realizada a la codificación prevista a efectos del Impuesto sobre Actividades Económicas.

Disposición final única. Habilitación normativa.

Se autoriza al Ministro de Economía y Hacienda para dictar las disposiciones necesarias para el desarrollo y ejecución de este reglamento.

Anexo al Reglamento al General de las actuaciones y los procedimientos de gestión e inspección tributaria y de desarrollo de las normas comunes de los procedimientos de aplicación de los tributos, aprobado por Real Decreto 1065/2007

Modelo de declaración a que se refieren los apartados 3, 4 y 5 del artículo 44 del Reglamento General de las actuaciones y los procedimientos de gestión e inspección tributaria y de desarrollo de las normas comunes de los procedimientos de aplicación de los tributos

Don (nombre), con número de identificación fiscal (1) (...), en nombre y representación de (entidad declarante), con número de identificación fiscal (1) (....) y domicilio en (...) en calidad de (marcar la letra que proceda):

(a) Entidad Gestora del Mercado de Deuda Pública en Anotaciones.

(b) Entidad que gestiona el sistema de compensación y liquidación de valores con sede en el extranjero.

(c) Otras entidades que mantienen valores por cuenta de terceros en entidades de compensación y liquidación de valores domiciliadas en territorio español.

(d) Agente de pagos designado por el emisor.

Formula la siguiente declaración, de acuerdo con lo que consta en sus propios registros:

1. En relación con los apartados 3 y 4 del artículo 44:

1.1 Identificación de los valores...

1.2 Fecha de pago de los rendimientos (o de reembolso si son valores emitidos al descuento o segregados) ....

1.3 Importe total de los rendimientos (o importe total a reembolsar, en todo caso, si son valores emitidos al descuento o segregados) ....

1.4 Importe de los rendimientos correspondiente a contribuyentes del Impuesto sobre la Renta de las Personas Físicas, excepto cupones segregados y principales segregados en cuyo reembolso intervenga una Entidad Gestora ....

1.5 Importe de los rendimientos que conforme al apartado 2 del artículo 44 debe abonarse por su importe íntegro (o importe total a reembolsar si son valores emitidos al descuento o segregados).

2. En relación con el apartado 5 del artículo 44.

2.1 Identificación de los valores...

2.2 Fecha de pago de los rendimientos (o de reembolso si son valores emitidos al descuento o segregados) ....

2.3 Importe total de los rendimientos (o importe total a reembolsar si son valores emitidos al descuento o segregados ....

2.4 Importe correspondiente a la entidad que gestiona el sistema de compensación y liquidación de valores con sede en el extranjero A.

2.5 Importe correspondiente a la entidad que gestiona el sistema de compensación y liquidación de valores con sede en el extranjero B.

2.6 Importe correspondiente a la entidad que gestiona el sistema de compensación y liquidación de valores con sede en el extranjero C.

Lo que declaro en ....a .... de ....de ....

(1) En caso de personas, físicas o jurídicas, no residentes sin establecimiento permanente se hará constar el número o código de identificación que corresponda de conformidad con su país de residencia.

Diego Leitrado

Contacto con el autor

Puedes contactar con el autor en la dirección de correo electrónico "diegoleitrado@gmail.com". Para comunicar erratas o sugerencias.

www.ingramcontent.com/pod-product-compliance
Lightning Source LLC
Chambersburg PA
CBHW070315190526
45169CB00005B/1631